长城沿线博物馆建设
与
长城文化传播

长城沿线博物馆调研总报告

中国博物馆协会 编著

江苏凤凰文艺出版社

图书在版编目（CIP）数据

长城沿线博物馆建设与长城文化传播：长城沿线博物馆调研总报告 / 中国博物馆协会编著. -- 南京：江苏凤凰文艺出版社，2024.10. -- ISBN 978-7-5594-8839-8

Ⅰ.G269.2

中国国家版本馆CIP数据核字第2024P17C75号

长城沿线博物馆建设与长城文化传播：长城沿线博物馆调研总报告

中国博物馆协会　编著

出 版 人　张在健
策划编辑　张　遇　费明燕
责任编辑　高竹君
特约编辑　叶姿倩
校　　对　胡雪琪
书籍设计　郭　凡
责任印制　杨　丹
出版发行　江苏凤凰文艺出版社
　　　　　南京市中央路165号，邮编：210009
网　　址　http://www.jswenyi.com
印　　刷　苏州市越洋印刷有限公司
开　　本　787毫米×1092毫米　1/16
印　　张　27.25
字　　数　427千字
版　　次　2024年10月第1版
印　　次　2024年10月第1次
书　　号　ISBN 978-7-5594-8839-8
定　　价　280.00元

江苏凤凰文艺版图书凡印刷、装订错误，可向出版社调换，联系电话025-83280257

本书由中国博物馆协会与腾讯基金会"腾博基金"资助

长城沿线博物馆建设与长城文化传播：长城沿线博物馆调研总报告

编委会

主 编 单 位：中国博物馆协会

承 编 单 位：中山大学旅游学院

　　　　　　复旦大学旅游学系

　　　　　　联合国教科文组织名录遗产地可持续旅游教席

主　　　编：周小凤　刘曙光　张朝枝

编委会成员：毕建宇　陈永岗　顾　婷　金永才　林丫丫

　　　　　　刘曙光　刘艳春　毛若寒　魏筠涛　韦荣慧

　　　　　　卫　忠　薛　林　易　嵘　张朝枝　张晓强

　　　　　　张依萌　周鼎凯　周魁英　周小凤　（按姓氏拼音排序）

长城沿线博物馆、纪念馆、乡村博物馆建设与展览数字化传播项目成员

（按姓氏拼音排序）

项目负责人：刘曙光　张朝枝

专家顾问：毛若寒　卫　忠　张依萌　周魁英

核心成员：崔　璨　顾　婷　蒋钦宇　焦青青　李渊萌

　　　　　林丫丫　王楚涵　王志琦　徐　鼎　许云鹏

　　　　　杨继荣　杨晓鹏　曾晓茵　张文鼎　张　茜

　　　　　周鼎凯　周小凤　周紫晴　祖拜代·木依布拉

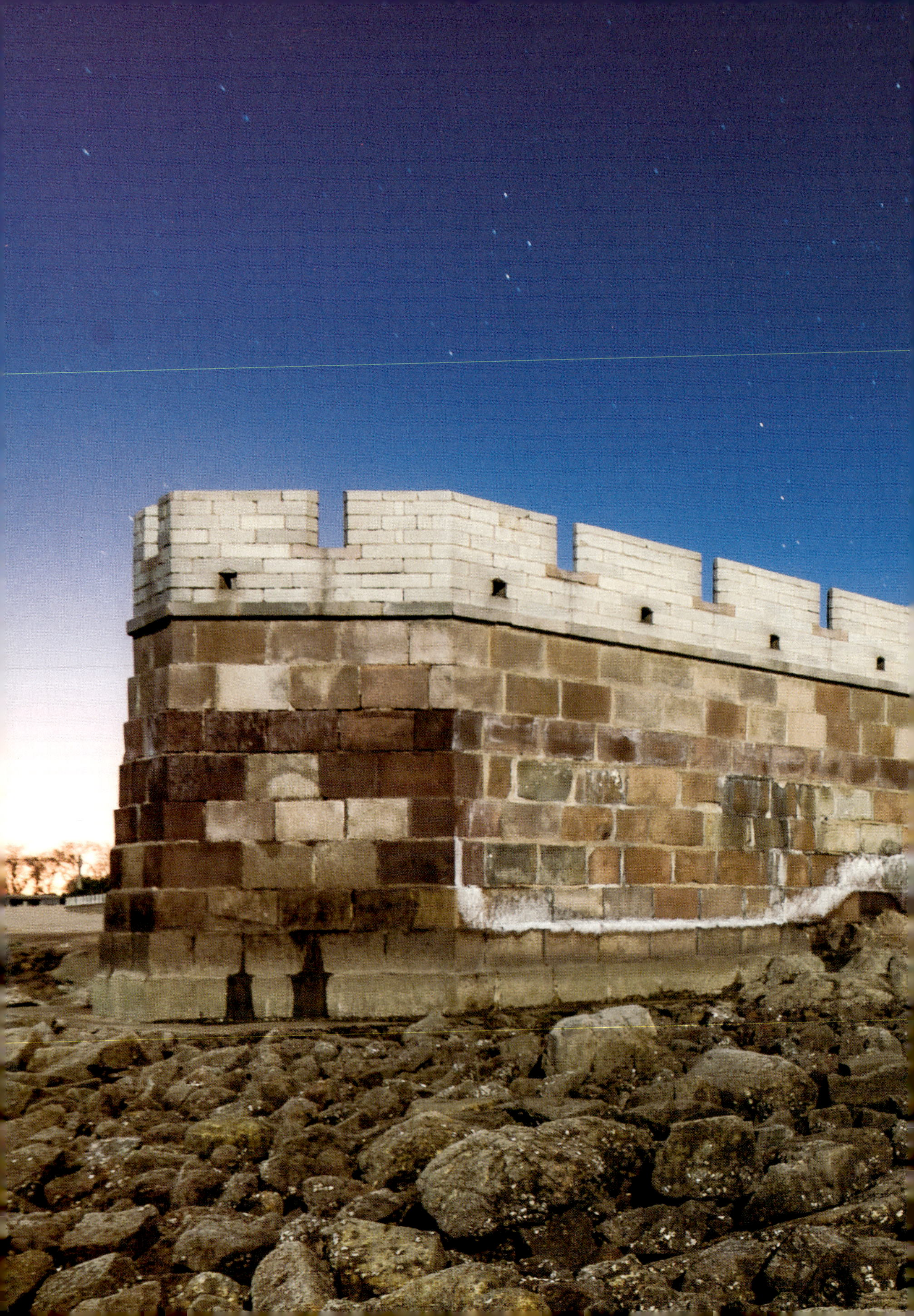

老龙头冬夜（于文江拍摄）

目 录

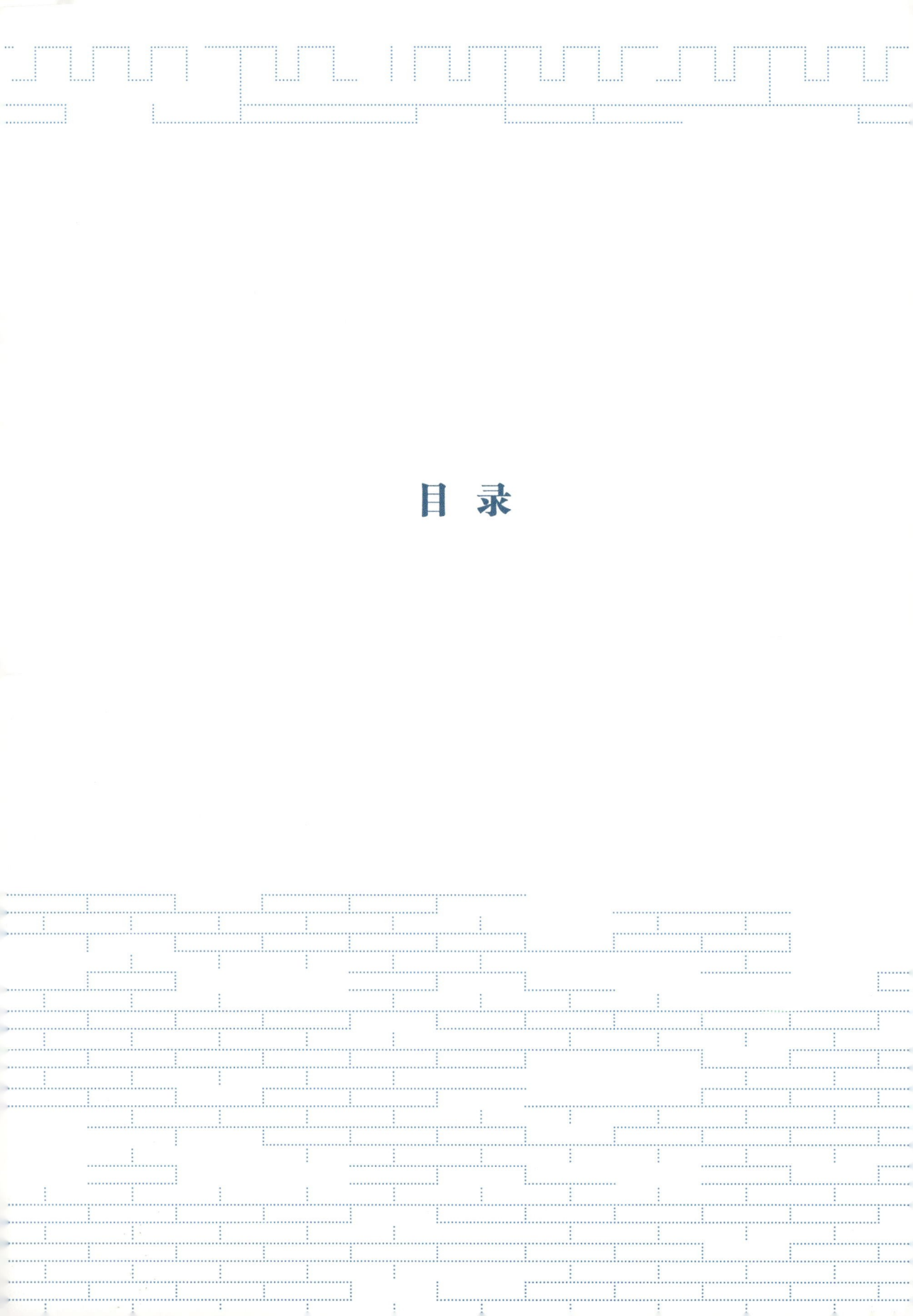

表目录	011
图目录	013
序言	018
导论	024

Ⅰ 总报告 045

1 长城沿线备案博物馆建设与长城文化传播研究　　046
2 长城主题博物馆与长城国家文化公园建设研究　　063
3 虚实融合：长城文化的数字化传播研究　　079

Ⅱ 专题篇 095

4 传播与契合：长城主题博物馆的价值叙事研究　　096
5 长城主题博物馆的数字化展示实践与优化对策探索　　122
6 长城沿线革命纪念馆建设与长城红色文化传播研究　　139
7 长城沿线乡村博物馆的活态理念与实践路径　　156

Ⅲ 区域篇 181

8 京津冀长城沿线博物馆建设与区域协同发展路径探究　　182
9 陕晋蒙长城沿线博物馆建设与社会力量参与路径探究　　200
10 甘宁新长城沿线博物馆建设与铸牢中华民族共同体意识路径探究　　224

IV 资料篇   249

11 代表性长城主题博物馆推介   250
12 2023年长城主题博物馆名录   364
13 2021年长城沿线备案博物馆名录   368

附录   416

附录1 调研团队核心成员一览表   416
附录2 长城资源调研一览表   419
附录3 长城沿线博物馆调研一览表   423
附录4 长城沿线博物馆访谈对象一览表   430
附录5 长城沿线博物馆座谈会一览表   434

表目录

027	表1	长城沿线博物馆概念界定依据一览表
029	表2	本报告数据调研过程一览表
034	表3	长城沿线博物馆网络调研数据的核心来源一览表
035	表4	本报告研究内容与分析方法一览表
047	表1-1	15省区市长城沿线备案博物馆空间分布比较表
048	表1-2	长城沿线备案博物馆空间分布表
049	表1-3	15省区市长城沿线定级备案博物馆比较表
051	表1-4	15省区市长城沿线备案博物馆所有权主体比较表
054	表1-5	长城主题备案博物馆概况一览表
057	表1-6	长城沿线不同体量博物馆定级情况比较表
064	表2-1	不同区域长城主题博物馆建设概况表
069	表2-2	长城主题博物馆与长城资源的空间占比分布排序表
073	表2-3	长城遗产旅游景区与长城主题博物馆年访客量对比表
080	表3-1	长城文化的数字化传播主体示例
097	表4-1	博物馆定义演变一览表
102	表4-2	嘉峪关长城博物馆的价值叙事
102	表4-3	八达岭中国长城博物馆的价值叙事
103	表4-4	山海关长城博物馆的价值叙事
104	表4-5	长城的权威遗产价值描述
116	表4-6	不同长城主题博物馆的价值传播内容对比表
141	表6-1	长城沿线各省区市革命纪念馆空间分布比较表
142	表6-2	长城沿线各省区市革命纪念馆所有权主体比较表
143	表6-3	长城沿线各省区市定级革命纪念馆比较表
151	表6-4	长城红色文化资源分类一览表
187	表8-1	京津冀长城沿线备案博物馆建设概况一览表
189	表8-2	京津冀建成开放的长城主题博物馆概况一览表
191	表8-3	京津冀博物馆与长城协同发展历程一览表
194	表8-4	长城沿线区域博物馆联盟与线性文化遗产博物馆联盟一览表

页码	表号	表名
197	表 8-5	京津冀区域长城博物馆主题游径推介表
204	表 9-1	陕晋蒙长城沿线备案博物馆建设概况一览表
205	表 9-2	陕晋蒙建成开放的长城主题博物馆概况一览表
207	表 9-3	陕晋蒙长城沿线国有与非国有备案博物馆质量等级一览表
208	表 9-4	陕晋蒙长城沿线国有与非国有备案博物馆建筑规模一览表
209	表 9-5	陕晋蒙长城沿线国有与非国有备案博物馆展陈题材类型一览表
210	表 9-6	2021年陕晋蒙长城沿线国有与非国有备案博物馆参观人数一览表
229	表 10-1	甘宁新长城沿线备案博物馆建设概况一览表
230	表 10-2	甘宁新建成开放的长城主题博物馆概况一览表
232	表 10-3	嘉峪关长城博物馆展陈体系一览表
233	表 10-4	宁夏长城博物馆展陈体系一览表
234	表 10-5	丝绸之路·长城文化博物馆展陈体系一览表
236	表 10-6	长城主题博物馆精神价值叙事一览表

图目录

049	图 1-1	2012—2021 年长城沿线备案博物馆与定级博物馆数量图
052	图 1-2	长城沿线备案博物馆题材类型的空间分布比较图
053	图 1-3	长城国家文化公园数字云平台官网
055	图 1-4	代表性长城主题博物馆
056	图 1-5	15 省区市长城沿线备案博物馆建筑规模比较图
058	图 1-6	2021 年 15 省区市长城沿线备案博物馆访客数量比较图
059	图 1-7	15 省区市长城沿线备案博物馆抖音新媒体累计点赞量比较图
061	图 1-8	"国宝省亲"之"国宝在武威——甘肃省博物馆馆藏武威出土文物精品展"
066	图 2-1	建筑总面积前十的正在改造与建设的长城主题博物馆
067	图 2-2	不同题材类型的长城主题博物馆区域分布数量图
071	图 2-3	司马台长城管控保护区的在地展示
072	图 2-4	博物馆关于长城遗产价值的传播内容
083	图 3-1	长城国家文化公园官网
083	图 3-2	长城国家文化公园数字云平台官网
084	图 3-3	中国长城遗产官网
084	图 3-4	长城小站"长城数据库系统"
085	图 3-5	"云游长城"小程序
085	图 3-6	"云长城河北"小程序
087	图 3-7	"见微知'筑'识长城"专题页面
088	图 3-8	"北京博物馆云"小程序
089	图 3-9	"云游长城"（香港版）体验截图
106	图 4-1	长城主题博物馆的战争叙事示例
108	图 4-2	长城主题博物馆的历史价值叙事示例
110	图 4-3	长城主题博物馆的科学价值叙事示例
111	图 4-4	长城主题博物馆的社会价值叙事示例
113	图 4-5	长城主题博物馆的艺术价值叙事示例
114	图 4-6	长城主题博物馆的美学价值叙事示例
115	图 4-7	长城主题博物馆的价值传播内容与叙事层次

124	图 5-1	基于实体展览进行线上虚拟展示的代表性长城主题博物馆
126	图 5-2	长城主题博物馆的传统信息展示方式
127	图 5-3	长城主题博物馆的交互触屏展示方式
128	图 5-4	长城主题博物馆的沉浸式展示方式
130	图 5-5	长城主题博物馆的机械控制与传感器式展示方式
131	图 5-6	长城主题博物馆的数字化叙事
133	图 5-7	长城沿线综合地志类博物馆的馆藏文物数字化展示平台
134	图 5-8	长城主题博物馆的数字化展示内容
137	图 5-9	大同长城博物馆关于"云游长城"微信小程序的展示
145	图 6-1	长城沿线各省区市革命纪念馆建筑规模比较图
147	图 6-2	长城沿线革命纪念馆长城红色文化展示示例
149	图 6-3	2021年长城沿线各省区市革命纪念馆年访客数量比较图
159	图 7-1	羊儿岭村全景
159	图 7-2	羊儿岭村街景
161	图 7-3	羊儿岭村"故事汇"外景
162	图 7-4	羊儿岭村"故事汇"内景
162	图 7-5	羊儿岭村"故事汇"的中国民族分布图
164	图 7-6	遇见山里红——山楂文化主题展
167	图 7-7	羊儿岭村非遗手工艺培训
168	图 7-8	羊儿岭村长城谣乡村音乐会
169	图 7-9	羊儿岭村长城内外市集现场
171	图 7-10	2023年羊儿岭村"读懂长城 理解乡村——'4·23'世界读书日活动"
173	图 7-11	羊儿岭村营城遗址
184	图 8-1	北京长城资源
185	图 8-2	天津长城资源
186	图 8-3	河北长城资源
195	图 8-4	北京智慧旅游地图微信公众平台的"京畿长城"国家风景道线路推荐
201	图 9-1	陕西长城资源
202	图 9-2	山西长城资源
203	图 9-3	内蒙古长城资源
212	图 9-4	李生程的长城之旅
213	图 9-5	陕北长城博物馆的长城文化传播

215	图 9-6	大同长城文化展馆的长城文化传播活动
217	图 9-7	大同长城文化旅游协会的长城保护利用传承实践
219	图 9-8	高晓梅一家三代的长城情缘
225	图 10-1	甘肃长城资源
226	图 10-2	宁夏长城资源
227	图 10-3	新疆长城资源
236	图 10-4	长城主题博物馆的长城关联精神传播示例
241	图 10-5	丝绸之路·长城文化博物馆的展陈"结语"文本内容
242	图 10-6	长城精神谱系构建示意图

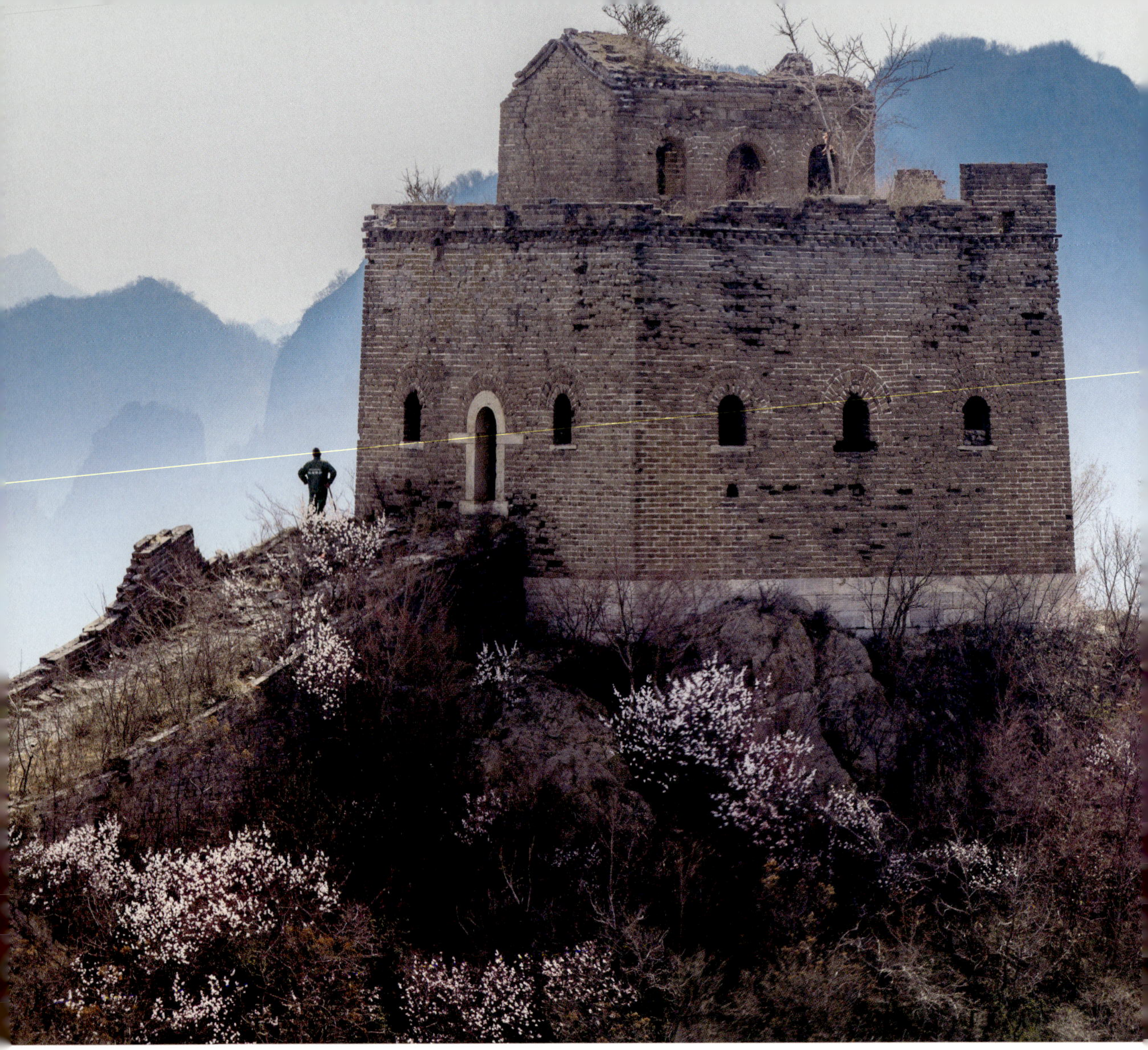

董家口长城的春天（于文江拍摄）

序言

2024年，是开展"爱我中华，修我长城"保护活动的40周年，也是长城国家文化公园建设的重要节点。完整地阐释、传播长城遗产价值，展示长城整体形象、增强中华文化传播力与影响力，是新时期长城国家文化公园建设的核心目标。

自1984年八达岭中国长城博物馆启动建设以来，长城沿线博物馆尤其是长城主题博物馆已成为传播长城文化的关键载体，也是新时期配合建设好长城国家文化公园重大文化工程的重要抓手。2022年，为贯彻好习近平总书记关于做好长城文化价值发掘和文物遗产传承保护工作的重要指示批示精神，落实好《关于推进博物馆改革发展的指导意见》中"统筹不同地域博物馆发展"与"配合长城国家文化公园建设"等要求，在腾博基金的支持下，中国博物馆协会与中山大学旅游学院、联合国教科文组织名录遗产地可持续旅游教席研究团队联合开展"长城沿线博物馆、纪念馆、乡村博物馆建设与展览数字化传播"项目调查研究工作，旨在根据长城国家文化公园建设需要，对长城沿线的各类博物馆、纪念馆、展览馆等进行全面摸底调查，对各类博物馆资源概况及其配合长城国家文化公园建设进展与长城文化传播的现状和问题进行全面调研，为统筹不同地域、不同类型博物馆保护好长城遗产、弘扬好长城文化、讲好长城故事提供参考依据与践行路径。该项目是中国博协与腾讯基金会设立"腾博基金"后的首批重点项目，也是新中国成立以来第一次针对长城文化传播开展的专题调研。

《长城沿线博物馆建设与长城文化传播：长城沿线博物馆调研总报告》是这个实地调研项目系列研究成果的集成之作，也是迄今为止对全国长城沿线博物馆建设资源与长城文化传播最全面的线上线下普查、基础数据采集及分析研究成果。报告系统地分析与总结了长城沿线博物馆的建设经验，探讨了长城文化传播的有效途径，具有重要的学术价值和实践指导意义。

本报告研究内容共分为四个部分。第一部分为总报告，从整体视角梳理全国长城沿线备案博物馆、长城主题博物馆的建设，分析长城文化的数字化传播现状与遇到的关键瓶颈问题，并探寻相应的优化对策，以响应"统筹不同地域不同类型博物馆""配合长城国家文化公园建设"的博物馆改革发展战略目标要求。第二部分为专题篇，由长城主题博物馆的价值叙事、长城主题博物馆的数字化展示、长城沿线革命纪念馆建设与长城红色文化传播、长城沿线乡村博物馆的活态理念与实践路径4个不同研究主题内容构成，进一步深入分析长城沿线不同类型博物馆挖掘活化、传播传承多元长城文化的现状和问题，并提出具体的解决方案，以响应讲好长城故事、弘扬长城文化、传承长城精神的长城国家文化公园建设目标要求。第三部分为区域篇，立足京津冀、陕晋蒙、甘宁新九省（自治区、直辖市）三大区域长城沿线博物馆建设现状与发展特色亮点，聚焦京津冀长城沿线博物馆的区域协同发展、陕晋蒙长城沿线博物馆的社会参与、甘宁新长城沿线博物馆的铸牢中华民族共同体意识三大主题研究，旨在回应新时期国家、地方及社会关切的长城沿线博物馆改革发展热点问题，深入贯彻落实好长城国家文化公园建设，增强中华民族凝聚力、提升中华文化传播力与影响力的战略目标诉求。第四部分为博物馆资料篇，由38家不同区域代表性长城主题博物馆推介资料、100家长城主题博物馆名录资料及739家长城沿线备案博物馆名录资料构成，旨在为长城文博文旅业界及学者开展长城相关实践与研究工作提供具体案例参照，为社会公众全面了解长城沿线博物馆建设与长城文化传播提供科学指引，是今后做好长城保护利用传承工作的重要研究资料库。

　　总体来说，本研究报告基本实现了当初我们设计这个调研项目的初心。通过长城沿线博物馆的调查，我们既看到了长城遗产保护管理、长城国家文化公园建设的非凡成绩，也看到了在长城历史整理、长城文化发掘以及长城价值阐释、传播中由于种种原因导致的薄弱之处。我们相信，随着长城国家文化公园建设的深入推进，长城沿线博物馆的建设与长城文化传播将面临更多机遇和挑战，本报告为我们提供了宝贵的理论和实践经验，有利于从全局上为国家推动长城国家文化公园建设提供博物馆践行方案，也能从局部上为不同区域配合长城国家文化公园建设提供具体实践优化路径，全方位地指导长城沿线博物馆弘扬长城文化、讲好长城故事，增强长城文化的传播力与影响力。

与此同时，中国博协还持续关注并推进与大运河国家文化公园、长征国家文化公园相关的调研项目，目的也同样是引起社会各界对国家文化公园建设中博物馆文化建设的广泛关注，希望国家文化公园内的博物馆成为推动文化传承与弘扬的有生力量。

特别感谢所有为本报告付出辛勤努力的研究人员、编辑团队以及所有关注和支持长城文化事业的朋友们。让我们携手并肩，共同守护和传承这一伟大的文化遗产，让长城的精神和文化光芒永远照耀未来。

中国博物馆协会理事长

大风口辽东镇长城之冬（于文江拍摄）

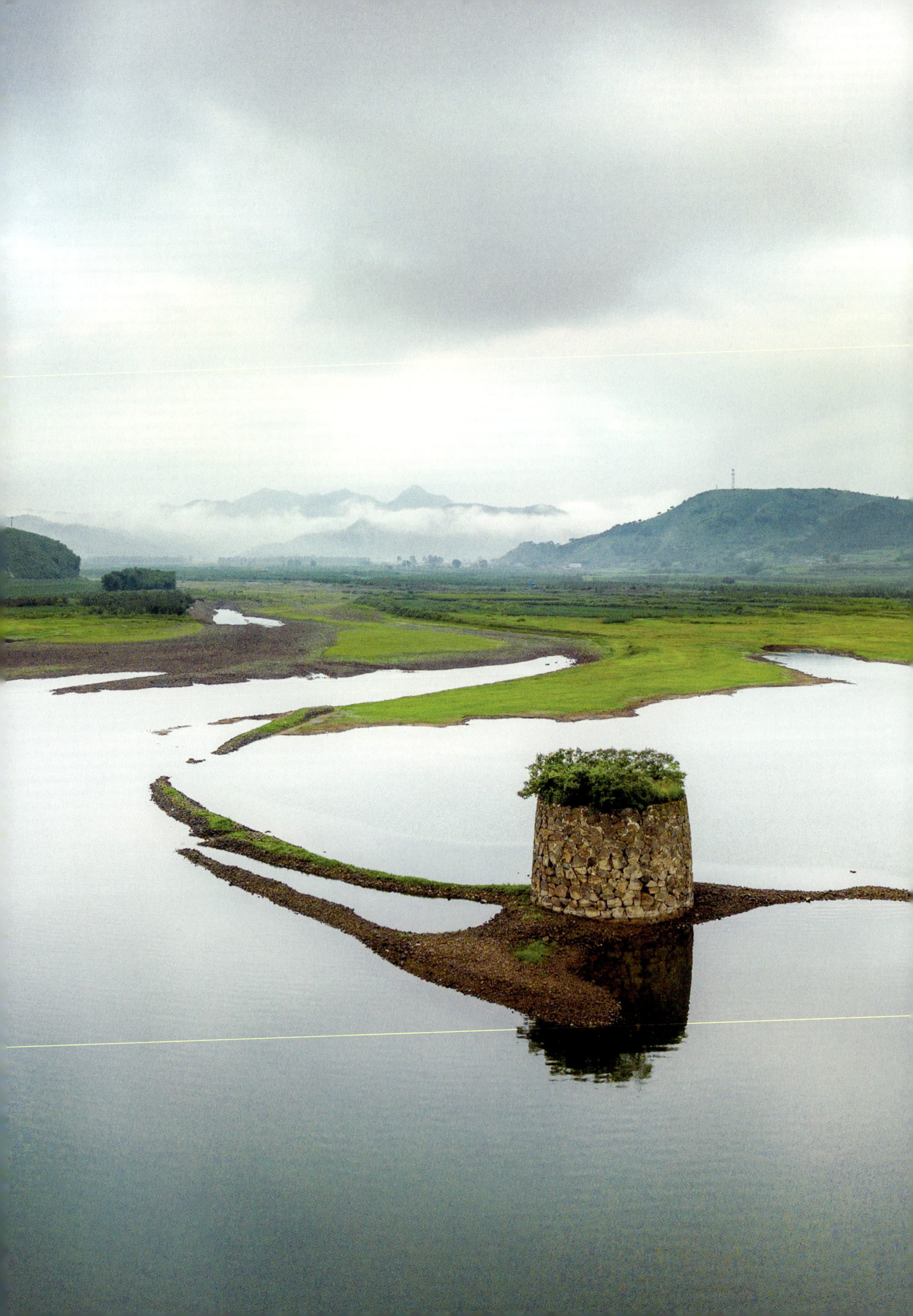

永安堡辽东镇长城墩台(于文江拍摄)

导论

张朝枝（复旦大学旅游学系）

一、调研背景

2019年8月，习近平总书记在嘉峪关长城考察时指出："长城凝聚了中华民族自强不息的奋斗精神和众志成城、坚韧不屈的爱国情怀，已经成为中华民族的代表性符号和中华文明的重要象征。要做好长城文化价值发掘和文物遗产传承保护工作，弘扬民族精神，为实现中华民族伟大复兴的中国梦凝聚起磅礴力量。"2019年12月，中共中央办公厅、国务院办公厅印发《长城、大运河、长征国家文化公园建设方案》，强调以长城沿线一系列主题明确、内涵清晰、影响突出的文物和文化资源为主干，生动呈现中华文化的独特创造、价值理念和鲜明特色，将长城国家文化公园打造为弘扬民族精神、传承中华文明的重要标志。2021年，中央宣传部、国家发展和改革委员会、文化和旅游部、国家文物局等九部门联合发布《关于推进博物馆改革发展的指导意见》，提出要统筹不同地域、不同类型博物馆发展，配合长城国家文化公园建设等国家重大文化工程，加强博物馆资源整合与协同创新。

2022年，为贯彻好习近平总书记关于做好长城文化价值发掘和文物遗产传承保护工作的重要指示批示精神，落实好《关于推进博物馆改革发展的指导意见》中"统筹不同地域博物馆发展"与"配合长城国家文化公园建设"等要求，支持长城沿线博物馆、纪念馆与乡村博物馆的人才队伍和业务能力建设，促使长城文物和文化资源进一步鲜活起来，筑牢中华民族共同体意识，同时带动红色文化（革命文物）传承、非物质文化遗产传承以及传统村落保护和生态环境保护，以文化事业反哺乡村建设，助力长城沿线地区的乡村振兴、文旅融合与共同富裕，在腾博基金[①]的资助下，中国博

[①] "腾博基金"全称"齐行共进：博物馆纪念馆可持续发展与文化传播公益基金"，是中国博物馆协会与腾讯公益慈善基金会于2022年5月联合发起的文物博物馆领域的公益项目，以博物馆可持续发展和文化传播为主题，在全面强化中国博协引领学术与文化传播能力建设的同时，带动全国博物馆，特别是中小博物馆、纪念馆培养青年人才及提升整体专业水平，为广大公众提供更多更好的公共文化服务。

物馆协会与中山大学旅游学院、联合国教科文组织名录遗产地可持续旅游教席研究团队联合开展"长城沿线博物馆、纪念馆、乡村博物馆建设与展览数字化传播"实地调研项目研究工作。

二、调研目标

本次调研旨在根据长城国家文化公园建设需要，对长城沿线的各类博物馆、纪念馆、展览馆等进行全面摸底调查，对各类博物馆、纪念馆、展览馆的产权归属、数量特征、空间分布、建筑规模、质量等级、题材类型及其配合长城国家文化公园建设进展与长城文化传播现状问题进行全面调研，为统筹不同地域、不同类型博物馆保护好长城遗产、弘扬好长城文化、讲好长城故事，及配合建设好长城国家文化公园提供参考依据与践行路径，以期进一步增强长城沿线博物馆的传播力与长城文化传播影响力。

三、调研对象

根据项目调研目标并综合考虑长城沿线的实际情况，本次调研包括长城国家文化公园、长城资源与长城沿线博物馆三大对象。

（一）长城国家文化公园

依据《长城、大运河、长征国家文化公园建设方案》（中共中央办公厅、国务院办公厅，2019），国家文化公园是国家推进实施的重大文化工程，通过整合具有突出意义、重要影响、重大主题的文物和文化资源，实施公园化管理运营，实现保护传承利用、文化教育、公共服务、旅游观光、休闲娱乐、科学研究功能，形成具有特定开放空间的公共文化载体，集中打造中华文化重要标志，以进一步坚定文化自信，充分彰显中华优秀传统文化持久影响力、社会主义先进文化强大生命力。长城国家文化公园建设范围包括战国、秦、汉长城，北魏、北齐、隋、唐、五代、宋、西夏、辽具备长城特征的防御体系，金界壕，明长城。涉及北京、天津、河北、山西、内蒙古、辽宁、吉林、黑龙江、山东、河南、陕西、甘肃、青海、宁夏、新疆15个省区市[1]。本次调研重点关注国家与地方层面长城国家文化公园建设的规划内容与任务要求，以及博物馆在长城国家文化公园建设中的功能与角色，具体包括长城国家文化公园的建设范围、空间格局、功能分区、标志性工程等。

（二）长城资源

2010年，国家文物局制定的《长城资源要素分类、代码与图式》（WW/T 0029—2010）将长城的资源要素分为长城本体、附属设施及相关遗存三类[2]。2019年，《长城保护总体规划》将长城描述为"我国乃至全世界体量最大、分布最广的具有线性特征的军事防御体系遗产""古建筑与古遗址两种遗存形态并存、以古遗址遗存形态为主的文化遗产，并具有突出的文化景观特征"，其构成要素包括"规模宏大的连续墙体、壕堑、界壕，数量巨大的敌台、关隘、堡寨、烽火台，合理利用各类自然要素形成的山险、水险，以及与之相辅的戍守系统、屯兵系统、烽传系统、军需屯田系统等等"[3]。基于此，本次调研的长城资源指长城墙体、壕堑、界壕、单体建筑、关堡、相关设施等文物本体，长城文化景观构成要素，以及其他与长城直接关联的景观风貌和生态环境。调研重点关注博物馆所在区域长城资源的遗存状态，以及其承载的历史文化价值内涵与保护利用传承现状。

（三）长城沿线博物馆

依据博物馆相关官方文件（表1），本次调研的长城沿线博物馆指分布于长城资源沿线县级行政区内，以教育、研究和欣赏为目的，收藏、保护并向公众展示人类活动和自然环境的见证物，向公众开放，具有博物馆功能的文化场馆，包含备案博物馆和未备案博物馆。分布范围涉及北京、天津、河北、山西、内蒙古、辽宁、吉林、黑龙江、山东、河南、陕西、甘肃、青海、宁夏、新疆等15个省（自治区、直辖市）的404个县（市、区、旗）。依据全国博物馆年度报告信息系统的统计指标，长城沿线博物馆按质量等级分为国家一级博物馆、国家二级博物馆、国家三级博物馆与未定级博物馆；按主体性质分为国有博物馆与非国有博物馆，其中国有博物馆分为文物系统国有博物馆与其他行业国有博物馆；按题材类型分为历史文化、综合地志、革命纪念、自然科技、艺术及其他5大类；按建筑总面积分为特大型馆（50 000平方米以上）、大型馆（20 001—50 000平方米）、大中型馆（10 001—20 000平方米）、中型馆（5001—10 000平方米）、小型馆（5000平方米以下）。在建设方面，本次调研重点关注长城沿线博物馆的建设主体、规模、经费、质量等级、人才队伍等；在长城文化传播方面，重点关注长城沿线博物馆的传播内容、传播渠道、传播受众、传播效果等。

表1 长城沿线博物馆概念界定依据一览表

相关概念	来源
革命纪念馆：是为纪念近、现代革命史上重大事件或杰出人物并依托于有关的革命遗址、纪念建筑而建立的纪念性博物馆，是有关的革命遗址、纪念建筑和文物资料的保护收藏机构、宣传教育机构和科学研究机构，是我国博物馆事业的重要组成部分。	《革命纪念馆工作试行条例》（文化部，1985）
博物馆：是指以教育、研究和欣赏为目的，收藏、保护并向公众展示人类活动和自然环境的见证物，经登记管理机关依法登记的非营利组织。包括国有博物馆和非国有博物馆。	《博物馆条例》（国务院，2015）
博物馆：是为社会服务的非营利性常设机构。它研究、收藏、保护、阐释和展示物质与非物质遗产。它向公众开放，具有可及性和包容性，促进多样性和可持续性。博物馆以符合道德且专业的方式进行运营和交流，并在社会各界的参与下，为教育、欣赏、深思和知识共享提供多种体验。	国际博物馆协会（2022）
乡村博物馆：是位于乡村范围内，传承中华优秀传统文化，弘扬社会主义核心价值观，以重点展示、传播、收藏和传承地域历史文化、特色文化、革命文化及乡村生产生活、非遗保护、产业发展见证物，向公众开放，具有博物馆功能的文化场馆。位于乡村的国有和非国有博物馆可纳入乡村博物馆系列。乡村博物馆所在乡村范围，是指城市主城区以外具有自然、社会、经济特征和生产、生活、生态、文化等多重功能的地域综合体，包括乡镇和村庄等。	《浙江省乡村博物馆建设指南（试行）》（浙江省文化和旅游厅、浙江省文物局，2022）
社会力量兴办博物馆：本市行政区域内由企业、社会组织、公民等社会力量兴办，依法完成博物馆设立备案，并取得社会服务机构（民办非企业单位）法人资格的非国有博物馆，各级国有企业、高校所属博物馆，以及符合条件的事业单位性质博物馆。	《北京市鼓励社会力量兴办博物馆的若干意见》（北京市委宣传部、北京市文物局等六部门，2021）

数据来源：根据文献资料整理

四、调研方法

为保证本报告研究分析资料的信度与效度，调研团队以三角验证的方式来搜集与分析数据。数据包括实地调研的观察、访谈、座谈会和组织机构提供的客观数据，网络调研的官网、官方社交媒体平台及权威数据库等线上数据。通过多种数据源与数据间的相互检核、比较，确保研究结果的准确度与严谨度。一方面，团队成员具有文物考古、博物馆、旅游管理、信息管理、人文地理等多学科专业背景（详见附录1），成员间的不同专业见解与交流讨论能够丰富长城资源、长城国家文化公园及长城沿线博物馆等数据分析内容，从而增强数据的可信度。另一方面，项目调研对象不仅涉及长城沿线文物考古、博物馆、旅游行政部门及国有博物馆业界人员，也涉及非国有博物馆、长城相关社会团体、长城沿线社区居民及博物馆与长城旅游景区游客。多元利益相关者的发声能够提升本报告采集数据的深度、广度与可信度，有助于为长城沿线博物馆保护长城遗产、传播好长城文化、配合建设好长城国家文化公园建言献策提供科学依据。

（一）数据采集方法

1. 实地考察

调研人员以访客身份进入长城及沿线博物馆，通过录像与拍照的形式，收集不同区域长城资源、沿线博物馆基础信息数据。调研团队于2022年7月—2023年12月，历时91天，跨越8省（自治区、直辖市）、19市、61县（市、区、旗）（表2），实地考察了宁夏、陕西、山西、河北、北京、甘肃、内蒙古、新疆等8个区域长城沿线136家博物馆与71处长城资源（调研详情见附录2与附录3），累计行程约3.8万千米，共收集了975.6GB约含7.4万个项目的音频、图片资料。其中，长城资源重点观察长城本体遗存、赋存环境现状及保存状态及其旅游利用现状；长城沿线博物馆重点观察其基础设施、配套设施、传播内容、传播渠道、数字化建设、传播效果等；长城国家文化公园重点观察其管控保护区、文旅融合区、主题展示区、传统利用区四类功能区建设现状。此外，调研团队于2018—2020年承担《长城开放利用与旅游专题研究》课题期间，实地考察采集了甘肃、内蒙古、山西、河北、北京、山东、辽宁等7省（自治区、直辖市）12市16县（市、区）41处长城资源、17家长城沿线博物馆的基础信息数据（表2），这也是本报告重要的数据补充。为区别不同的数据来源，对实地考察的136家博物馆，以字母 M 为起始代码，按博物馆调研顺序进行编号（详见附录3），如宁夏回族自治区博物馆为第一个调研的博物馆，编号为M01，以此类推。

表2 本报告数据调研过程一览表

调研阶段	调研年份	调研区域	调研地点	调研日期	调研内容 长城资源（处）	长城沿线博物馆（家）
前期工作	2018—2020	辽宁	·丹东市：宽甸满族自治县 ·锦州市：北镇市 ·葫芦岛市：兴城市、绥中县	2018 1107—1109	6	1
		山西	·忻州市：偏关县	2019 0716—0723	5	0
		内蒙古	·呼和浩特市：清水河县	2019 0718—0720	3	2
		北京	·延庆区	2019 0724—0805	5	1
			·怀柔区	2020 1201—1212	4	4
		山东	·济南市：长清区、章丘区 ·泰安市：岱岳区	2019 0806—0808	3	0
		甘肃	·酒泉市：敦煌市 ·张掖市：山丹县、临泽县 ·定西市：临洮县 ·嘉峪关市	2020 0805—0826	12	8
		河北	·秦皇岛市：山海关区	2020 1213—1215	3	1
			合计		41	17

续表

调研阶段	调研年份	调研区域	调研地点	调研日期	调研内容 长城资源（处）	调研内容 长城沿线博物馆（家）
正式调研	2022	宁夏	·银川市：金凤区、西夏区、灵武市、永宁县 ·固原市：原州区、彭阳县 ·吴忠市：盐池县、同心县	2022 0722—0729	11	18
		陕西	·榆林市：定边县、榆阳区、神木市	2022 0730—0802	8	11
		山西	·大同市：平城区、云冈区、灵丘县、新荣区 ·朔州市：右玉县	2022 0803—0807	5	13
		河北	·张家口市：桥西区、桥东区、宣化区、赤城县、怀来县、万全区	2022 0807—0812	5	11
		北京	·延庆区 ·密云区	2022 0812—0820	7	12
		合计			36	65
补充调研	2023	甘肃	·张掖市：山丹县 ·武威市：凉州区、古浪县、天祝县 ·定西市：安定区、临洮县、陇西县 ·嘉峪关市 ·兰州市：七里河区	2023 0605—0610	8	11
		北京	·平谷区 ·怀柔区	2023 0611—0616	3	3
			·延庆区 ·昌平区 ·密云区	2023 0922—0926	5	7

续表

调研阶段	调研年份	调研区域	调研地点	调研日期	调研内容 长城资源（处）	调研内容 长城沿线博物馆（家）
补充调研	2023	山西	·大同市：新荣区、天镇县	2023 0724—0728	2	1
		内蒙古	·乌兰察布市：集宁区、丰镇市、凉城县、察哈尔右翼中旗	2023 0728—0731	3	7
		新疆	·乌鲁木齐市：沙依巴克区 ·喀什地区：喀什市、英吉沙县、叶城县、莎车县、疏勒县 ·阿克苏地区：阿克苏市、温宿县、乌什县、阿瓦提县、库车市、新和县、沙雅县	2023 1026—1112	2	22
			·吐鲁番市：高昌区、鄯善县	2023 1128—1202	3	5
			·巴音郭楞蒙古自治州：库尔勒市、轮台县、焉耆县、尉犁县、若羌县 ·哈密市：伊州区	2023 1207—1219	9	15
合计					35	71

2. 半结构式访谈

为了全面厘清长城沿线不同区域不同类型博物馆建设与长城文化传播现状问题及其影响因素，调研团队针对长城沿线博物馆核心利益相关者进行了半结构式访谈，访谈对象主要包括长城沿线文物行政部门人员（如地方文旅局、文物局、文管所、文物保护中心等）、博物馆工作人员（包括国有与非国有博物馆、备案与未备案博物馆）、社会团体成员（如不同区域长城保护志愿者协会）与社区居民四类主体。截至2023年底，调研团队共实地访谈博物馆相关工作人员61人、非博物馆工作人员21人，共

82人（受访对象具体信息见附录4），将调研笔记和录音转录整理为约46万字的访谈文本。访谈文本数据以FT为起始代码，按受访人员与博物馆的关联性及其所在省域代码进行编码。其中，宁夏为NX，陕西为SAX，山西为SX，河北为HB，北京为BJ，内蒙古为NM，新疆为XJ。若受访人为博物馆工作人员，编码格式统一为"FT+阿拉伯数字（受访人时间排序）+省域代码+博物馆编码"，如"FT1-NXM08"指第一个访谈对象为宁夏固原博物馆工作人员，"FT2-NXM11/12"指第二个受访人同属于宁夏西北农耕博物馆与战国秦长城博物馆工作人员；若受访人为非博物馆工作人员，编码格式则为"FT+阿拉伯数字（受访人时间排序）+省域代码+非博物馆人员代码（N）"，如"FT7-SAXN"指第七个受访人为来自陕西的非博物馆工作人员，"FT22-SXN"指第22个受访人为来自山西的非博物馆工作人员，以此类推。

3. 主题座谈会

座谈会也称焦点小组访谈，是针对与研究有关的主体展开的定向或自由的讨论，常用于了解人们对某一主题、事件的看法、态度、行为。除了刘曙光和张朝枝分别在北京和广州召集的小型会议，在实地调研中，调研团队主持召开关于长城沿线博物馆建设与长城文化传播主题的座谈会11场（详见附录5），包括长城沿线博物馆、纪念馆、乡村博物馆建设与展览数字化传播项目启动暨宁夏段座谈会（2022年7月23日），榆林长城主题展馆座谈会（2022年7月31日），大同长城文化展馆座谈会（2022年8月6日），宣化博物馆座谈会（2022年8月9日），羊儿岭长城乡村活态博物馆座谈会（2022年8月12日），北京段长城沿线博物馆、纪念馆、乡村博物馆建设与展览数字化传播座谈会（2022年8月15日），"长城沿线博物馆、纪念馆、乡村博物馆建设与展览数字化传播项目"专家咨询会（2023年3月9日），定西段长城国家文化公园建设暨定西市博物馆数字化建设与运营座谈会（2023年6月8日），甘肃段长城国家文化公园建设暨甘肃省博物馆数字化建设与运营座谈会（2023年6月10日），大同长城沿线博物馆、纪念馆、乡村博物馆研讨班（2023年7月25日—27日）。座谈会涉及宁夏、陕西、山西、河北、北京、甘肃等不同区域长城沿线文物与博物馆机构及长城保护社会团体等群体，旨在进一步深入了解不同区域长城国家文化公园建设进展及长城沿线博物馆建设与长城文化传播发展现状问题，以及不同主体对上述问题的看法与建议，转录文本资料约20万字。座谈会文本数据以ZT为起始代码，按座谈会召开顺序与地点及其所在省域代码进行编码（详见附录5）。例如，"ZT1-NXM01"指第一场座谈会在宁夏段宁夏回族自治区博物馆召开；"ZT7-BJN"指第七场座谈会在北京段非博物馆场所召开，以此类推。

4.官方文本收集

为准确、全面掌握长城沿线博物馆的真实情况，调研团队从长城沿线文物行政部门和相关博物馆、社会团体、旅游企业等58家组织机构收集了150份规划文本、建设方案等各类官方文本资料，主要包括不同地区长城国家文化公园建设规划文本、长城保护规划文本、长城资源清单与地图、博物馆建设规划或数字化改造方案、博物馆章程文本与年度报告、博物馆的部门组织架构与人才队伍情况（编制数量、职称结构、专业背景等）、博物馆馆藏情况（数量、级别、重点藏品）、博物馆的常设展览和临时展览（数量、主题内容、讲解文本）、博物馆的宣传教育开展情况（宣教人员数量、条件，馆校合作情况，博物馆进社区情况等）及近五年博物馆访客统计信息等内容文本。其中，本报告关于长城沿线备案博物馆的数据主要依据中国文化遗产研究院提供的全国长城资源分布的15省（自治区、直辖市）404县（市、区、旗）的行政区清单数据筛选。地方层面的长城国家文化公园建设规划文本及长城资源资料主要由各省（直辖市、行政区）文物局、县市级长城保护中心及承担地方文物资源保护管理职责的综合地志类博物馆提供，如甘肃省、北京市、宁夏回族自治区、河北省、陕西省等地的文物局，榆林市长城保护中心、乌兰察布市博物馆、彭阳县博物馆、临洮县博物馆等。

5.网络数据收集

为了更全面地掌握相关数据信息，调研团队通过中国知网、国家与地方层面文物行政部门官网、长城沿线博物馆官方网站及社交媒体平台采集长城相关数据信息（表3）。本报告的长城沿线备案博物馆数据主要通过计算机爬虫软件在全国博物馆年度报告信息系统（nb.ncha.gov.cn）进行基础信息采集，包括行政区分布、博物馆性质、质量等级、题材类型、陈列展览、社教活动场次、馆舍建筑面积、藏品总数、珍贵文物数量、年度观众总数等多元信息，共采集了2021年国家文物局公布的全国6183家备案博物馆信息，合计17 302 549字。结合国家文物局认定长城资源分布的15省（自治区、直辖市）404县级行政区清单，筛选出长城沿线备案博物馆739家、备案的长城主题博物馆18家、长城沿线备案的革命纪念馆100家，合计1 713 231字。长城主题博物馆的数字化与长城文化的数字化传播研究数据主要通过微软必应浏览器与微信搜索，以及博物馆官网、微信公众号、视频号、微博、抖音等社交媒体平台采集。

表3 长城沿线博物馆网络调研数据的核心来源一览表

序号	数据来源	链接
1	全国博物馆年度报告信息系统	http://nb.ncha.gov.cn/museum.html
2	中国知网	https://cnki.net/
3	中国长城遗产	http://greatwallheritage.cn/CCMCMS/
4	长城国家文化公园官网	http://changcheng.ctnews.com.cn/
5	长城国家文化公园数字云平台	https://changcheng.ctnews.com.cn/node_909.html
6	中国政府网	https://www.gov.cn/
7	国家文物局	http://www.ncha.gov.cn/index.html
8	云游中国长城	微信公众号、微信小程序
9	云长城河北	微信公众号、微信小程序

（二）数据分析方法

根据不同研究内容，本报告主要采用描述性统计分析、比较分析、内容分析与过程—事件分析等方法分析线下实地调研与线上网络调研采集的数据（表4）。其中，描述性统计分析法用于频数和频率统计分析，涉及长城沿线博物馆（含备案博物馆、长城主题博物馆、革命纪念馆）的空间分布、质量等级、建筑面积、所有权属性、题材类型、藏品数量、珍贵文物数量、年度访客数量等博物馆建设与长城文化传播现状统计特征分析。比较分析法用于比较长城沿线不同区域不同类型博物馆的建设与长城文化传播现状的统计特征、不同博物馆的长城文化传播内容与传播路径，及不同数字化手段对长城文化的传播与展示方式、内容与效果。过程—事件分析法用于梳理长城沿线乡村活态博物馆建设、京津冀长城沿线博物馆跨区域协同发展及陕晋蒙长城沿线博物馆的社会力量参与等实践过程的重要行动者、事件的功能与角色及归纳分析长城沿线博物馆建设实践存在的瓶颈问题。内容分析法主要用于分析长城沿线博物馆具体通过哪些内容、渠道传播长城文化及长城文化传播的效果等问题，同时用于探究长城沿线博物馆建设、数字化传播、价值阐释与展示、活态发展、跨区域协同发展、社会力量参与及铸牢中华民族共同体意识等实践问题存在的根源所在，以便进一步深入探讨优化路径。

表4 本报告研究内容与分析方法一览表

内容板块	研究内容	分析方法
Ⅰ 总报告	1. 长城沿线备案博物馆建设与长城文化传播研究	描述性统计分析、比较分析
	2. 长城主题博物馆与长城国家文化公园建设研究	描述性统计分析、比较分析、内容分析
	3. 虚实融合：长城文化的数字化传播研究	内容分析、比较分析
Ⅱ 专题篇	4. 传播与契合：长城主题博物馆的价值叙事研究	内容分析、比较分析
	5. 长城主题博物馆的数字化展示实践与优化对策探索	描述性统计分析、比较分析、内容分析
	6. 长城沿线革命纪念馆建设与长城红色文化传播研究	描述性统计分析、比较分析、内容分析
	7. 长城沿线乡村博物馆的活态理念与实践路径	过程—事件分析、内容分析
Ⅲ 区域篇	8. 京津冀长城沿线博物馆建设与区域发展路径探究	描述性统计分析、过程—事件分析、内容分析
	9. 陕晋蒙长城沿线博物馆建设与社会力量参与路径探究	描述性统计分析、过程—事件分析、内容分析
	10. 甘宁新长城沿线博物馆建设与铸牢中华民族共同体意识路径探究	描述性统计分析、比较分析、内容分析

五、主要发现

（一）长城沿线备案博物馆数量初具规模、质量稳步提升、展览题材丰富多样

备案博物馆是长城沿线博物馆的主体。长城沿线备案博物馆指分布于长城资源沿线县级行政区域内，以教育、研究和欣赏为目的，收藏、保护并向公众展示人类活动和自然环境的见证物，经登记管理机关依法登记的非营利组织。截至2021年末，长城沿线各县域内有备案博物馆739家，占全国备案博物馆总数的11.95%，分布于15省区市、91市（区、州、盟）、312县（市、区、旗）。总体来看，目前长城沿线博物馆数量初具规模，质量稳步提升，展览题材丰富多样，但仍以中小型博物馆为主，普遍面临"质量等级低、展陈空间小、活动经费不足、展陈内容陈旧、统筹协同不足"等难题。

为加强长城沿线博物馆建设，亟待搭建长城沿线博物馆跨区域、跨馆际交流合作的组织，加强统筹规划与协同机制建设；增强长城沿线大型、高等级博物馆对中小型博物馆在藏品管理、陈列展览、社会服务等方面的针对性帮扶，进一步提升长城沿线中小型博物馆的展陈质量与文化吸引力；加强地方长城文物的价值挖掘研究，构建长城文化与地方多元历史文化、红色文化、生态文化多主题融合的展示体系。

（二）长城主题博物馆数量显著增长、规模不断扩大、建设主体日益多元

长城主题博物馆指展陈主题上与长城关联的博物馆，即分布于长城资源沿线区域，以长城为主题，收藏、保护、研究、展示长城历史、军事、建筑、经济、文化艺术及现状等内容，向公众开放，具有博物馆功能的文化场馆，包含备案博物馆和未备案博物馆。截至2023年末，建成与未建成的长城主题博物馆共100家。其中，建成开放的备案长城主题博物馆18家，建成开放的未备案长城主题博物馆44家，正在建设的长城主题博物馆24家，仍有14家长城主题博物馆处于规划建设阶段，整体呈现数量显著增长、规模不断扩大、建设主体多元的良好发展格局，但仍存在建设空间分布与长城资源空间分布不匹配、对长城资源活化利用不足等问题。

为加强长城主题博物馆建设，亟须构建长城整体价值协同传播组织平台与内容体系，如成立长城沿线博物馆联盟统一组织平台，构建基于长城资源本体价值与衍生价值的多元传播内容体系。

（三）长城沿线革命纪念馆总体规模偏小、开放力度较弱、文旅融合不足

长城沿线革命纪念馆指分布于长城资源沿线县级行政区域内，为纪念近、现代革命史上重大事件或杰出人物而建立的纪念性博物馆，是经登记管理机关依法登记的非营利组织。截至2021年末，长城沿线革命纪念馆有100家，分布于长城沿线15省（自治区、直辖市）49市85县，集中在西北与华北区域，普遍未定级且以中小型馆为主。受纪念馆的公益性及人员资金不足、主体不一且统筹协同机制缺失等限制，长城沿线革命纪念馆整合周边长城红色文化资源的开发利用力度较弱、文旅融合深度不足。

为进一步完善长城沿线革命纪念馆建设，亟待梳理长城红色文化概念内涵、明确长城红色文化资源对象、建设长城红色文化主题游径，深化革命纪念馆的文旅融合传播影响力。

（四）长城沿线乡村博物馆为焕发乡村文化遗产魅力、实现乡村振兴提供新的可能

长城沿线乡村博物馆指位于长城资源沿线县级行政区域的乡镇和村庄范围内，以重点展示、传播、收藏和传承地域历史文化、特色文化、革命文化及乡村生产生活、非遗保护、产业发展见证物，向公众开放，具有博物馆功能的文化场馆。博物馆作为收藏、研究、展示、教育和传播自然与人类的物质及非物质遗产的公共文化机构，能够有效地保护和传承乡村文化遗产与乡村活态文化，展示和推广乡村文化特色，促进乡村社会共同体建设。长城沿线的一些乡村博物馆实践探索表明，博物馆可以被视为乡村文化振兴的一座"灯塔"，博物馆可以通过其专业能力，特别是通过其"真实"与"记忆"的力量，照亮那些因为历史原因或现实困境而被遗忘或被边缘化的乡村文化遗产和文化特色，为它们重新焕发生机和活力提供新的可能。

但乡村博物馆建设过程也面临政策支持、资金保障、人才培养、管理规范等问题，需要通过实践不断探索、创新以及协调各方力量进行合作。实践中，运营团队特别要考虑如何运用和管理博物馆，为村民创造更多的经济收入和就业机会，为乡村的产业发展和品牌打造提供更多的支持和服务。

（五）长城主题博物馆已经成为长城国家文化公园传播长城文化的主要载体

完整地传播长城遗产价值与展示长城整体形象是长城国家文化公园建设的核心目标。长城主题博物馆是传播长城文化的重要载体，也是配合建设好长城国家文化公园

的重要抓手。

在响应长城国家文化公园功能区建设过程中，管控保护区主要以自然长城博物馆形式对游客开放，进行原址展示，以文物标识牌为核心媒介，展示信息有限。主题展示区以长城主题博物馆为建设重点，但展示信息碎片化。文旅融合区以"长城遗产旅游景区＋长城主题博物馆"为关键举措，但目前以长城历史文化＋地方红色文化融合为主，长城＋生态文化与长城＋现代文化深度融合不足。传统利用区以长城主题博物馆建设为主，主要以静态模式展示地方的民俗文化与红色文化，传播活力不足。

在响应长城国家文化公园的长城文化传播过程中，长城主题博物馆主要通过历史价值、科学价值、美学价值、社会价值、精神价值五个维度向公众传播长城的整体价值内涵。在叙事结构上，长城主题博物馆以长城的精神价值为主，以长城的历史价值、科学价值、社会价值为核心，以长城的美学价值为辅，对长城历史价值传播的完整度最高，美学价值最弱，对长城社会价值传播内容的完整性体现在古代，对长城的美学价值传播内容集中于人文艺术方面，对长城的科学价值传播聚焦建筑与军事应用的科学性，缺少对长城自然科学价值的挖掘与展示。

总体来看，需要进一步根据长城国家文化公园主体功能区建设内容要求匹配主题博物馆建设，加强长城整体形象展示，以活态博物馆理念加强传统利用区长城社区遗产的活态展示与阐释，深入挖掘长城资源的地方特色内涵，提升长城美学价值、社会价值的阐释与展示；转变"以物为中心"的传播路径，开创可增强人与物互动接触的多元融媒传播路径。加强主题展示区＋文旅融合区一体发展，深化长城主题博物馆的文旅融合传播力，加强博物馆管理人员的策展能力与讲解人员的跨文化交流能力建设，强化长城沿线类博物馆传播的社会影响力。

（六）长城文化的数字化传播主体多元、内容丰富、媒介多样的格局初步形成

长城文化的数字化传播与展示，是响应长城国家文化公园数字化再现重点工程建设的关键举措。目前，我国长城文化的数字化传播已初步形成传播主体多元、传播内容丰富、传播媒介多样的发展态势，但仍存在多元数字化传播主体之间传播合力不强、长城文化价值挖掘深度不足、传播媒介和技术融合度较低等问题。

在长城文化的数字化展示方面，建成开放的62家长城主题博物馆以基于实体展览的辅助型数字化展示与线上虚拟展为主，以基于叙事主题的独立型线下数字化展示为辅,缺少独立主题的线上纯虚拟展示;数字化展示方式以传统信息展示型与交互触屏展示型为主,以沉浸式展示型、传感器式展示型、机械控制展示型为辅。同时,长城主题博物馆对长城文化的数字化展示也面临着"长城资源数字采集滞后""数字化展示方式获得感不足""数字化展示运营难以持续"等困境和问题。

为加强长城文化的数字化传播与展示,需要进一步统一数据库建设与展示的技术标准,强化人才支撑,整合现有长城数字资源,搭建相对应的长城数字资源聚合平台;系统化整合多元传播渠道,提高长城文化的数字技术应用水平,增强长城文化传播的叙事性和体验感。同时要加强长城数字资源的文化内涵研究,通过培育数字化展示创新案例等一系列措施,进一步提升长城主题博物馆的"数字科技+长城文化"深度融合及其数字化展示水平。

(七)长城沿线革命纪念馆已经成为长城红色文化传播与展示的重要载体

革命纪念馆是长城沿线博物馆的重要组成部分,也是传承弘扬长城红色文化的前沿阵地,主要表现在以下几个方面:长城遗址场所作为革命历史事件的空间载体,主要通过图片或复原场景形式展示红色文化;长城墙体作为展陈设计的符号要素,成为承载革命纪念馆展陈图文内容的主要媒介;长城抗战作为传播长城红色文化的代表性传播内容,已经成为长城红色文化专有名词;基于"不到长城非好汉"诗句衍生的长城长征革命精神,已经成为长城红色精神的重要内涵。

但长城沿线革命纪念馆对长城红色文化的传播,主要强调对长城符号要素和革命历史事件的展示,对长城场所承载的红色文化内涵与红色精神挖掘不够。需要进一步开展长城红色文化资源专项调查,建立长城红色文化资源数据库;加强长城红色精神系统研究,构建长城红色精神谱系;研究与设计长城红色精神的具化叙事内容结构和叙事路线,增进公众对长城红色精神的理解与认同。

(八)长城沿线博物馆对长城文化传播的区域特色已经初步形成

长城沿线不同地域不同类型博物馆在传播长城文化的过程中,不同区域根据各自的历史、地理等多种要素特征形成了长城文化传播的区域特色:

京津冀长城沿线博物馆建设是配合京津冀协同发展等国家重大战略及长城国家文化公园建设等国家重大文化工程的重要抓手,对增强长城旅游与长城文化品牌集群效应、促进长城文化保护利用传承一体化发展与京津冀协同创新发展至关重要。截至2021年末，京津冀长城沿线备案博物馆共84家。截至2023年末，京津冀区域建成开放的长城主题博物馆有29家。在区域协同发展方面，京津冀区域以长城资源为纽带，以长城相关联盟组织、长城保护利用协同发展机制、长城主题游线开发整合为核心路径，在长城保护、利用、执法、教育等诸多领域取得显著成效。同时，三地以博物馆为抓手，以博物馆协同合作机制与多元博物馆联盟为核心路径，在科学研究、遗产教育、资源整合、研学旅游等方面不断推进京津冀文化协同发展水平。然而，目前三地长城沿线博物馆协同发展尚未得到充分重视，缺乏相应的协同发展机制与组织平台保障、长城文化协同传播合力不足，与长城旅游融合协同发展不足。亟待建立健全长城沿线博物馆协同发展机制与组织平台，研发推出跨区域的长城博物馆主题游径、打造"长城博物馆＋长城景区"深度融合的文化旅游品牌，加强长城沿线博物馆资源与信息的数字化整合与协同传播、推动京津冀三地长城保护利用传承协同发展向更高水平、更深层次、更宽领域发展。

陕晋蒙地区社会力量参与建设的非国有博物馆在长城沿线博物馆建设和长城文化传播中扮演积极、建设性的角色，已成为长城文化传播的重要载体和推动者。截至2021年末，陕晋蒙长城沿线备案博物馆共224家，非国有备案博物馆有16家。截至2023年末，陕晋蒙区域建成开放的长城主题博物馆有14家，非国有长城主题博物馆有8家。目前，陕晋蒙地区社会力量参与博物馆建设与长城文化保护利用传承实践模式，以长城社区居民的深度参与、长城社会组织的多维参与及长城世家的代际传承三种为代表，以"行走考察长城——拍摄记录长城——研究书写长城——科普宣传长城"为核心践行路径，仍普遍面临政策不完善、资金支持不足、社会认知不足及参与不充分等关键瓶颈问题。对此，需要明确社会力量参与的角色和定位，加强政府引导和政策支持；丰富社会力量参与的资金支持渠道，健全社会力量参与的激励机制；加强博物馆与长城沿线社区的互动合作，创新多元主体协同共创模式。

甘宁新地区在铸牢中华民族共同体意识全局工作中具有特殊重要的地位，事关强国建设、民族复兴大局。长城国家文化公园建设背景下，铸牢中华民族共同体意识、提升中华文化传播力影响力，是长城主题博物馆传承长城文化、弘扬长城精神的核心目标诉求。甘宁新长城沿线的长城主题博物馆通过长城文化传播铸牢中华民族共同体意识的实践路径与现存问题主要有：（1）以共创共享共传的长城精神价值为核心引领，但地方长城精神内涵深度挖掘与具化机制不足；（2）以长城沿线各民族交往交流交融史为有力支撑，但叙事内容主题逻辑关联较弱；（3）以长城文化与丝路文化融合传播为关键纽带，但内在逻辑关联与阐释展示主线缺乏系统梳理。需进一步深化地方长城精神价值的挖掘研究、形成统一且多元的长城精神谱系、加强长城沿线民族融合史料文物的研究整合及探明长城与丝绸之路融合发展的历史脉络。

参考文献

[1] 新华社. 中央有关部门负责人就《长城、大运河、长征国家文化公园建设方案》答记者问 [EB/OL]// 中国政府网. (2019-12-05)[2024-07-14]. https://www.gov.cn/zhengce/2019-12/05/content_5458886.htm.

[2] 国家文物局. 长城资源要素分类、代码与图式 [S/OL]// 全国标准信息公共服务平台. (2010-07-01)[2024-01-23]. https://std.samr.gov.cn/hb/search/stdHBDetailed?id=8B1827F1F42CBB19E05397BE0A0AB44A.

[3] 文化和旅游部 国家文物局关于印发《长城保护总体规划》的通知 [EB/OL]// 中国政府网. (2019-01-23)[2024-01-18]. https://www.gov.cn/zhengce/zhengceku/2019-12/09/content_5459721.htm.

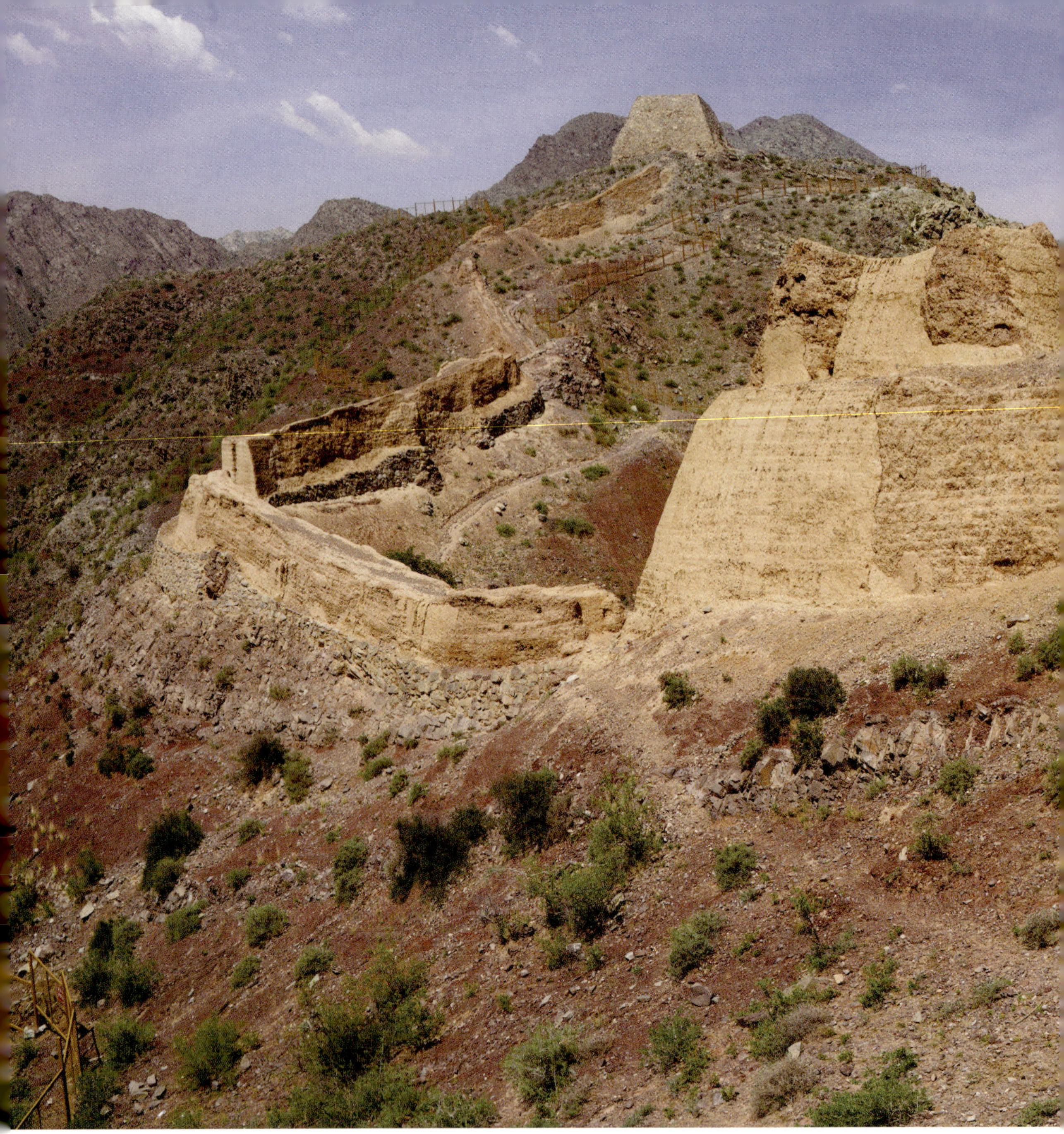

宁夏石嘴山市大武口区明长城（张骅拍摄）

I 总报告

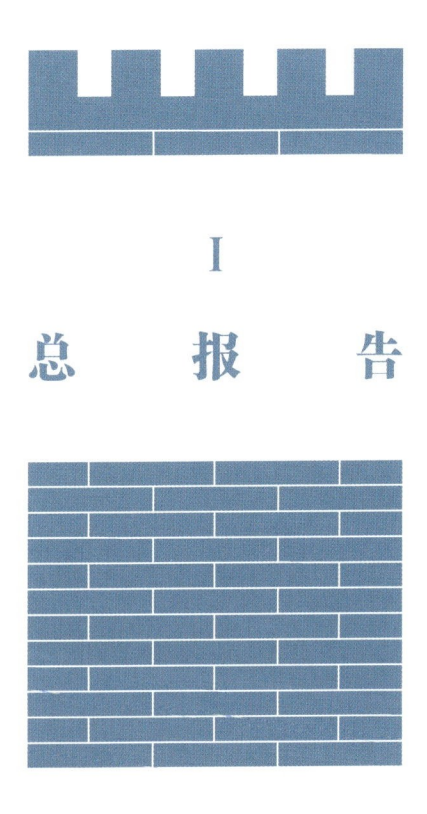

1　长城沿线备案博物馆建设与长城文化传播研究

一、引言

2019年，中共中央办公厅、国务院办公厅印发《长城、大运河、长征国家文化公园建设方案》，强调以长城沿线一系列主题明确、内涵清晰、影响突出的文物和文化资源为主干，生动呈现中华文化的独特创造、价值理念和鲜明特色，将长城国家文化公园打造为弘扬民族精神、传承中华文明的重要标志。2021年，国家文物局等九部门联合发布《关于推进博物馆改革发展的指导意见》，明确要求统筹不同地域博物馆发展，配合长城国家文化公园建设。

鉴于此，本研究依据长城资源官方认定范围，对全国博物馆年度报告信息系统公布的全国备案博物馆的年度报告数据进行梳理，全面分析长城沿线739家备案博物馆的基本情况、建设概况及其响应长城国家文化公园建设的现状与问题，进而提出弘扬长城文化、讲好长城故事的优化策略。

根据研究目的，本次调查将分布于长城资源沿线县级行政区域内，以教育、研究和欣赏为目的，收藏、保护并向公众展示人类活动和自然环境的见证物，经登记管理机关依法登记的非营利组织界定为长城沿线备案博物馆。其中，国家文物局认定的长城资源分布范围涉及北京、天津、河北、山西、内蒙古、辽宁、吉林、黑龙江、山东、河南、陕西、甘肃、青海、宁夏、新疆等15省（自治区、直辖市）的404县（市、区、旗）。

二、发展现状

（一）数量初具规模

截至2021年末，全国备案博物馆6183家[1]，分布于31省（自治区、直辖市）、333地级市、2844县（市、区、旗）。长城沿线15省区市共有备案博物馆3003家，占全国备案博物馆总量的48.57%。其中，长城沿线各县域内有备案博物馆739家（表

1-1）①，分布于15省区市、91市（区、州、盟）、312县（市、区、旗），占15省区市备案博物馆总量的24.61%，相当于全国博物馆总量的11.95%。其中，685家免费开放，占长城沿线备案博物馆总量的92.69%。从空间上看（表1-2），这些博物馆主要分布在西北地区，共292家，占长城沿线备案博物馆总量的39.51%，以甘肃（130家）、宁夏（56家）居多；其次是华北地区，共264家，占比为35.72%，以内蒙古（125家）、河北（59家）、山西（55家）居多。华东地区101家、东北地区67家、华中地区15家，占比分别为13.67%、9.07%、2.03%。从增长态势来看，近10年来（2012—2021）长城沿线备案博物馆数量显著提升，从444家增长至739家，增幅66.44%（图1-1）。

表1-1　15省区市长城沿线备案博物馆空间分布比较表

排序	省域	数量（家）	占长城沿线省域博物馆总量比重	占全国博物馆总量比重
1	甘	130	4.33%	2.10%
2	蒙	125	4.16%	2.02%
3	鲁	101	3.36%	1.63%
4	冀	59	1.96%	0.95%
5	宁	56	1.86%	0.91%
6	晋	55	1.83%	0.89%
7	辽	45	1.50%	0.73%
8	陕	44	1.47%	0.71%
9	新	43	1.43%	0.70%
10	京	20	0.67%	0.32%
11	青	19	0.63%	0.31%

① 表1-1至表1-6，图1-1、图1-2、图1-5、图1-6均根据2021年全国博物馆年度报告信息系统（nb.ncha.gov.cn）数据整理。

续表

排序	省域	数量（家）	占长城沿线省域博物馆总量比重	占全国博物馆总量比重
12	豫	15	0.50%	0.24%
13	吉	15	0.50%	0.24%
14	黑	7	0.23%	0.11%
15	津	5	0.17%	0.08%
合计		739	24.61%	11.95%

表1-2 长城沿线备案博物馆空间分布表

区域		数量（家）	占比	合计（家）
华北	京	20	2.71%	264
	津	5	0.68%	
	冀	59	7.98%	
	晋	55	7.44%	
	蒙	125	16.91%	
东北	吉	15	2.03%	67
	黑	7	0.95%	
	辽	45	6.09%	
华东	鲁	101	13.67%	101
西北	甘	130	17.59%	292
	陕	44	5.95%	
	宁	56	7.58%	
	新	43	5.82%	
	青	19	2.57%	
华中	豫	15	2.03%	15
合计		739	100%	739

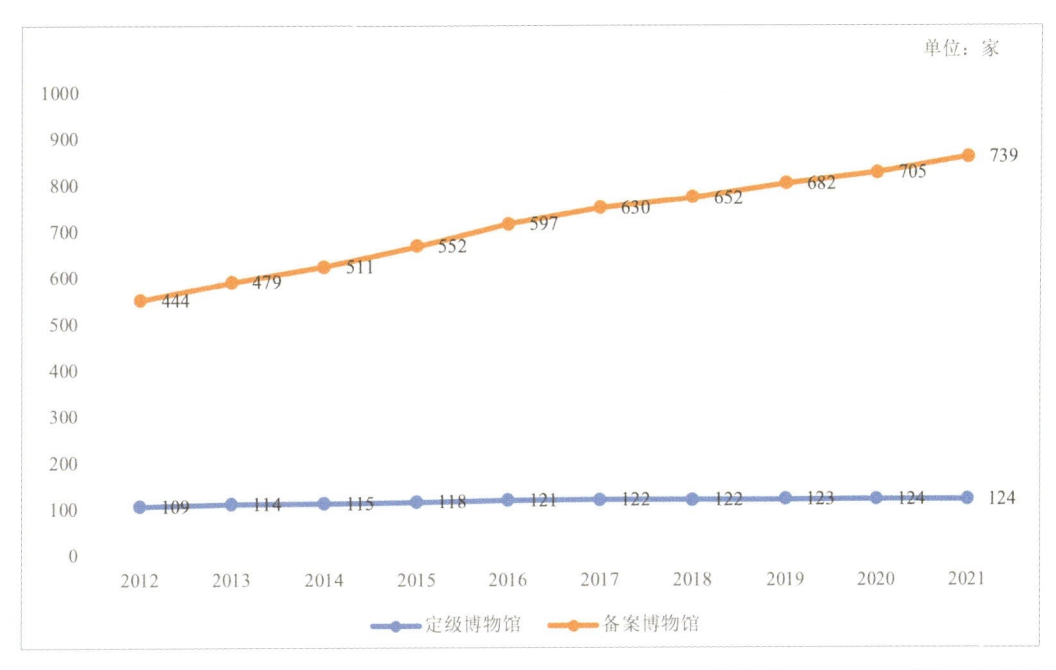

图 1-1　2012—2021年长城沿线备案博物馆与定级博物馆数量图

（二）质量稳步提升

从质量等级来看，长城沿线共有国家一级、二级、三级备案博物馆124家，占长城沿线15省区市定级博物馆总量（566家）的21.91%，占全国定级博物馆总量（1218家）的10.18%。其中，国家一级博物馆12家，主要分布于内蒙古、甘肃、山东等地；国家二级博物馆46家，以山东、甘肃、内蒙古、河北等地为主；国家三级博物馆66家，以内蒙古、河北、山东、甘肃等地居多（表1-3）。近10年来（2012—2021），长城沿线定级备案博物馆的数量稳步增长，由109家增至124家，增幅13.76%（图1-1）。

表 1-3　15省区市长城沿线定级备案博物馆比较表

省域	一级馆 数量（家）	占比	二级馆 数量（家）	占比	三级馆 数量（家）	占比	定级馆合计 数量（家）	占比
京	1	0.14%	1	0.14%	1	0.14%	3	0.41%
津	0	0.00%	0	0.00%	0	0.00%	0	0.00%
冀	1	0.14%	8	1.08%	7	0.95%	16	2.17%

续表

省域	一级馆 数量（家）	一级馆 占比	二级馆 数量（家）	二级馆 占比	三级馆 数量（家）	三级馆 占比	定级馆合计 数量（家）	定级馆合计 占比
晋	1	0.14%	1	0.14%	3	0.41%	5	0.68%
蒙	2	0.27%	7	0.95%	19	2.57%	28	3.79%
辽	0	0.00%	5	0.68%	3	0.41%	8	1.08%
吉	0	0.00%	2	0.27%	0	0.00%	2	0.27%
黑	0	0.00%	0	0.00%	0	0.00%	0	0.00%
鲁	2	0.27%	8	1.08%	12	1.62%	22	2.98%
豫	0	0.00%	1	0.14%	2	0.27%	3	0.41%
陕	0	0.00%	0	0.00%	1	0.14%	1	0.14%
甘	2	0.27%	7	0.95%	11	1.49%	20	2.71%
青	1	0.14%	2	0.27%	1	0.14%	4	0.54%
宁	1	0.14%	3	0.41%	4	0.54%	8	1.08%
新	1	0.14%	1	0.14%	2	0.27%	4	0.54%
合计	12	1.62%	46	6.22%	66	8.93%	124	16.78%

（三）主体日益多元

按所有权主体性质划分，2021年长城沿线共有国有博物馆514家，占长城沿线备案博物馆总量的69.55%；非国有博物馆225家，占30.45%。国有博物馆中，文物系统国有博物馆397家，占长城沿线备案博物馆总量的53.72%；其他行业国有博物馆117家，占15.83%（表1-4）。非国有博物馆主要分布于山东（66家，8.93%）、甘肃（34家，4.60%）、内蒙古（32家，4.33%），吉林（1家）、黑龙江（1家）、河南（1家）、新疆（1家）则相对较少。与2019年相比，2021年长城沿线新增非国有备案博物116家，增长率为106.42%，占备案博物馆总量的比重也增加了2.44个百分点。长城沿线已经初步形成以国有博物馆为主体、非国有博物馆为补充、博物馆所有权主体日益多元的发展格局。

表 1-4 15 省区市长城沿线备案博物馆所有权主体比较表

省域	文物系统国有博物馆 数量(家)	占比	其他行业国有博物馆 数量(家)	占比	非国有博物馆 数量(家)	占比
京	10	1.35%	5	0.68%	5	0.68%
津	1	0.14%	4	0.54%	0	0.00%
冀	29	3.92%	8	1.08%	22	2.98%
晋	38	5.14%	3	0.41%	14	1.89%
蒙	81	10.96%	12	1.62%	32	4.33%
辽	28	3.79%	5	0.68%	12	1.62%
吉	12	1.62%	2	0.27%	1	0.14%
黑	6	0.81%	0	0.00%	1	0.14%
鲁	20	2.71%	15	2.03%	66	8.93%
豫	11	1.49%	3	0.41%	1	0.14%
陕	25	3.38%	3	0.41%	16	2.17%
甘	61	8.25%	35	4.74%	34	4.60%
青	10	1.35%	3	0.41%	6	0.81%
宁	25	3.38%	17	2.30%	14	1.89%
新	40	5.41%	2	0.27%	1	0.14%
合计	397	53.72%	117	15.83%	225	30.45%

(四)题材丰富多样

根据博物馆展陈的内容主题对长城沿线备案博物馆进行分类,长城沿线有历史文化类博物馆349家,占长城沿线备案博物馆总量的47.23%,以内蒙古(63家)、甘肃(62家)、山东(32家)居多;革命纪念类博物馆100家,占13.53%,以甘肃(32家)、山西(12家)、辽宁(9家)居多;综合地志类博物馆99家,占13.40%;自然科技类博物馆36家,占4.87%;艺术类博物馆34家,占4.60%;其他类博物馆121家,占16.37%(图1-2)。可见,长城沿线备案博物馆已经基本形成以地方历史文化与革命文化为核心题材、兼顾艺术与自然科技多元文化题材的博物馆类型体系。

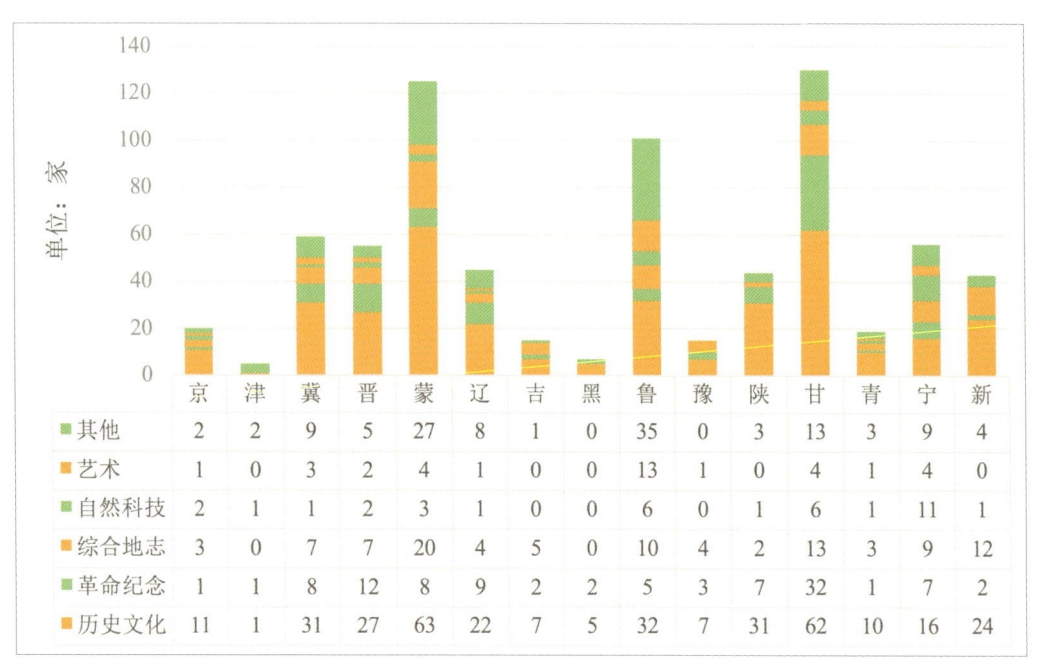

单位：家	京	津	冀	晋	蒙	辽	吉	黑	鲁	豫	陕	甘	青	宁	新
■其他	2	2	9	5	27	8	1	0	35	0	3	13	3	9	4
■艺术	1	0	3	2	4	1	0	0	13	1	0	4	1	4	0
■自然科技	2	1	1	2	3	1	0	0	6	0	1	6	1	11	1
■综合地志	3	0	7	7	20	4	5	0	10	4	2	13	2	9	12
■革命纪念	1	1	8	12	8	9	2	2	5	3	7	32	1	7	2
■历史文化	11	1	31	27	63	22	7	5	32	7	31	62	10	16	24

图 1-2　长城沿线备案博物馆题材类型的空间分布比较图

三、存在问题

（一）缺少统筹协同

经过多年努力，长城沿线各类博物馆数量已经初具规模，但各馆之间缺乏总体统筹，既缺乏相应的交流合作平台，也缺乏跨区域常态化的交流合作、协同传播机制。在国家文化公园建设背景下，黄河流域博物馆联盟与大运河博物馆联盟已分别于2019年、2020年成立，同时，相关博物馆签署联盟协同发展协议，成为传承、弘扬、展示黄河与大运河文化、讲好"黄河故事"与"大运河故事"的重要载体。然而，目前长城沿线博物馆联盟建设进展缓慢，馆际交流合作尚未形成气候。仅有部分文博机构开展了线上馆际资源有限共享活动，如甘肃省博物馆官网的友情链接包括国家文物局、甘肃省文化和旅游厅、甘肃省文物局、敦煌研究院、麦积山石窟艺术研究所，而山海关长城博物馆等官网则没有其他博物馆的友情链接。长城相关的线上平台对博物馆的信息资源整合也不充分，如长城国家文化公园数字云平台官网（图1-3）、中国长城遗产官网均没有博物馆相关内容。可见，我们需要加强对长城沿线博物馆的统筹规划，促进长城沿线各博物馆之间的资源共享、信息共用，提升长城文化遗产价值传播的效率。

图1-3　长城国家文化公园数字云平台官网（图片来源：周小凤截图）

（二）题材主题不全

长城跨越中国15个省区市，总长21 196.18千米，建造历史横跨春秋战国、秦、汉（西汉、东汉）、南北朝（北魏、东魏、西魏、北齐、北周等）、隋、唐、五代、宋、辽、西夏、金、明等12个时期2000多年，还有不明时代的建筑。与之相关的历史遗存，既包括不同历史时期修筑的连续性墙体及配套的关隘、城堡、烽燧等物质文化遗产，也包括沿线多民族聚落的无形民俗文化资源，还包括各类文化资源依托的自然生态环境。长城是集物质与非物质于一体的典型线性文化遗产。但截至2023年底，长城沿线区域以收藏、保护、研究、展示长城历史、军事、建筑、经济、文化艺术及现状内容的长城主题备案博物馆仅18家（表1-5、图1-4），分布于10省（自治区、直辖市）、12地级市、14县（市、区），占长城沿线备案博物馆总量的2.44%。其中，历史文化类12家，革命纪念类4家，其他类2家。总体来看，目前长城沿线备案博物馆对长城文化的展示，以物质文化遗产为核心，且集中展示汉、明时期的长城历史文化，缺少对不同区域长城关联的多元生态文化与非物质文化遗产的价值挖掘，也缺乏对其他历史时期长城资源的活化利用传承。

表 1-5　长城主题备案博物馆概况一览表

名称	省域	市、区、县	性质	长城历史	题材	等级	开馆时间
中国长城博物馆	京	延庆区	文物系统	综合	历史文化	三级	1994
居庸关长城博物馆	京	昌平区	文物系统	明	历史文化	未定级	2004
玉门关遗址陈列展览馆	甘	敦煌市	文物系统	汉	历史文化	未定级	2013
嘉峪关长城博物馆	甘	嘉峪关市	文物系统	明	历史文化	三级	1987
敦煌市阳关博物馆	甘	敦煌市	非国有	汉	历史文化	未定级	2001
秦皇岛市山海关古城历史博物馆	冀	山海关区	非国有	明	历史文化	未定级	2017
秦皇岛市山海关长城博物馆	冀	山海关区	文物系统	综合	历史文化	二级	1989
迁西县喜峰口长城抗战博物馆	冀	迁西县	非国有	明	革命纪念	未定级	2017
黑龙江省甘南县金代长城博物馆	黑	甘南县	文物系统	金	历史文化	未定级	1999
宁夏长城博物馆	宁	盐池县	文物系统	隋、明	历史文化	未定级	2017
西吉县将台堡红军长征会师纪念园	宁	西吉县	文物系统	战国秦	革命纪念	未定级	1996
山东黄石关孟姜女文化民俗博物馆	鲁	莱芜区	非国有	战国齐	其他	未定级	2015
余子俊纪念馆	陕	榆阳区	文物系统	明	历史文化	未定级	2017
榆林市长城保护中心镇北台长城博物馆	陕	榆阳区	文物系统	明	历史文化	未定级	2012
平型关大捷纪念馆	晋	灵丘县	文物系统	明	革命纪念	未定级	1969
百团大战纪念馆	晋	郊区	其他行业	明	革命纪念	未定级	1995
天津黄崖关长城博物馆	津	蓟州区	其他行业	明	其他	未定级	1986
虎山长城历史博物馆	辽	宽甸满族自治县	非国有	明	历史文化	未定级	2005

a 余子俊纪念馆

b 嘉峪关长城博物馆

c 山海关长城博物馆

d 宁夏长城博物馆

图 1-4 代表性长城主题博物馆（图片来源：张文鼎、周小凤实地拍摄）

（三）体量总体偏小

依据《博物馆建筑设计规范》（JGJ 66—2015）对博物馆体量的分类标准，50 000 平方米以上为特大型博物馆，20 001—50 000 平方米为大型博物馆，10 001—20 000 平方米为大中型博物馆，5001—10 000 平方米为中型博物馆，5000 平方米以下为小型博物馆。目前，长城沿线有小型博物馆 507 家，占长城沿线博物馆总量的 68.61%；中型馆 126 家，占 17.05%；大中型馆 76 家，占 10.28%；大型馆 27 家，占 3.65%；特大型馆仅 3 家，占 0.41%。总体来看，长城沿线博物馆以中、小型馆为主，共计 633 家，占 85.66%，主要分布在内蒙古、山东、甘肃三大区域；天津与黑龙江只有中小型博物馆，没有大中型以上的博物馆（图 1-5）。并且，在长城沿线，未定级的博物馆达 615 家，即 83.22% 的博物馆未进行定级（表 1-6）。其中，未定级的中小型馆有 547 家，占长城沿线未定级备案博物馆总量的 88.94%。而且，目前尚未有中小型馆被评为国家一级博物馆。18 家长城主题备案博物馆仅有 1 家二级博物馆，为山海关长城博物馆，2 家三级博物馆，为嘉峪关长城博物馆与中国长城博物馆，剩余 15 家均未定级。显然，长城沿线博物馆体量总体偏小，且大多未定级，与长城国家文化公园建设的高质量发展要求仍有差距。

图 1-5　15 省区市长城沿线备案博物馆建筑规模比较图

表 1-6 长城沿线不同体量博物馆定级情况比较表

类型	一级（家）	二级（家）	三级（家）	未定级（家）	合计（家）
特大型	2	0	0	1	3
大型	7	4	2	14	27
大中型	3	12	8	53	76
中型	0	18	21	87	126
小型	0	12	35	460	507
合计	12	46	66	615	739

（四）传播影响不足

博物馆通过吸引游客现场参观或线上访问两种方式来扩大文化遗产价值传播影响。过去几年长城沿线博物馆实际到访游客总体较少。年访客量超过50万人次的博物馆仅占3.38%，以甘肃居多（10家），以革命纪念类博物馆（14家）为主。年访客量在10万人次以内的博物馆达67.52%，共499家，以山东（81家）、内蒙古（78家）、甘肃（74家）居多。年访客量10万—20万人次的博物馆75家，占10.15%，以甘肃（24家）居多；年访客量20万—30万人次的博物馆32家，占4.33%，以甘肃（8家）、山西（5家）居多；年访客量30万—40万人次的博物馆12家，占1.62%；年访客量40万—50万人次的博物馆4家，占0.54%（图1-6）。长城主题备案博物馆2021年度接待观众351.47万人次，占长城沿线博物馆观众接待总量的5.71%；年访客量10万人次以内的博物馆5家，10万—20万人次的4家，20万—30万人次的4家，30万—40万人次的2家，40万人次以上的1家。

从线上访问量来看，长城沿线739家备案博物馆中，已开通网站的博物馆共280家，开通率为37.89%；开通微博、微信、今日头条、小红书、抖音和快手等新媒体号的博物馆共463家，开通率为62.65%；而长城主题备案博物馆有4家开通网站，13家开通微信公众号。截至2023年7月12日，长城沿线141家开设抖音号的备案博物馆点赞量累计近300万次（2 987 686次）。其中，抖音视频点赞量累计超过5

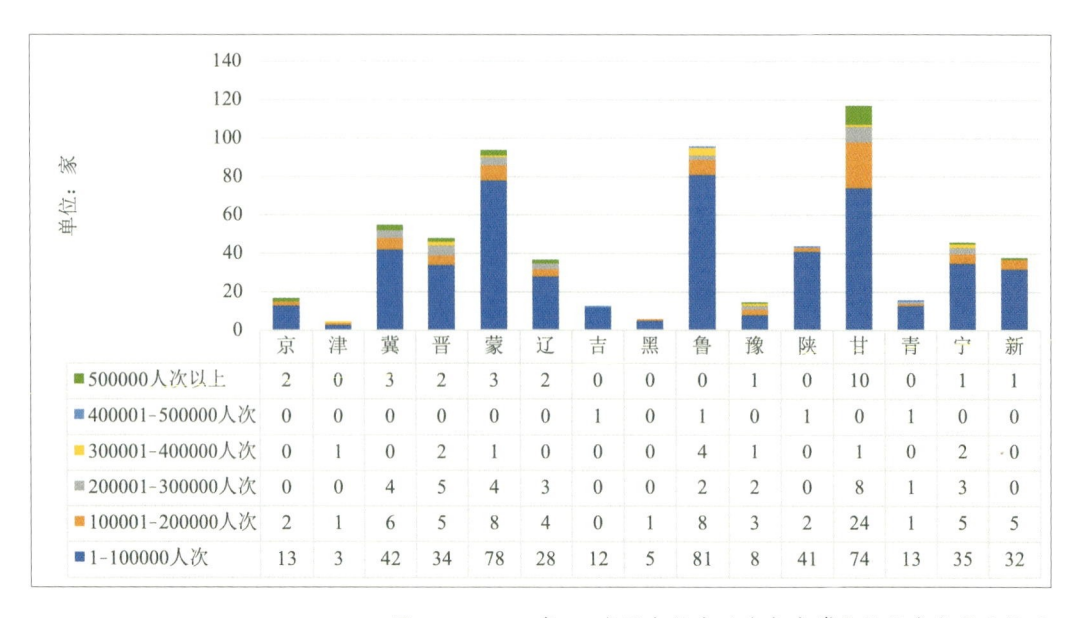

单位：家	京	津	冀	晋	蒙	辽	吉	黑	鲁	豫	陕	甘	青	宁	新
500000人次以上	2	0	3	2	3	2	0	0	0	1	0	10	0	1	1
400001-500000人次	0	0	0	0	0	0	1	0	1	0	1	0	1	0	0
300001-400000人次	0	1	0	2	1	0	0	0	4	1	0	1	0	2	0
200001-300000人次	0	0	4	5	4	3	0	0	2	2	0	8	1	3	0
100001-200000人次	2	1	6	5	8	4	0	1	8	3	2	24	1	5	5
1-100000人次	13	3	42	34	78	28	12	5	81	8	41	74	13	35	32

图 1-6　2021 年 15 省区市长城沿线备案博物馆访客数量比较图

万次的博物馆 9 家；点赞量 4 万—5 万次的博物馆 1 家；点赞量 3 万—4 万次的博物馆 3 家；点赞量 2 万—3 万次的博物馆 4 家；点赞量 1 万—2 万次的博物馆 6 家；点赞量 5001—1 万次的博物馆 14 家；点赞量 5000 次以下的博物馆 104 家（图 1-7）。整体来看，甘肃省长城沿线备案博物馆抖音视频线上传播社会好评度高于其他区域，累计点赞量超过 1 万次的博物馆有 10 家。而居庸关长城博物馆（京）、山海关古城历史博物馆（冀）、山海关长城博物馆（冀）、喜峰口长城抗战博物馆（冀）、平型关大捷纪念馆（晋）和阳关博物馆（甘）6 家拥有独立抖音号的长城主题备案博物馆视频点赞量累计 28 309 次；这 6 家博物馆 2021 年访客量累计 1 343 327 人次，是其抖音视频点赞量总数的近 47 倍。与线下传播访客量相比，长城沿线备案博物馆线上传播效果并不突出。目前，长城沿线备案博物馆与长城主题备案博物馆的线下与线上传播受众面均有限且差距悬殊。

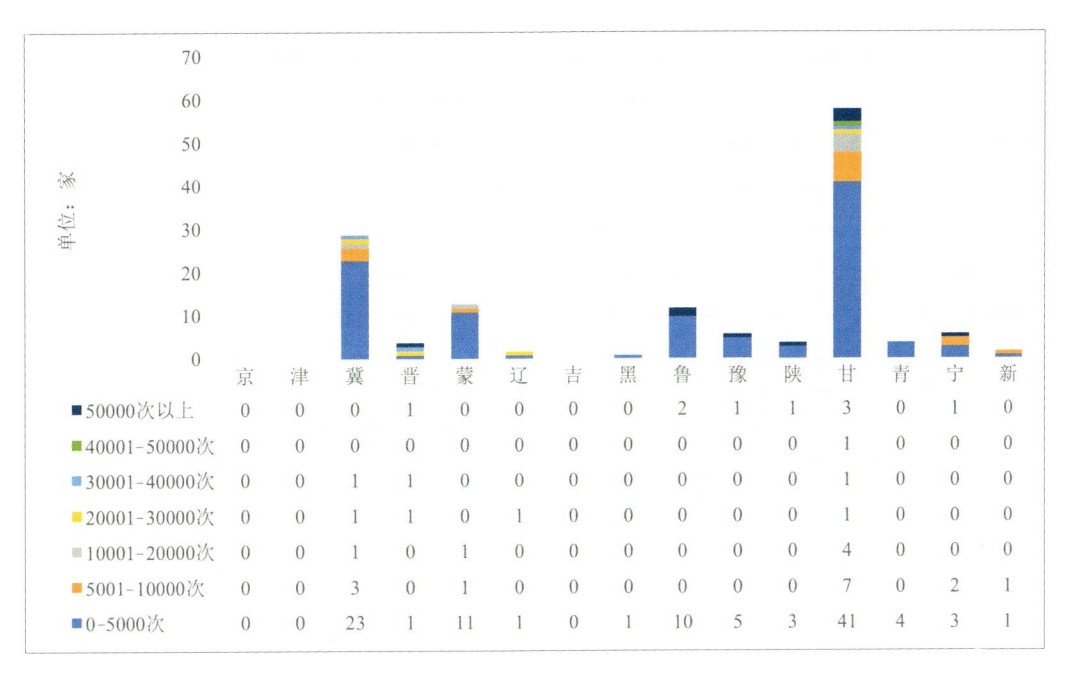

单位：家	京	津	冀	晋	蒙	辽	吉	黑	鲁	豫	陕	甘	青	宁	新
50000次以上	0	0	0	1	0	0	0	0	2	1	1	3	0	1	0
40001-50000次	0	0	0	0	0	0	0	0	0	0	0	1	0	0	0
30001-40000次	0	0	1	1	0	0	0	0	0	0	0	0	0	0	0
20001-30000次	0	0	1	1	0	1	0	0	0	0	0	1	0	0	0
10001-20000次	0	0	1	0	1	0	0	0	0	0	0	4	0	0	0
5001-10000次	0	0	3	0	1	0	0	0	0	0	0	7	0	2	1
0-5000次	0	0	23	1	11	1	0	1	10	5	3	41	4	3	1

图 1-7 15 省区市长城沿线备案博物馆抖音新媒体累计点赞量比较图（数据来源：根据抖音平台用户数据整理）

四、优化对策

（一）完善交流平台

加强统筹规划，充分发挥长城沿线北京、天津、河北、山西、内蒙古、辽宁、吉林、黑龙江、山东、河南、陕西、甘肃、青海、宁夏、新疆 15 个省（自治区、直辖市）地方政府文博机构的统筹指导作用，联合各省域博物馆协会、学会、联盟等社会团体，参照黄河流域博物馆联盟、大运河博物馆联盟模式，搭建长城沿线博物馆跨区域、跨馆际交流合作的组织。同时，参照广东省流动博物馆平台的数字化传播模式，以长城沿线博物馆的长城相关展览及藏品文物为依托，为长城沿线中小型、未定级博物馆及周边区域加强实物展、图片展、视频展的流动性推送，搭建长城沿线博物馆的协同传播数字平台，共同配合长城国家文化公园建设，共享长城保护利用传承发展成果，共传长城文化故事。

（二）加强挖掘整理

长城沿线综合地志类博物馆是公众了解地方文化与长城文化的首要窗口，但县级博物馆对长城文物大多停留在简单收藏、图文展示阶段。在新时代，长城文物工作以遗产保护为保障，以价值挖掘为基础，以活化利用为路径，以文化传承为根本目的。长城沿线政府文博机构需提高对地方长城文物和文化资源的价值挖掘、活化传承工作的重视程度，并给予经费支持。长城沿线省属与地市级综合地志类博物馆需充分发挥自身在经费支持、专业人才、藏品文物等方面的充足优势，联合有长城资源分布的县级综合地志类博物馆、长城主题博物馆，开展长城资源考古发掘、长城文物征集、价值研究工作。基于地方长城文物的价值挖掘研究，应统筹长城沿线不同层级综合地志类博物馆，策划长城不同主题的线下流动展览与线上云展览，构建长城文化与地方历史文化、红色文化、生态文化多主题融合的展示体系，全面、立体地展示长城沿线地方文化的多样性。例如，2023年，青海省长城沿线化隆、贵德、湟源、互助等县级综合地志类博物馆纷纷开展"与青海明长城相关的重大事件、重要人物、民间传说、歌谣、民谣、村庄地名由来等历史故事""长城脚下各族人民和睦相处、团结友善、脱贫攻坚、振兴乡村，保护长城的当代故事"的征集活动，为建好青海段长城国家文化公园、讲好青海段长城文化故事奠定基础。

（三）提升质量等级

长城沿线博物馆以中小型博物馆为主。中小型博物馆是长城沿线区域博物馆事业高质量发展的主要生力军，但目前普遍面临"质量等级低、展陈空间小、活动经费不足、展陈内容陈旧"等难题。提升长城沿线中小型博物馆的质量等级水平，是落实好《关于推进博物馆改革发展的指导意见》中"实施中小博物馆提升计划，加强机制创新，有效盘活基层博物馆资源"，以"整合不同层级博物馆发展"[2]，配合长城国家文化公园建设国家重大文化工程等要求的重要举措。需要增强长城沿线大型、高等级博物馆对中小型博物馆在藏品管理、陈列展览、社会服务等方面的针对性帮扶，按照《博物馆运行评估办法》《博物馆运行评估标准》要求，指导长城沿线中小型博物馆开展质量等级申报评定工作，建立不同层级博物馆的借展、联展、巡展合作机制。例如，甘肃省博物馆"国宝省亲"系列展览（图1-8），即通过馆藏文物精品展反哺市县基层博物馆，进一步提升长城沿线中小型博物馆的展陈水平与文化吸引力；大同市博物

图1-8 "国宝省亲"之"国宝在武威——甘肃省博物馆馆藏武威出土文物精品展"（图片来源：周小凤实地拍摄）

馆的"1总馆+9分馆"新模式，即以总馆的藏品文物为依托，设立不同展陈主题的博物馆，既能够让深藏在库房里的文物"活"起来，也能够助力多元博物馆协同传播与协调发展。

（四）加快数字传播

"搭建官方网站和数字云平台，对长城文物和文化资源进行数字化展示"是长城国家文化公园建设数字再现工程的重点内容。2023年，在国家文物局指导下，腾讯集团、中国文物报社联合发起全国中小型博物馆数字助力"繁星计划"，以"构建博物馆专属数字化阵地""开展专项数字化能力培训课程""中小博物馆打造视频号""开发博物馆文创IP"为要点，推动博物馆与数字技术深度融合，解决中小博物馆数字化建设不足问题[3]。可见，数字化建设与传播是中小型博物馆提升传播影响力的破局关键之一。线下展览的数字化建设耗费大、运营成本高且难以为继，因此长城沿线中小博物馆可依托"繁星计划""长城国家文化公园数字再现工程""腾博基金"等项目，申请数字化建设专项支持经费，重点加强微信、抖音、微博等社交媒介线上数字传播平台的建设，同时培训与强化博物馆工作人员运营社交媒介的专业能力，增强社交媒介传播力，借助数字技术整合其他博物馆数字资源，提升长城价值内涵的线上传播影响力，吸引更多社会力量关注长城文化并参与长城文化传播。

参考文献

[1] 2022年5·18国际博物馆日中国主会场活动在湖北武汉开幕[EB/OL]// 中华人民共和国文化和旅游部官网. (2022-05-18)[2023-09-18]. https://www.mct.gov.cn/whzx/whyw/202205/t20220518_933068.htm.

[2] 中央宣传部, 国家发展改革委, 教育部, 等. 关于推进博物馆改革发展的指导意见[EB/OL]// 国家文物局官网. (2021-05-24)[2023-9-27].http://www.ncha.gov.cn/art/2021/5/24/art_722_168090.html.

[3] "中小博物馆数字助力繁星计划"正式发布[EB/OL]// 人民网. (2023-05-18)[2023-9-27]. http://ent.people.com.cn/n1/2023/0518/c1012-32689493.html.

2　长城主题博物馆与长城国家文化公园建设研究

一、引言

2019年底，中共中央办公厅、国务院办公厅印发《长城、大运河、长征国家文化公园建设方案》（以下简称"《方案》"），明确要求推进保护传承工程，提高传承活力，分级分类建设完善爱国主义教育基地和博物馆、纪念馆、陈列馆、展览馆等展示体系。2021年，国家文物局等九部门发布《关于推进博物馆改革发展的指导意见》，明确要求统筹不同地域博物馆发展，配合长城国家文化公园建设，加强博物馆资源整合与协同创新；促进不同类型博物馆发展，依法依规支持长城主题博物馆（纪念馆）建设发展。可见，长城主题博物馆已成为配合长城国家文化公园建设与传播长城文化的关键载体。

然而，随着长城国家文化公园建设的持续推进，不同区域长城主题博物馆建设的进展情况及其与长城国家文化公园建设要求的契合情况尚未明晰。鉴于此，为贯彻好习近平总书记关于做好长城文化价值发掘和文物遗产传承保护工作的重要指示批示精神，落实好《关于推进博物馆改革发展的指导意见》要求，本报告基于2022年7月—2023年12月线上与线下调研采集的长城沿线15省（自治区、直辖市）的100家长城主题博物馆数据，全面分析长城主题博物馆的建设情况及长城文化传播具体进展、现状、问题并提出相应的优化对策。其中，长城主题博物馆被界定为展陈主题与长城相关的博物馆，即分布于长城资源沿线区域，以长城为主题，收藏、保护、研究、展示长城历史、军事、建筑、经济、文化艺术及现状等内容，向公众开放，具有博物馆功能的文化场馆，包含备案博物馆和未备案博物馆。

二、发展态势

（一）馆舍数量增长显著

截至2023年末，建成与未建成的长城主题博物馆共100家（表2-1）[①]。其中，

[①] 表2-1至表2-3，图2-1、图2-2均根据线上与线下调研数据整理。

建成开放的备案长城主题博物馆18家，建成开放的未备案长城主题博物馆44家，正在建设的长城主题博物馆24家，处于规划建设阶段的长城主题博物馆14家。自2020年长城国家文化公园建设启动以来，长城沿线地区纷纷开展长城主题博物馆规划与改造建设工作。2020年前建成开放的长城主题博物馆有41家；2020年后新建成的长城主题博物馆有21家，占建成开放的长城主题博物馆总量（62家）的33.87%，如山丹汉明长城博物馆（2020）、万全长城卫所博物馆（2022）、战国秦长城博物馆（2023）等是区域长城国家文化公园建设的重要工程项目。

62家已建成开放的长城主题博物馆分布于长城资源所在的12省（自治区、直辖市）、24地级市、44县（市、区）。主要分布在华北地区，共38家，以河北（15家）、北京（12家）居多；其次是西北地区，共18家；再次是华东（4家）、东北地区（2家）。2020年前，国有长城主题博物馆主要位于北京、天津、河北、辽宁、陕西、甘肃、宁夏、黑龙江等8个区域，而吉林、河南、青海、新疆、山西、内蒙古、山东等7个长城沿线区域尚未建成国有长城主题博物馆。2020年后，新疆、山西、内蒙古、山东已建成开放新的长城主题博物馆，如内蒙古的包头长城历史文化展厅（2022）、山东青岛的齐长城文化馆（2022）、山西的大同长城博物馆（2023）、新疆的乌什别迭里烽燧长城国家文化馆（2023）与丝绸之路·长城文化博物馆（2023）。目前，正在建设与规划建设的长城主题博物馆覆盖长城沿线15省区市，将改变青海、吉林、河南等区域长城主题博物馆空缺的现状。

表2-1　不同区域长城主题博物馆建设概况表

区域	省域	建成博物馆 备案博物馆（家）	建成博物馆 未备案博物馆（家）	未建成博物馆 在建博物馆（家）	未建成博物馆 在规划博物馆（家）	合计（家）
华北	京	2	10	1	1	14
华北	冀	3	12	1	2	18
华北	蒙	0	3	1	1	5
华北	晋	2	4	2	2	10
华北	津	1	1	0	0	2

续表

区域	省域	建成博物馆 备案博物馆（家）	建成博物馆 未备案博物馆（家）	未建成博物馆 在建博物馆（家）	未建成博物馆 在规划博物馆（家）	合计（家）
西北	新	0	3	2	0	5
西北	甘	3	2	1	6	12
西北	宁	2	3	1	0	6
西北	青	0	0	1	0	1
西北	陕	2	3	2	0	7
东北	黑	1	0	0	1	2
东北	吉	0	0	3	0	3
东北	辽	1	0	4	1	6
华东	鲁	1	3	2	0	6
华中	豫	0	0	3	0	3
合计		18	44	24	14	100

（二）馆舍建筑规模扩大

依据《博物馆建筑设计规范》（JGJ 66—2015）对博物馆体量的分类标准，目前建成开放的长城主题博物馆中，馆舍建筑面积小于5000平方米的小型博物馆58家，占总量（62家）的93.55%，以河北（13家）、北京（12家）居多。中型馆（5001—10 000平方米）3家，占4.84%，分别为大同长城博物馆（8852平方米）、万全长城卫所博物馆（6600平方米）和山海关长城博物馆（6230平方米）；大中型馆（10 001—20 000平方米）1家，占1.61%，为甘肃的阳关博物馆（16 000平方米）。其中，中型馆有2家是不同区域长城国家文化公园建设的重点项目，即大同长城博物馆（2023）、万全长城卫所博物馆（2022）。

正在建设与改造的长城主题博物馆建筑规模逐渐扩大，朝着中大型馆方向建设。例如，有10家馆舍建筑面积大于5000平方米（图2-1）。其中，5家将建成中型馆（5001—10 000平方米），2家将建成大中型馆（10 001—20 000平方米），3家将建成大型馆（20 001—50 000平方米）。

博物馆名称	面积（平方米）
金山岭长城自然博物馆（冀）	48800
忻州长城博物馆（晋）	31608
山海关中国长城博物馆（冀）	30000
宁夏长城非物质文化遗产展览馆（宁）	20000
中国长城博物馆（京）	16000
九门口长城博物馆（辽）	9835
泌阳县楚长城文化展示馆（豫）	9774
敦煌汉长城博物馆（甘）	7000
叶县楚长城数字化展示体验馆（豫）	6520
东北亚边疆历史文化博物馆（辽）	5320

图 2-1　建筑总面积前十的正在改造与建设的长城主题博物馆

（三）传播主体日益多元

按博物馆性质划分，62家建成开放的长城主题博物馆中国有博物馆有22家，占总量的35.48%；非国有博物馆40家，占64.52%。其中，文物系统国有博物馆20家，占32.26%；其他行业国有博物馆2家，分别为天津黄崖关长城博物馆、百团大战纪念馆。在建的24家与规划建设的14家长城主题博物馆均是国有主体主导。可见，长城主题博物馆已形成以文物系统国有博物馆为核心，行业国有博物馆、非国有博物馆为补充的多元长城文化传播主体格局。此外，随着长城国家文化公园建设的推进，长城沿线综合地志类博物馆也成为长城文化传播的重要主体，通过增设长城主题单元或临时展览传播地方长城文化。例如，甘肃临洮县博物馆、山西右玉县博物馆、河北张家口市博物馆、北京延庆区博物馆等均有关于地方长城历史文化的展陈内容。

（四）长城传播内容多样

按题材类型划分（图2-2），建成开放的长城主题博物馆有历史文化类博物馆41家，占66.13%；革命纪念类12家，占19.35%；艺术类1家，占1.61%，为田凤银长城美术馆，以长城油画作品展示长城多元美学价值；自然科技类1家，占1.61%，为九眼楼长城文化展厅，是长城历史文化与长城生态文化多样性展示的典范；其他类

7家，占11.29%，主要展示长城民俗文化，如山东黄石关孟姜女文化民俗博物馆、助马堡民俗馆、盐池长城民俗博物馆、观方长城民俗文化展览馆。目前，长城主题博物馆已形成长城历史文化+民俗文化+革命文化+生态文化+艺术的多元长城文化传播内容体系。

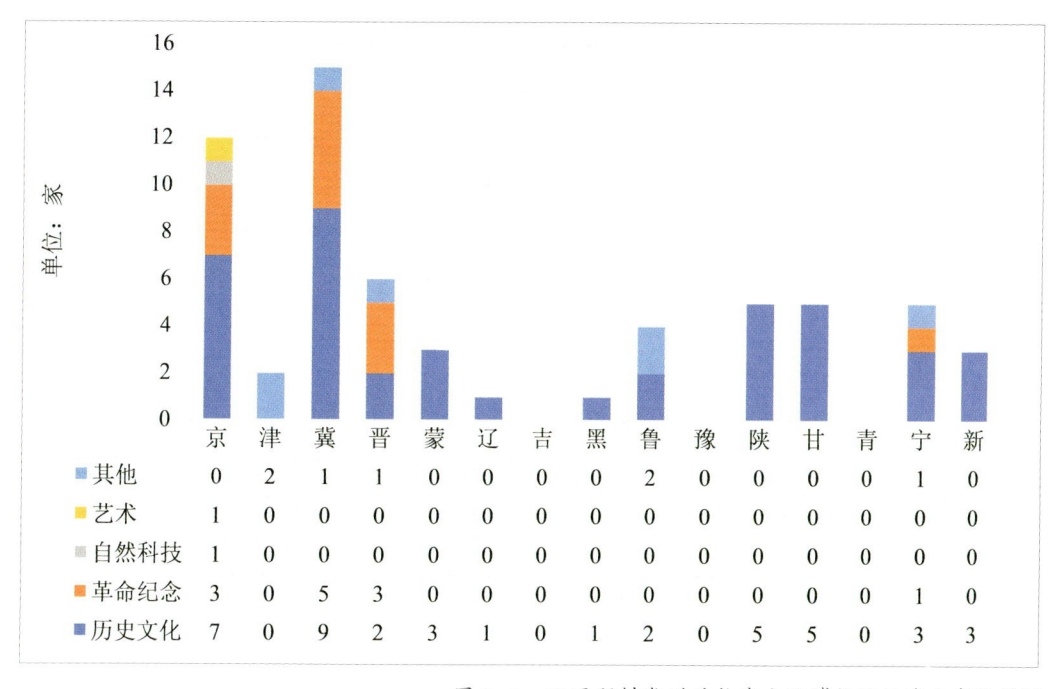

单位：家	京	津	冀	晋	蒙	辽	吉	黑	鲁	豫	陕	甘	青	宁	新
其他	0	2	1	1	0	0	0	0	2	0	0	0	0	1	0
艺术	1	0	0	0	0	0	0	0	0	0	0	0	0	0	0
自然科技	1	0	0	0	0	0	0	0	0	0	0	0	0	0	0
革命纪念	3	0	5	3	0	0	0	0	0	0	0	0	0	1	0
历史文化	7	0	9	2	3	1	0	1	2	0	5	5	0	3	3

图 2-2　不同题材类型的长城主题博物馆区域分布数量图

从展陈的长城历史时期看，2020年前长城主题博物馆主要传播汉（玉门关遗址陈列展览馆）、明（镇北台长城博物馆、嘉峪关长城博物馆）、金（甘南县金代长城博物馆）三个时期的长城历史文化；2020年后长城主题博物馆展示涉及战国（秦、齐、楚）、汉、唐、宋等多个时期的长城历史文化，如新建成的固原战国秦长城博物馆，正在建设的莱芜齐长城文化博物馆，规划建设的泌阳县楚长城文化展示馆、敦煌汉长城博物馆、牡丹江市唐长城博物馆、岢岚县宋长城文化主题陈列馆。

从展陈的长城空间尺度看，目前基于全国视角展示长城整体价值的博物馆有北京的中国长城博物馆、河北的山海关长城博物馆2家；聚焦省际尺度展示长城资源价值的博物馆有甘肃嘉峪关长城博物馆、宁夏长城博物馆、新疆丝绸之路·长城文化博物馆3家；其余长城主题博物馆的建设与展示主要围绕市、县、乡镇三级空间尺度的地方长城资源特色及相关历史文化展开，如河北张家口长城博物馆、羊儿岭长城乡村活态博物馆，山西大同长城博物馆、助马堡民俗馆。可见，地方长城资源是新建长城主题博物馆的重要资源依托和空间载体。

从展陈的长城资源形态看，目前已建成的长城主题博物馆以展示长城墙体、敌楼居多，其次是关口、城堡，再次是壕堑、烽火台、周边的自然生态资源与非物质文化资源，以及与长城抗战事件相关的革命文物等。新建长城主题博物馆突破了原有以城墙为主体的长城军事防御体系展陈视角，逐渐关注与长城本体有关的城堡、非遗、自然生态等长城相关资源的专题展示，如规划建设的丹东"宽甸六堡"展览馆、宁夏长城非物质文化遗产展览馆、通化市汉长城非遗传承展示中心，以及正在建设的金山岭长城自然博物馆。2022年建成的万全长城卫所博物馆是全国第一座以长城卫所为背景，较为全面、系统反映明代长城卫所历史的主题博物馆。随着15省区市长城主题博物馆建设的持续推进，长城文化传播内容体系将愈加多元与丰富，基于长城整体价值的多元地方性视角展陈体系也将形成。

三、现状问题

（一）馆舍空间分布不均衡，长城资源内涵挖掘不够

长城资源是长城主题博物馆建设的核心资源依托。根据国家文物局2012年的长城资源认定结论，春秋战国至明等各时代修筑的长城墙体、敌楼、壕堑、关隘、城堡以及烽火台等相关历史遗存被认定为长城资源。《方案》明确提出，长城国家文化公园建设范围包括战国、秦、汉长城，北魏、北齐、隋、唐、五代、宋、西夏、辽具备长城特征的防御体系，金界壕，明长城，涉及北京、天津、河北、山西、内蒙古、辽宁、吉林、黑龙江、山东、河南、陕西、甘肃、青海、宁夏、新疆15个省区市。

从空间上看，截至2023年末，长城资源15省区市中仍有青海、吉林、河南等区域尚未建成长城主题博物馆（表2-2）。内蒙古是长城资源分布最为集中、丰富的区域，但长城主题博物馆仅占4.84%。北京长城资源占比排第七，长城主题博物馆建成占比排第二。河北、北京、山西、甘肃是目前博物馆保护利用传承长城文化较好的区域。

表 2-2　长城主题博物馆与长城资源的空间占比分布排序表

长城资源			长城主题博物馆（62家）		
排序	省域	占比	排序	省域	占比
1	蒙	31.51%	1	冀	24.19%
2	冀	18.89%	2	京	19.35%
3	晋	9.74%	3	晋	9.68%
4	甘	8.79%	4	甘	8.06%
5	辽	6.86%	5	陕	8.06%
6	陕	6.66%	6	宁	8.06%
7	京	5.38%	7	鲁	6.45%
8	黑	4.58%	8	新	4.84%
9	宁	4.17%	9	蒙	4.84%
10	青	0.87%	10	津	3.23%
11	津	0.63%	11	辽	1.61%
12	鲁	0.59%	12	黑	1.61%
13	吉	0.52%	13	豫	0.00%
14	新	0.48%	14	吉	0.00%
15	豫	0.32%	15	青	0.00%

从历史时期上看，62家已建成的长城主题博物馆中有9家没有在地依托长城资源建设，占14.52%，这不利于区域长城资源的活化利用，具体包括包头长城历史文化展厅、榆林长城主题展馆、余子俊纪念馆、百团大战纪念馆、田凤银长城美术馆、中国长城数字博物馆、战国秦长城博物馆、甘南县金代长城博物馆、丝绸之路·长城文化博物馆。53家长城主题博物馆依托长城资源建设，占85.48%，其中，4家依托战国齐长城资源，4家依托汉长城资源，44家依托明长城资源，1家依托秦长城资源（秦长城历史文化主题馆）。可见，目前长城主题博物馆对其他历史时期长城资源多元文化内涵的深度挖掘利用还不够。

（二）主体功能区契合不足，长城整体形象展示不全

《长城保护总体规划》（实施期限为2019—2035年）将长城明确为我国乃至全世界体量最大、分布最广的大型线性军事防御体系遗产。《长城国家文化公园建设保护规划》（2021），要求整合长城沿线15个省区市的文物和文化资源，按照"核心点段支撑、线性廊道牵引、区域连片整合、形象整体展示"的原则构建总体空间格局，重点建设管控保护、主题展示、文旅融合、传统利用四类主体功能区，建立符合新时代要求的长城保护传承利用体系。完整地传播长城遗产价值与展示长城整体形象是长城国家文化公园建设的核心目标。

管控保护区涵盖国家文物局认定的所有长城资源，包括被认定且公布为文物保护单位的长城段落保护范围、世界文化遗产区以及新发现发掘的长城相关文物遗存临时保护区。在管控保护区，长城资源的价值展示与阐释以长城保护标志牌为主，其形式、内容和格式按照《文物保护单位标志》（GB/T 22527—2008）规定执行[1]。标志牌正面内容包括长城资源作为文保单位的级别、名称、公布机关与公布日期、树立标志机关与树立日期，背面简要介绍长城资源作为文保单位的名称、时代、性质、内容、价值和保护范围、建设控制地带等[2]。部分区域长城国家文化公园的管控保护区因长城资源的聚集和丰富程度被誉为"露天长城博物馆"，如宁夏盐池[3]、甘肃山丹[4]。北京司马台长城以"惊、险、奇、雄、全"被誉为"中国长城之最"[5]，目前以自然长城博物馆形式原址展示（图2-3），并对游客开放。总体来看，管控保护区的长城资源文化内涵传播仍以文物标志牌为核心媒介，展示信息有限，导致游客在地旅游时，对长城文化内涵体验深度不足。同时，不同区域长城资源的文物标志牌名称前缀不统一，难以传递中国长城线性文化遗产的整体性及其与局部长城资源的内在关联性，也导致公众难以从长城局部旅游体验中感悟中国长城文化的延续性。

主题展示区是长城文化展示的关键区域，要求建成长城核心展示园、集中展示带、特色展示点互为支撑、互相串联的分层次多元长城文化主题展示体系。长城主题博物馆是主题展示区建设的重点内容，也是长城文化传播的核心公共文化空间。然而，不同区域不同主题展示区的长城主题博物馆关于长城线性文化遗产的整体价值传播仍存在碎片化问题，主要表现在两个方面：一是长城资源要素及其沿线博物馆空间分布的分散性，凸显了博物馆在长城价值传播的资源与空间方面的局部性。如镇北台长城博物馆、万全长城卫所博物馆、九眼楼长城文化展厅传播内容分别以长城敌台、卫所、

a 司马台长城中国长城自然博物馆标志牌

b 司马台长城遗存资源

c 司马台长城保护标志牌正面

d 司马台长城保护标志牌背面

图 2-3 司马台长城管控保护区的在地展示（图片来源：周小凤实地拍摄）

敌楼等资源要素为核心，宁夏长城博物馆、张家口长城博物馆、陕北长城博物馆聚焦宁夏、张家口、陕北等区域的长城资源信息，中国长城博物馆是唯一能够较为全面地反映长城历史、军事、建筑、经济、文化艺术、精神价值及当代价值的长城主题博物馆。二是长城沿线博物馆传播主体的多元性，带来了长城价值信息来源与阐释视角的分散。例如，国有博物馆的长城价值信息展示文本依托科学考古与文物研究；非国有博物馆的展示文本带有一定主观色彩，如果不加以引导，会影响长城价值的完整性与真实性表达，影响传播效果，也会出现重复传播等问题（图2-4）。

a 榆林长城主题展馆"万里长城·百年回望"展

b 高家堡长城主题展馆"万里长城·百年回望"展

图2-4 博物馆关于长城遗产价值的传播内容（图片来源：周小凤实地拍摄）

文旅融合区由主题展示区及其周边就近可观可游的历史文化、自然生态、现代文旅优质资源组成，旨在打造"长城+历史文化+生态文化+现代文化"的文旅深度融合发展示范区。"长城遗产旅游景区+长城主题博物馆"是落实长城国家文化公园文旅融合功能区建设的核心路径，但目前主要体现在空间融合层面。与长城遗产旅游吸引力相比，大多数长城主题博物馆的旅游吸引力较弱，主要作为长城遗产旅游核心吸引物的功能组成部分[6]，一般位于长城遗产旅游景区内部，如居庸关长城景区的居庸关长城博物馆、嘉峪关长城景区的嘉峪关长城博物馆、镇北台长城景区的镇北台长城博物馆。一方面，由于游线设计不合理，旅游景区内的博物馆难以充分融入长城遗产旅游活动，进行广泛的文化传播。例如，中国长城博物馆依托的八达岭长城5A级旅游景区，2020年前游客接待量约1000万人次，但博物馆不在旅游主线路上，每年访客接待量只有40万人次左右，不及景区接待量的5%；山海关长城博物馆2019年游客接待量不及山海关景区的6%（表2-3）。另一方面，由于区域长城资源与周边资源的文化特色、内涵深度挖掘不足，长城主题博物馆的文旅融合建设以长城历史文化+地方红色文化融合为主，长城+生态文化与长城+现代文化深度融合不足，难以在旅游过程中让人们感受长城文化的生态多样性、长城与沿线社区居民当下的生活及情感联结。

表2-3 长城遗产旅游景区与长城主题博物馆年访客量对比表

名称	2018年访客量（万人次）	2019年访客量（万人次）
中国长城博物馆	34.35	49.27
八达岭长城旅游景区	996.73	1035.17
山海关长城博物馆	34.40	34.50
山海关景区	604.68	653.03
嘉峪关长城博物馆	43.70	46.60
嘉峪关文物景区	160.73	172.88

传统利用区由长城沿线城镇中具有浓郁长城特色、具备历史文化价值的民居建筑、历史文化街区、重要关堡城镇及长城村落等传统生活区域组成，是承载、传承长城文化的重要文化生态空间。目前，传统利用区的长城主题博物馆多为类博物馆，主要以静态模式展示地方的民俗文化与红色文化，传播活力不足。一方面，由于依托资源旅游利用不足、尚处于旅游探索起步阶段，部分博物馆接待规模小，对外开放难以实现

常态化，如陕北长城博物馆、盐池长城民俗博物馆、羊儿岭长城乡村活态博物馆所在的乡镇区域旅游尚未得到充分开发，未能为沿线乡村博物馆带来大规模的稳定客流量。另一方面，由于区域周边核心旅游目的地的遮蔽效应，传统利用区的长城主题博物馆主要作为次核心旅游吸引物提供非常态化的公共文化服务，如古北水镇景区周边的古北口村历史文化馆、河西村乡情村史陈列室。

（三）专业人才队伍建设不足，长城国际传播力不强

收藏、保护、研究、传播和教育是当代博物馆的核心功能。专业人才队伍建设是博物馆多重功能充分发挥的根本保障。目前，大多数长城主题博物馆面临人才吸引力低、流失快、专业化程度不足的困境。首先，小型与未备案的长城主题博物馆缺少历史考古专业人才，同时与高校、研究机构缺乏常态稳健的交流合作培养平台与机制，导致对长城藏品价值的系统挖掘研究积累不足，难以为利用好传播好长城文化提供基础保障。其次，未备案的长城主题博物馆，如由社区居民创办的长城主题博物馆，缺少稳定的专业讲解人员，难以为观众提供常态化的讲解服务。再次，长城主题博物馆的讲解人员跨文化交流能力培育不足。目前除甘肃山丹汉明长城博物馆、玉门关遗址展览陈列馆、长城第一墩历史文化体验馆有详细的中英互译展陈内容外，大多数长城主题博物馆展览设计的国际化程度不高，亟待通过提高讲解人员的线上与线下国际传播能力来向国外公众讲好长城故事，以增强长城文化的国际影响力。位于具有国际影响力的长城遗产旅游目的地的长城主题博物馆，亟须培育一批具有国际视野、能够参与国际跨文化交流的讲解人员，如八达岭长城景区的中国长城博物馆、慕田峪长城景区的慕田峪长城精神传承馆。

四、优化对策

（一）构建长城整体价值协同传播的组织平台与内容体系

成立长城沿线博物馆联盟统一组织平台。由中国博物馆协会发出倡议，由长城沿线15家省级博物馆共同发起，联合长城沿线15个省区市的长城主题博物馆及其他各级、各类博物馆，成立"长城沿线博物馆联盟"，夯实长城沿线馆际交流合作组织保障，旨在讲好长城故事，传承好长城文化，弘扬好长城精神。

构建长城整体价值传播的多元内容体系。首先，构建基于长城资源本体价值的传播内容体系，以国有长城主题博物馆为引领，围绕长城资源时空特征、建筑形态特征、重大历史事件、重要历史人物，推出一批长城文化和长城文物的精品展览，构建长城沿线各级各类博物馆不同主题的长城文化展示体系。其次，构建关联长城资源衍生价值的传播内容体系，以国有中小型综合性博物馆、纪念馆为重点，围绕长城资源，依托地方的自然、历史、艺术、革命主题，推出一批长城沿线地方文化的精品展览，构建长城文化与地方历史文化、红色文化、生态文化多主题融合的展示体系。

（二）统一"万里长城"整体形象标识与资源整体命名规范

统一"万里长城"整体形象标识，塑造长城文化旅游品牌。首先，以国家文化公园建设工作领导小组办公室为统领，组织长城沿线15个省区市的长城国家文化公园建设单位，发起"万里长城"整体形象标识征集活动，并进行全民网络投票与专家评议，筛选出具有公认度与辨识度的"万里长城"整体形象标识符号。其次，制定并实施统一的长城文化旅游品牌共享规范，加强"万里长城"整体形象标识的社会宣传与规范使用，充分发挥整体长城文化旅游品牌的区域协同效应。

统一地方长城资源名称的命名规范，增强长城线性文化遗产整体与部分的内在关联性、时间与空间的文化延续性。依据《中华人民共和国文物保护法实施条例》、《文物保护单位标志》（GB/T 22527—2008）、《长城资源调查工作手册》（2017），组织研讨修订《长城"四有"工作指导意见》（国家文物局，2014）的"3.3.2 保护标志牌形式及内容"[1]，即将"长城保护标志牌上使用的文物保护单位名称"的原有要求调整为：（1）长城墙体名称：从原来的"××（时代）长城—××（县级行政区名称）段"调整为"中国万里长城：（时代）长城—××（县级行政区名称）段"；（2）独立于墙体的关堡、单体建筑和相关遗存点名称：从原来的"××（时代）长城—××（长城认定名称）"调整为"中国万里长城：（时代）长城—××（长城认定名称）"。通过长城资源名称的统一规范，强化沿线长城主题博物馆的科学传播，准确、完整、真实地将长城整体价值传递给公众。

（三）优化四大主体功能区的博物馆传播新理念与新模式

以露天博物馆理念加强管控保护区长城资源文化的在地展示与阐释。露天博物馆通过适度集中同一文化生态中的历史建筑，并以此为载体传承当地无形文化，实现文化生态的区域整体性保存，旨在将历史建筑群落及周边人居环境的文化主体性重新"唤回"，发挥着维系地方文化认同的重要作用[7]。选择长城资源与地方资源相对集中、公众可达性较为良好且已规范性开放的长城资源管控保护区，将分散、细碎、被边缘化的长城遗存资源重新整合，用于展示与阐释长城精神内涵与地方文化特色，加强长城资源的整体保护与公众教育，重视公众对地方长城文化的认同，尤其是社区居民对地方长城文化的认知与认同。例如，宁夏盐池明长城遗址公园可参照露天博物馆模式建设，加强地方长城资源文化的在地展示与阐释。

以活态博物馆理念加强传统利用区长城社区遗产的活态展示与阐释。活态博物馆是生态博物馆的衍生，是一种动态的、活化的、无围墙的新型博物馆形态。长城社区活态博物馆实践即以长城社区整体空间范围为界，以社区多元化的组织和社区居民为主体，在经济、社会、文化等领域开展实践活动，是一个融社区文化空间、经济空间、社会空间、环境空间于一体的文化再生产过程[8]。具体可参照羊儿岭长城乡村活态博物馆的"活态、人本、体验"理念，适用于有人居住的传统利用区长城文化的保护利用传承，旨在整体性保护与活化社区物质遗产、非物质文化遗产和自然遗产，构建人与文化遗产、自然遗产相互依存、健康融合发展的文化生态系统。

主题展示区+文旅融合区一体发展，深化长城主题博物馆的文旅融合传播模式。新建的长城主题博物馆既要与周边的自然生态和文化生态环境协调发展，更要与长城遗产旅游景区深度融合，以强化其旅游文化传播功能。一方面，设计引导游客从长城景区到博物馆或从博物馆到长城景区的旅游线路，并提供合理、便捷、完善的交通配套设施与服务；另一方面，加强博物馆对区域多点段长城资源游览信息的宣传与公众导览服务，打破以点段长城资源为主导的局部旅游利用模式带来的长城整体价值传播碎片化困境，使公众能从基于馆舍的文化空间体验走向长城文化的广阔世界，促进公众对长城文化的真实性与完整性体验。

（四）加强博物馆的社会传播服务能力建设与社会影响力

加强博物馆管理人员的策展能力建设。以长城沿线博物馆联盟为依托，以联盟博物馆成员为承办单位，轮流定期举办长城沿线博物馆管理人员研修班、长城文化保护利用传承主题论坛、馆际交流合作研究策展活动。加强博物馆讲解人员的跨文化交流能力建设，以长城沿线博物馆联盟为依托，定期组织长城文化讲解培训活动、长城文化讲解人员专项赛事活动，提高讲解人员对长城整体价值的全面、深度认知水平，着重提升讲解人员的跨文化交流能力与国际传播能力。

强化长城沿线类博物馆传播的社会影响力。以位于长城沿线乡镇范围内由社会力量开设的具有博物馆功能的公共文化场馆与长城国家文化公园内新开的国有长城主题博物馆为培育对象，指导区、县级国有博物馆开展对长城主题的类博物馆在藏品管理、陈列展示、专业培训、质量评估等方面的针对性帮扶。按照《博物馆条例》《关于推进博物馆改革发展的指导意见》要求，科学有序地开展类博物馆开放培育的各项工作，引导和促进类博物馆向规范化、社会化、专业化和现代化方向发展，为长城沿线类博物馆的帮扶培育提供专项资金支持。

参考文献

[1] 关于印发《长城"四有"工作指导意见》和《长城保护维修工作指导意见》的通知 [EB/OL]// 国家文物局官网 . (2014-02-10)[2024-01-07]. http://www.ncha.gov.cn/art/2014/2/25/art_2237_23461.html.

[2] 国家标准 | GB/T 22527-2008[EB/OL]// 国家标准全文公开系统 . (2008-11-03)[2024-01-07]. https://openstd.samr.gov.cn/bzgk/gb/newGbInfo?hcno=4299B0A447319101E511CED9CFA4853C.

[3] 宁夏二十一景 | 六朝长城：走进宁夏古长城 追忆塞外烽烟 [EB/OL]// 人民网 . (2023-01-17)[2024-01-07]. http://nx.people.com.cn/n2/2023/0117/c192493-40270881.html.

[4] 独一无二的"露天长城博物馆"！山丹峡口古城，值得探秘！ [EB/OL]// 澎湃新闻 . (2022-07-30)[2024-01-07]. https://www.thepaper.cn/newsDetail_forward_19248558.

[5] 北京这座长城被古建筑学家罗哲文评为"中国之最"，超过八达岭长城，凭什么[EB/OL]// 腾讯新闻 . (2020-05-09)[2024-01-07]. https://new.qq.com/rain/a/20200509A0CPQI00.

[6] 曾晓茵，张朝枝 . 作为旅游吸引物的博物馆及其发展趋势 [J]. 中国博物馆，2022(4)：92–96+128.

[7] 杨红. 遗产保护与文旅融合：关于露天博物馆模式的探讨 [J]. 民族艺术, 2022(1): 105–112.

[8] 红梅. 乡村活态博物馆：理论逻辑、内涵特征和实践路径——以河北省怀来县"羊儿岭乡村活态博物馆"为例 [J]. 中南民族大学学报（人文社会科学版）, 2023, 43(7): 74–82+184–185.

3　虚实融合：长城文化的数字化传播研究

一、引言

随着信息技术的飞速发展，数字化传播逐渐成为文化遗产保护和传承的重要手段。长城文化是中华优秀文化的生动诠释，在提升文化自信、弘扬民族精神方面具有重要价值和作用。为了进一步提升长城文化传承水平，《长城国家文化公园建设保护规划》（2021）明确将"数字再现工程"作为国家公园建设的标志性工程之一，要求"加强数字基础设施建设"和"搭建官方网站和数字云平台"，以实现长城文物和文化资源的数字化展示[1]。2022年，中共中央办公厅、国务院办公厅发布的《关于推进实施国家文化数字化战略的意见》明确要求，"促进文化和科技深度融合，集成运用先进适用技术，增强文化的传播力、吸引力、感染力"[2]。因此，通过数字化方式传播长城文化、提升长城文化传播力与影响力成为当下日益紧迫的任务之一。

数字化传播是依托数字资源、数字技术和数字媒介而产生的新型传播形式，其传播优势是速度快、受众面广、交互性强、信息呈现方式生动[3]。但目前关于长城文化的数字化传播研究散见于某区域长城文化的数字化传播[4,5]或基于数字动画纪录片、短视频、新媒体的长城数字化传播策略[6-8]等领域，鲜有研究系统地从整体上梳理长城数字化传播的现状问题及提出针对性优化路径。基于此，本报告基于线上与线下的长城文化传播调研数据，对我国长城文化的数字化传播现状、问题以及影响因素进行分析，并提出相应的优化对策。

二、长城文化的数字化传播现状特点

（一）传播主体多元

从传播主体来看，现有的长城文化的数字化传播主体主要有政府机构、事业单位、社团组织、商业机构、个人5类（表3-1）。政府机构主要指与长城文化保护利用相关的行政职能部门，如推动长城文旅融合工程、数字再现工程项目的文化和旅游部等。事业单位主要指与长城文化资源相关的博物馆、研究院（所）、图书馆、档案馆等科研和文化机构,其中博物馆作为收藏、保护、展示、传播的公共文化机构,是长城文化传播的核心主体。社团组织由以长城文化作为研究、宣传和保护对象的知识精英和志愿者等组成,如中国长城学会、长城小站、各地长城保护协会等。商业机构主要是从事长城旅游、文创产品开发等业务的营利性公司或企业。个人主要是对长城文化有情怀、对长城保护有责任感的个体。上述传播主体基于各自条件、职责、情怀等对长城文化资源进行收集整理,形成数量可观的数字资源,并以此为基础,依托数字媒介和技术开展长城文化传播活动。

表3-1 长城文化的数字化传播主体示例

类型	示例
政府机构	文化和旅游部、国家文物局、相关省市文物局等
事业单位	博物馆、图书馆、档案馆、中国文化遗产研究院、北京长城文化研究院、北京市昌平区明十三陵管理中心居庸关长城管理处、北京市延庆区八达岭长城管理处、天津大学建筑学院建筑文化遗产传承信息技术文化和旅游部重点实验室、嘉峪关丝路(长城)文化研究院、武威市长城文化保护研究院、榆林市长城保护中心等
社团组织	中国长城学会、长城小站、国际长城之友、榆林长城保护志愿者协会、大同市长城文化旅游协会、府谷县长城保护协会、呼和浩特市长城科普学会等
商业机构	中国长城文旅集团、北京市慕田峪长城旅游服务有限公司、北京响水湖长城旅游有限公司、秦皇岛市板厂峪长城旅游有限公司、天津黄崖关长城旅游有限公司、北京黄花城长城旅游开发有限责任公司、深圳市腾讯计算机系统有限公司、红旅智慧(北京)科技有限公司等
个人	长城乌字号(抖音号)、长城老郭(抖音号)、长城北魏文献陈建文(微信公众号、视频号)、老袁私语(微信视频号)、长城人高晓梅(微信视频号)等

资料来源:根据线上与线下调研资料整理

从传播主体的地域分布来看,虽然我国长城资源在西部和东北地区分布广泛(如内蒙古、甘肃和辽宁的长城资源比例分别列全国第一、第四和第五位),但受限于相对落后的综合经济实力和信息技术能力,其对于长城文化的数字化建设与传播相对滞后。而长城资源同样较为丰富的东部和中部地区(如北京、天津、河北),对长城数字化传播的资金和人才投入更多、数字化基础设施更为完善,开发、展示、传播等科技支撑水平更高；相关部门对文化遗产的保护和宣传力度更高，民众的文化素质和保护意识也相对提升，参与长城文化的数字化传播积极性较高。

（二）传播内容丰富

纵观各类传播主体建设的长城数字化传播平台，内容较为丰富，基本涵盖了长城相关的物质文化遗产和非物质文化遗产要素及其内涵。其传播内容可归纳为以下几类：（1）简介类。包括机构概况、组织架构、与长城保护利用相关的工作及取得的成果报道等。（2）长城文化类。此部分是重点内容，包括长城自然生态、历史文化、革命文化、艺术文化等多媒体资料。（3）研究和资讯类。例如长城保护利用的政策法规、学术成果、保护经验、专家视角、地方动态、文博资讯、重点工程、优秀案例等。（4）活动和志愿者类。提供长城相关的会议、研学、调研、展览、征文、摄影等活动信息，介绍与长城保护相关的志愿者活动。（5）文化旅游服务类。提供长城旅游资讯、景区概况、旅游攻略、旅游地图、旅游项目、门票、交通及导览等旅游相关指南，推介当地的文创、住宿、特产等。

由于不同传播主体的目的不同，其传播内容也各有侧重。政府机构偏重对长城文化传播的整体宏观把控，一般会发布长城保护利用政策及官方动态。事业单位侧重对其开发、保存、收藏的长城文化数字资源的传播，对长城保护利用的理论、实践学术文章与资讯的发布。社团组织除研究和传播长城资源外，还组织和宣传与长城保护相关的志愿者活动。商业机构则重点推介具有商业价值的旅游景观、住宿、美食、文创及提供旅游相关的服务和指南。个人微博、公众号及抖音等平台，发布的内容具有一定主观性，以长城旅游风景、长城保护知识等内容为主，更容易使受众移情和产生共鸣。

（三）传播媒介多样

现有的长城文化数字化传播媒介主要包括基于网站的数字化传播媒介、基于智能设备的数字化传播媒介、基于社交网络的数字化传播媒介3种类型。借助多种多样的传播渠道，长城文化传播从平面走向立体，从单一走向多元。

基于网络的数字化传播媒介包括网站、数据库等。长城网站的栏目类别多、信息量丰富。例如，长城国家文化公园官网（changcheng.ctnews.com.cn，图3-1）的建设和运维由文化和旅游部资源开发司牵头推进、中国旅游报社具体执行，网站于2021

年初上线，围绕长城国家文化公园建设和长城文化内容进行传播，具体包括新闻动态、政策解读、重点工程、专家视角、精品线路、长城史话、长城保护、沿线省份、文化遗产、精彩影像等10个板块。同时，相关单位依托官网搭建了长城国家文化公园数字云平台（changcheng.ctnews.com.cn/node_909.html，图3-2），以专栏形式介绍长城相关的典籍文献、历史名人、诗词歌赋，并通过精彩图片、热门视频展现长城自然风光和文化资源。数据库的信息量大，涉及面广，汇聚性好。中国长城遗产网站（www.greatwallheritage.cn，图3-3）由中国文化遗产研究院主办。网站面向公众，展示了长城精粹图片及各时代长城分布示意图，公众可按照位置、长城遗存类型和名称查询其分布及详细信息。同时，网站还提供长城相关的研究资料，包括专著、图集、调查报告、古代文献等，实现了长城数字资源的信息共享。"长城数据库系统"（thegreatwall.com.cn，图3-4）由长城小站开发，包括WebGis+长城基础地理信息、历史年表、长城建筑数据库、谷歌长城、长城图片库、长城碑刻数据库、长城文献库、长城舆图库、长城老照片库、长城视频库、长城专家库、长城景区跟踪库、长城法制跟踪库、长城知识图谱等系列数据库、工具集等，为公众参与保护、研究长城提供了重要支撑。"明长城全域双数据库"由天津大学建筑学院建筑文化遗产传承信息技术文化和旅游部重点实验室开发。其中，明长城防御体系时空数据库系统依靠地理信息系统的准确定位，可分类、分级显示长城体系的空间分布，实现从宏观到微观的多层次展示。明长城全线图像与三维数据库主要依靠无人机摄影和实地勘察等科学手段，采集长城全线的图像数据，现包含长城相关图像约100万张，实现了长城图像的收集、全面研究与展示。

基于智能设备的数字化传播媒介以手机App、小程序为主，体验感和互动性更强。例如，"云游长城"小程序（图3-5）是中国文物保护基金会和腾讯公益慈善基金会协同众多长城保护研究专业机构及社会团体共同打造的系列公益成果之一。该小程序基于游戏化方式，打造"数字长城"，用户通过手机就能"穿越"到河北喜峰口西潘家口段长城，在线"爬长城"和"修长城"，为用户提供更便捷、有吸引力的沉浸式长城数字体验。"云长城河北"小程序（图3-6）由河北省文化和旅游厅推出，采用三维重建、AR识景、智能导览、AI图像融合等数字技术，全面、立体地展示了长城河北段丰富的文化与文物生态资源，将长城国家文化公园转变为可观看、可阅读、可体验、可感悟的公共文化线上空间，更好地满足公众与游客个性化、多元化、高品质

图 3-1　长城国家文化公园官网（图片来源：周小凤截图）

图 3-2　长城国家文化公园数字云平台官网（图片来源：周小凤截图）

图 3-3　中国长城遗产官网（图片来源：周小凤截图）

图 3-4　长城小站"长城数据库系统"（图片来源：长城小站官网）

的出行需求，实现"一部手机游长城"。

基于社交网络的数字化传播媒介包括微博、微信公众号/视频号、抖音等。这些平台具有速度快、覆盖广、操作简便、互动性强等特点，被各类传播主体广泛采用，如博物馆、长城景区、长城保护协会、个人等。

图 3-5　"云游长城"小程序
（图片来源：新华网）

图 3-6　"云长城河北"小程序
（图片来源：云长城河北微信公众平台）

三、长城文化的数字化传播问题及影响因素分析

数字化传播方式对长城文化传播产生了积极影响，丰富了长城文化传播的内容，拓宽了公众与长城文化接触、互动的渠道。然而，相较于独具特色、博大精深、底蕴深厚的长城文化，现有的数字化传播方式和传播效果还远远无法与之相匹配，其传播广度不足，深度不够，整体传播效果仍待提升。主要存在如下原因：

（一）多元主体之间传播合力不强

当前，长城文化传播已经呈现出多元一体的主体协作发展态势，但尚未形成多元主体充分协同的整体性传播格局。一方面，政府机构、事业单位、社会团体作为长城文化传播的主导力量，在传播过程中多主体之间的协作不足，造成部分内容同质化和重复传播。同时，官方宣传与民间宣传缺少有效的互动和协调配合，导致数字资源的建设和传播缺乏底层视角。另一方面，由于缺乏全国性的长城文化数字资源技术规范标准，各平台资源散乱、分类和布局繁多、数据格式和接口不统一，数字化资源难以整合、互通和共享。

（二）长城文化价值挖掘深度不足

虽然在数字化传播环境中，长城文化的传播内容相对丰富，但这些内容并没有形成一个完整的体系，仍然存在内容浅显的问题。多数传播平台对长城文化的展示内容流于表面，未对其背后的历史背景、文化内核等相关文化资源和价值进行深入挖掘和展示。以长城相关网站为例，其栏目众多，内容庞杂，传播内容却缺乏鲜明个性和记忆点。此外，长城文化内容发布随意，缺乏计划性、系列性、连续性。部分新媒体号长期处于停更状态，存在内容更新不及时、疏于运营的问题，致使大众对长城文化认知浮于表面且碎片化。

（三）传播媒介和技术融合度较低

整体上，长城文化虽然搭建了网站、"三微一端"等传播平台，但具体到各个传播主体，传播媒介选择的单一化问题仍较为突出。多数传播主体以单一的微博、公众号为主，而网站和 App 的建成率偏低。其次，展示形式单一，以静态展示为主，基本呈单向线性传播模式。仅少数主体使用 3D、AR/VR 等技术，打造全景式、沉浸式体验的长城文化动态展示，如古北水镇与谷歌艺术与文化合作推出的"见微知'筑'识长城"专题页面（artsandculture.google.com/project/great-wall-of-china，图 3-7）。该专题页面包括司马台长城的首个 360° 实景虚拟游览，以及 370 幅长城图像和 35 个故事。多数平台主要采用简单的文字、图片，静态呈现长城文化要素，未能实现立体的视觉感和互动体验，无法使观众获得对长城文化的深刻理解和绝佳体验感。

图 3-7 "见微知'筑'识长城"专题页面（图片来源：周小凤截图）

四、长城文化的数字化传播优化对策

（一）主体联动协调，形成传播合力

有关部门需要加快制定长城文化数字化传播利用方面的规划，建立统一协调的长城文化传播管理组织架构，协调各相关主体的责任分工。统一数据库建设与展示的技

术标准，整合现有各区域的长城数字资源，搭建对应的数字资源聚合平台，推进各地区长城文化数字资源的系统展示和开放共享。在传播主体整合方面，北京市文物局推出的"北京博物馆云"微信小程序（图3-8）提供了成功案例，其全面整合了北京文博数字资源和百余家博物馆主体，为公众提供"博物馆预约""展览推荐""藏品精选""活动报名"等一站式服务，实现了博物馆的"资源云聚""服务云通""数据云连""展示云浸"。"云长城河北"微信小程序则以"观长城""读长城""游长城"为主线，汇聚河北段长城景区、沿线博物馆、长城爱好者等多个传播主体，为河北长城文化传播共同发力。

图3-8 "北京博物馆云"小程序（图片来源：周小凤截图）

（二）深化内容挖掘，推动创新转化

深度诠释长城遗址本体和历史及其承载的精神和价值，使展示更生动、更有感染力。如对长城的塞外烽燧、亭障的历史背景、形制建置所蕴含的文明兼容并蓄、交流互鉴等理念，进行图文、视频等形式的诠释。发掘能促进长城文化活态传承的时代元素，推动长城文化内容创新性转化和发展。如团结香港基金会辖下中国文化研究院以"云游长城"为基础，发布"学与教资源——云游长城系列"（图3-9），寓教于乐地将文化、历史、游戏、科学等多维度相融合；阳关博物馆借助区块链技术与数字藏品技术，推出长城景观复原系列数字藏品，让长城文物"活"起来，增强传播内容的吸引力和表现力。

图3-9 "云游长城"（香港版）体验截图（图片来源：南方都市报微信公众平台）

（三）整合传播渠道，提升技术特性

为应对诸多问题，一是要系统化整合传播渠道，发挥不同类型媒介的传播优势，实现媒介融合下的优势互补。如网站适合多量多类、实时更新，公众号适合深度内容、社群建设，微博适合公共话题、即时新闻，短视频适合创意展示、娱乐分享，App适合个性服务、互动体验。例如，长城小站目前已经实现了门户网站与微博、公众号、播客等新媒体之间的相互融合。二是要提高长城文化的数字技术应用水平，增强长城文化传播中的叙事性和体验感。可以利用VR技术将空间与情绪、动作进行有机结合，打造长城文化遗产的沉浸式交互影像及长城敌楼空间与军队守卫生活的沉浸式场景，为观众带来叙事性与交互性体验；结合 AR 技术打造长城 360° 实景虚拟游览，让观众深度参与长城景观全景式观察，了解长城建筑和内部架构的更多细节。

参考文献

[1] 新华社. 集中打造中华文化重要标志 科学绘制长城国家文化公园建设蓝图——国家文化公园建设工作领导小组办公室负责人就《长城国家文化公园建设保护规划》答记者问 [EB/OL]// 中国政府网.(2021-10-27)[2024-01-16]. https://www.gov.cn/xinwen/2021-10/27/content_5647093.htm.

[2] 中共中央办公厅, 国务院办公厅.《关于推进实施国家文化数字化战略的意见》（全文）[EB/OL]// 经济形势报告网.(2022-05-23) [2024-01-18]. http://www.china-cer.com.cn/zhengcefagui/2022052318622.html.

[3] 谈国新, 何琪敏. 中国非物质文化遗产数字化传播的研究现状、现实困境及发展路径 [J]. 理论月刊, 2021(9): 87–94.

[4] 吴星. 河北省长城旅游产业高质量发展的数字化对策 [J]. 河北地质大学学报, 2021, 44(6): 128–132.

[5] 刘福青, 董顺媛, 王建斌, 等. 河北省长城文化公园建设中的数字化设计与活化传承构建研究 [J]. 住宅与房地产, 2021(28): 117–118.

[6] 金海峰, 李颖, 贾瑞雪. 基于大同长城的数字动画纪录片创作研究 [J]. 电脑知识与技术, 2022, 18(36): 110–113.

[7] 吴星. 新媒体平台拓展长城文化传播新路径 [J]. 河北地质大学学报, 2017, 40(4): 137–140.

[8] 叶瑞, 于翔. 短视频推广长城文化的现状与策略研究 [J]. 新媒体研究, 2021, 7(2): 112–115.

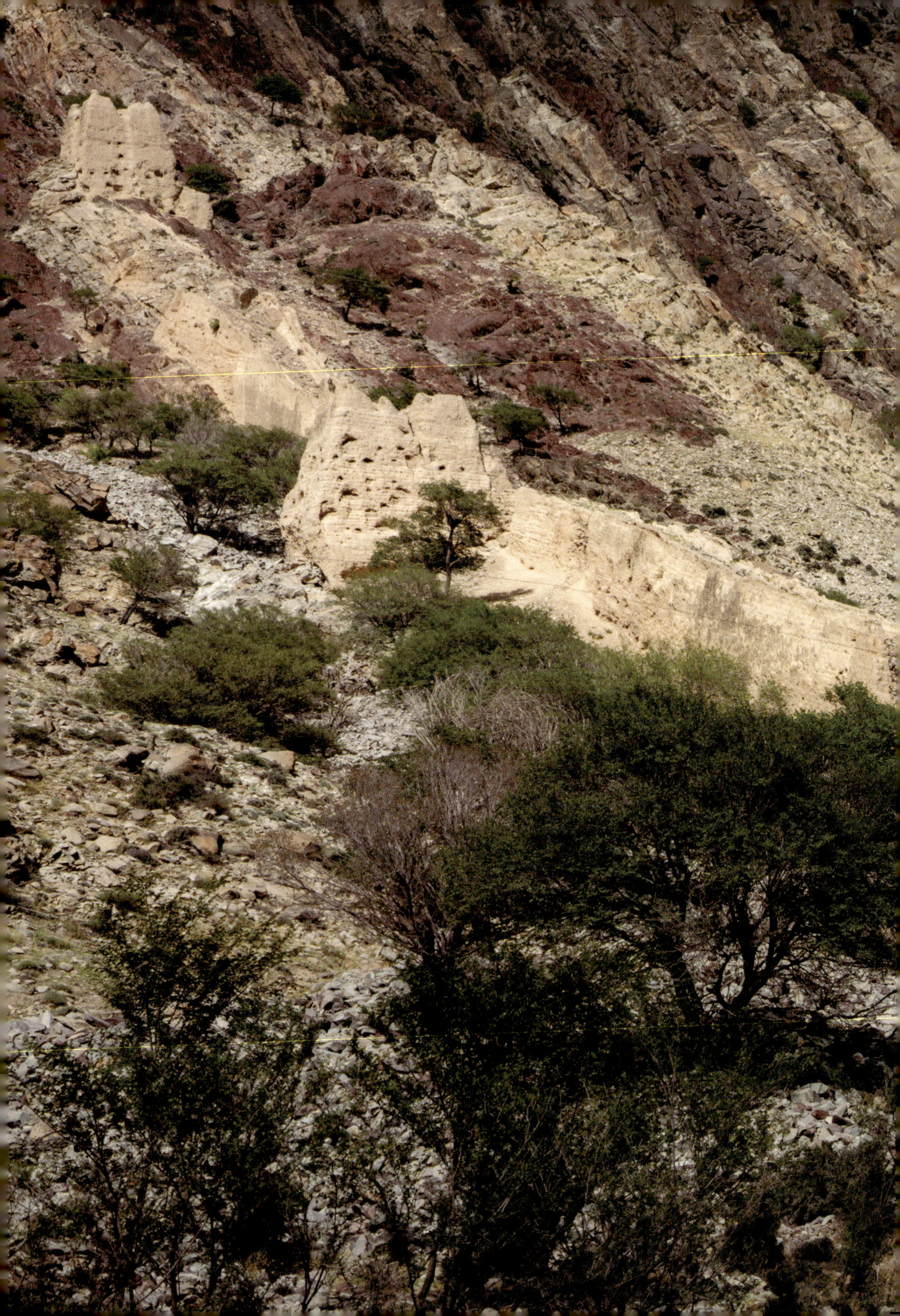

河北怀来县小南辛堡乡水头村明长城水关（张骅拍摄）

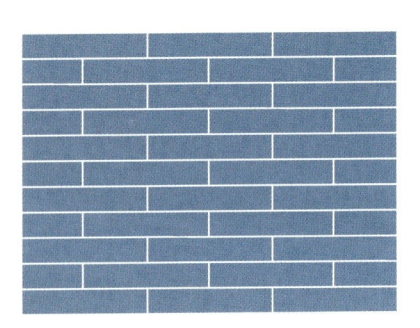

Ⅱ 专题篇

4 传播与契合：长城主题博物馆的价值叙事研究

一、引言

世代共享与传承遗产价值是保护文化遗产的根本动机[1]，并以价值传播为其第一要义[2,3]。近些年，国家高度重视文化遗产的价值传播与文旅公共文化服务工作，如提出"加强文物价值的挖掘阐释和传播利用"的基本原则，落实"创新文物价值传播推广体系，广泛传播文物蕴含的文化精髓和时代价值"的时代任务；要求开展符合我国文化遗产特征和中国特色的文化遗产价值传播理论研究，使"文化遗产价值与当代社会融合、促进经济社会健康发展"；并将文化遗产保护和优秀传统文化传承体系建设提升为"五位一体"总体布局和"四个全面"战略布局的重要组成部分[4]。然而，受传播环境、资源分布、观念认知偏差等因素影响，我国文化遗产工作仍普遍存在"重保护、轻利用与文化传播""见物不见人"等现象，未能很好地响应我国新时期的文化发展战略及公众的精神文化需求[5]。如何运用系统的价值传播让公众正确、全面、深刻地体验、理解、认同遗产价值，成为决定文化遗产的保护、利用与传承的社会参与性的核心因素[6,7]。

博物馆作为文化遗产保护与保存的载体，也是遗产价值诠释与展示的重要传播场所和媒介[8-11]，日益成为展示传播中华文明、凝聚国家认同、增强文化自信、促进多元文明交流互鉴的重要平台及文旅融合的重要载体[12,13]。然而，当前学界对我国博物馆文化遗产价值传播的相关研究尚处于起步阶段[14]，基于"中国经验"的文化遗产价值传播传承体系的理据挖掘不足，对博物馆文化遗产的价值传播内容、传播模式的系统性考察有待提升[12]。即便是同类的物或藏品，博物馆也可以通过不同的展陈语言和手段构建不同的意义和传播价值[15]。对此，学者们提出"如何理解博物馆对同类文物的不同展陈方式，进而关注其对文物的解读和诠释的理论依据，是一个有待思考和讨论的话题"[16,17]。截至2023年底，全国已建成和未建成的长城主题博物馆达100家。作为展示长城线性文化遗产整体价值的载体与实现新时期长城国家文化公园"打造中华文化重要标志、传承国家文化记忆"目标的核心路径，长城主题博物馆的新建与改造活动正如火如荼地进行，如中国长城博物馆的改造、九门口长城博物馆与金山岭长城自然博物馆的新建等。但在学术界，长城主题博物馆的价值传播研究尚未得到充分重视，相关传播问题尚未明晰，相关理论研究仍处于滞后阶段。这不仅不利于长城整体价值的保护利用与传承，也不利于国家认同与文化自信的培育。鉴于此，本报告拟以代表性长城主题博物馆为例，阐明作为价值传播者的博物馆应向公众传播什么样的长城遗产价值，又如何进行传播，最后为文旅融合与长城国家文化公园建设复调背景下长城主题博物馆的长城价值传播提供优化路径。

二、文献综述

（一）从博物馆到博物馆传播

博物馆的英文"Museum"一词源于希腊语的缪斯"Mouseion"，意指"缪斯女神的神庙"[18]。现代博物馆诞生于18世纪的欧洲，在此之前主要是富商贵胄们基于兴趣和收藏情怀设立的私人空间场所，目的在于展示财富、权力与身份[19-21]。18世纪中后期以来，作为私人空间的博物馆逐渐向公众开放，转变为服务国家、教育公众的公共空间[19,20]与不同群体身份话语争夺的空间[22]，博物馆的主要功能也经历了个人身份认同到以审美情趣为核心，再到以国家认同为核心的转变[14,22-27]。1946年，国际博物馆协会（International Council of Museums，简称ICOM）在法国成立，旨在"保存、延续并将世界自然与文化遗产传递向社会"[14]，标志着现代博物馆的权威化与标准化[20]。通过梳理国内外关于博物馆的定义可以看出（表4-1），当前对博物馆的认知基本统一为以教育、研究与欣赏为目的，以收集、保护、研究、传播、展示为核心功能的社会非营利性机构。随着互联网和虚拟技术的发展与进步，现代博物馆的存在形式也从单一的物理实体演变成实体博物馆、虚拟博物馆、线上博物馆等多种形式共存，在扩展传播渠道的同时不断为当代社会输送新的知识和意义[28-30]。

表 4-1 博物馆定义演变一览表

时间	定义
1946	**博物馆**：指包括对公众开放的所有艺术的、技术的、科学的、历史的或考古等藏品机构，包括动物园和植物园，但是无常设展厅的图书馆除外（ICOM）[20]。

续表

时间	定义
1951	博物馆：运用各种方法保管和研究艺术、历史、科学和技术方面的藏品，以及动物园、植物园、水族馆的具有文化价值的资料和标本，供观众欣赏、教育而向公众开放为目的，为公众利益进行管理的一切常设机构（ICOM）[20]。
1960	博物馆：为公共兴趣而设置的以研究、教育、欣赏为目的而保护和展出具有娱乐性、知识性的有文化价值的藏品的任何永久性（固定性）的机构（ICOM）[20]。
1974	博物馆：不追求营利的、为社会和社会发展服务的、向公众开放的永久性机构，为研究、教育和欣赏的目的，对人类和人类环境的见证物进行搜集、保存、研究、传播和展览（ICOM）[31]。
1989	博物馆：以研究、教育、欣赏为目的而征集、保护、研究、传播和展出人类及人类环境的物证的、为社会及其发展服务的、向大众开放的、非营利的永久性机构（ICOM）[20]。
2007	博物馆：为社会及其发展服务的、向公众开放的非营利性常设机构，为教育、研究、欣赏的目的征集、保护、研究、传播并展出人类及人类环境的物质及非物质遗产（ICOM）[20]。
2013	博物馆：以保存（抢救、收集和保存藏品）、增加理解（学习和研究）、传播（在展览、出版物、活动中展示和解释藏品）及为公民社会做出贡献（培养个人的归属感、促进社区凝聚力、构建民族认同）为核心功能[32]。
2014	博物馆：为社会及其发展服务的非营利的永久机构，并向大众开放。它为研究、教育、欣赏之目的而征集保护、研究、传播并展示人类及人类环境的物证[33]。
2015	博物馆：以教育、研究和欣赏为目的，收藏、保护并向公众展示人类活动和自然环境的见证物，经登记管理机关依法登记的非营利组织（国务院，《博物馆条例》）[31]。
2019	博物馆：以教育、研究和欣赏为目的，为促进科学、文化和社会可持续发展，收集、保存、研究、展示、传播人类活动与环境遗产的永久性、非营利机构[34]。

"传播"对应的英文"communication"（中文还有"沟通""交流"等意），源于拉丁文"communis"和"communicatio"，具有"传播、交流、沟通、交往、传染、交通"等多重含义[35]。在传播学方面，传播主要指"人与人之间、人与社会之间，通过有意义的符号进行信息传递、信息接受或信息反馈等活动的总称"[36]，本质内涵是"社会主体通过媒介力量影响、改变主客体之间思想关系和物质关系以实现预期目

的的社会实践活动"[37]，具有"监视环境、协调社会关系、传承社会遗产与提供娱乐"四项基本功能[36,38]。其中，传承社会遗产的功能保证文化得以延续[38,39]。在遗产领域，传播注重将遗产的价值信息通过不同的传播媒介传递给受众，以实现文化的传承与遗产的延续[6,39]。随着社会对博物馆功能认知的转变，传播具有越来越突出的地位和作用[31,32]。鉴于传播的作用与博物馆的官方定义，已有学者提出"博物馆传播"（museum communication）与"博物馆政治传播"（museum political communication）等专业术语，前者指"为研究、教育和欣赏的目的，利用博物馆，对人类和人类环境的见证物进行的信息交流、共享的传递行为"[36]；后者指博物馆"以藏品为基础，通过内容设计、陈列展示、构建有效的政治符号等'再生产—解码'的方式来展示政治意图，当观众与现代语境下的展品价值发生接触时，展品就完成了政治文化信息的更新发展，从过去时变成现在进行时，成为观众学习的介质，从而实现政治传播的政治意义"[40]。基于此，传播视域下的博物馆不仅是自然与文化遗产、人与物及人与世界关系等的权威传播者[41,42]，也是表征意义与传播价值、知识的重要媒介，以及构建、传播和维护国家认同的重要场所之一[43,44]。

（二）从遗产价值到博物馆价值传播

"价值"（value）作为遗产存在与延续的根本依据，并不是独立存在的实体，而是遗产满足人的需要的一种社会关系[6]，是以人为主体与遗产客体互动的产物[45]。遗产价值不仅取决于遗产客体本身，还取决于价值认知的主体[7]，即是"什么的价值"（客体）与"谁的价值"（主体）相互作用的过程与结果。具体到博物馆领域，物或藏品的价值不仅决定着博物馆的存在与地位，还与博物馆机构背后的知识权力关系[46,47]、商业利益[48]与不同群体的身份认同[49]有关。而博物馆的价值在于向社会传播"物"的价值信息，否则就失去了其存在的社会基础[36]。作为遗产价值诠释与展示的重要平台和工具[11]，博物馆的遗产价值传播议题也得到越来越多的研究关注。在传播视域下，国外博物馆研究聚焦媒介化、知识内阁、记忆之场和与公众对话四个维度，而国内博物馆研究则聚焦影视节目的传播策略、文化记忆的传承与多元的叙事策略三个维度[14]。在价值传播内容上，学者关注博物馆对遗产承载记忆的建构[22,44]、价值与意义的生产、展示和叙事[44,48,50]、地方文化的表征及不同博物馆对同一遗产主题的叙事[16,17,51]，对博物馆传播的核心内容——具体价值内涵，却没有充分研究。有学者认为，缺乏对遗产本体的价值内涵挖掘，过度依赖数字技术或片面强调文创的博物馆传播，将难以实现遗产价值教育与传承功能[52]。

近些年，线性文化遗产作为遗产保护的新理念和新类型，其价值的博物馆传播，引起了越来越多国内学者的研究和关注。例如，有研究关注大运河博物馆的非遗传播[53]、馆校合作的传播[54]、基于遗产价值的策展[55]。而长城线性文化遗产的价值研究聚焦遗产地的价值保护与利用、价值评估、价值阐释与展示等内容[56-60]，缺乏博物馆视角的价值传播研究[61]。而且，专业视角下的长城遗产价值话语具有多义性：认为长城遗产具体包含突出的历史、科学、艺术、教育、军事、建筑、文学、社会、景观等价值[62]；或包含社会文化价值（历史价值、文化和象征价值、社会价值、精神和宗教价值、审美价值）和经济价值（使用价值、非使用价值）两大类[60]；或包含内在价值、可利用价值与经济价值[56]；或包含建筑遗产价值、文化景观价值、精神象征价值[58]。长期以来，人们对长城整体价值的片面认知已经成为影响长城保护利用与社会公众参与的关键因素[63]，尚有待持续研究以深化、拓展人们对长城遗产价值的认识[58,64,65]。对此，学者周小凤与张朝枝通过梳理国内外权威遗产话语的遗产价值认知理念与框架，提出了具有对话性和延伸性的长城文化遗产价值的整体统一认知框架，包括"历史、美学、科学、精神、社会"五个价值维度[65]。博物馆是遗产价值的权威保存者、记录者、研究者、诠释者及传播者[21,33]，也是新时期国家文化公园建设、弘扬传统文化、增强文化自信、文旅深度融合的重点实施对象。如何促进博物馆全面、系统地传播与传承长城文化遗产整体价值，成为新时代不可回避的关键问题。为此，本文从代表性长城整体价值内涵与代表性长城博物馆案例出发，探究长城博物馆具体的价值传播内容与更优的长城整体价值传播模式。

三、研究方法

（一）案例选择

本文选择中国三大长城主题博物馆，即八达岭中国长城博物馆、山海关长城博物馆、嘉峪关长城博物馆作为案例。嘉峪关长城博物馆原馆1989年10月建成于甘肃省嘉峪关市市区，新馆于2003年5月落成于嘉峪关长城旅游景区，是我国第一座以长城为主题、全面系统地展示长城历史文化的博物馆，现为国家三级博物馆。山海关长城博物馆于1991年建成开放，位于河北省秦皇岛市山海关城内，为国家二级博物馆（2009—2023）。八达岭中国长城博物馆于1994年建成开馆，位于北京市延庆区八达岭长城景区，为国家三级博物馆。

（二）数据收集

本研究以实地调研数据为主，以线上调研数据为辅。在实地调研过程中，研究者在嘉峪关长城博物馆（2020年8月13日—17日，2023年6月7日—10日）、八达岭中国长城博物馆（2019年7月25日—8月5日，2020年12月8日—12日）与山海关长城博物馆（2020年12月12日—15日）等不同长城遗产地主要了解以下三点内容：（1）长城遗产的价值要素内涵与保护利用现状；（2）长城博物馆的遗产价值展陈、阐释现状与问题；（3）长城遗产地的不同利益相关者对长城遗产价值的看法。其中，研究者于嘉峪关长城博物馆长城遗产地共访谈嘉峪关大景区管委会、世界文化遗产监测中心、嘉峪关市文化和旅游局、博物馆等工作人员12人，并组织座谈会两场；于八达岭中国长城博物馆长城遗产地具体访谈八达岭办事处、博物馆、八达岭旅游总公司等工作人员5人，组织座谈会一场；于山海关长城博物馆长城遗产地共访谈山海关文管所、博物馆等工作人员3人。本文的二手数据主要包括遗产地保护规划、博物馆展陈资料、博物馆年度报告等。

（三）数据分析

首先，研究者将三大博物馆展览的文字内容进行转录，形成文本，并按博物馆简称命名标注文本来源，如八达岭中国长城博物馆文本为BDL、山海关长城博物馆为SHG、嘉峪关长城博物馆为JYG。其次，本文借鉴学者陈曦与蔡明基于阐释学视角建构的博物馆展览叙事结构框架[16]，按照博物馆展览的单元层级、展品与内容分析不同长城博物馆价值传播的叙事结构。其中，嘉峪关长城博物馆的展陈以"中华之魂——长城历史文化"为主题，包含"纵横万里 雄峙千年""金戈铁马 边塞烽烟""长河落日 丝路花雨""北漠尘清 山河形胜"四个基本单元（表4-2）；八达岭中国长城博物馆的展陈以"世界奇迹·历史丰碑"为主题，包含"两千余年·续建不绝""恢弘巨制·绵亘万里""长城内外·同是一家""浩气长存·发扬光大""世界地质公园——八达岭园区"五个基本单元（表4-3）；山海关长城博物馆以"万里长城"为主题，包含"长城历史""长城建筑""长城经济文化""今日长城""山海关"五个基本单元(表4-4)。最后,结合世界及国家权威视角下的长城遗产价值(表4-5)及学者周小凤与张朝枝提出的长城整体遗产价值认知框架[65],进一步分析不同长城博物馆价值传播内容,具体围绕精神价值、历史价值、科学价值、社会价值、美学价值五个维度展开。

表4-2 嘉峪关长城博物馆的价值叙事

主题	一级单元	二级单元	主要展品	展览内容
中华之魂——长城历史文化	第一单元:纵横万里 雄峙千年	·长城历史沿革	图表、文字、文物、模型	·各朝各代长城的空间分布情况以及修建沿革 ·河西长城历史沿革
	第二单元:金戈铁马 边塞烽烟	·古代长城战争	兵器文物、沙盘模型、模拟情景演示等	·古代长城军备情况、士卒生活、军事技术等 ·古代军事建制、作战手段、技术发展状况等
	第三单元:长河落日 丝路花雨	·河西长城 ·丝绸之路	超写实雕塑场景、文物、文字	·古代河西地区的交通、屯田、边关行政、出入境制度、丝绸生产、丝路贸易、各民族社会生活、文化交流与民族融合等
	第四单元:北漠尘清 山河形胜	·古代嘉峪关 ·嘉峪关盛景	图片、文字	·嘉峪关悠久的社会历史文化及其周边丰富多彩的文物古迹和自然资源

表4-3 八达岭中国长城博物馆的价值叙事

主题	一级单元	二级单元	主要展品	展览内容
世界奇迹·历史丰碑	第一单元:两千余年·续建不绝	·春秋战国时期 ·秦汉时期 ·魏晋至宋元时期 ·明代	文物、图片、文字	·长城产生和发展的历史沿革
	第二单元:恢弘巨制·绵亘万里	·长城的修筑 ·长城的征战 ·长城的建筑结构 ·守卫长城居民的居住、生活情况	文物、图片、文字、模型	·长城的军事防御功能及体系 ·历史上发生在长城内外的重大战役 ·长城的建筑结构与布局 ·士卒生活

续表

主题	一级单元	二级单元	主要展品	展览内容
世界奇迹·历史丰碑	第三单元：长城内外·同是一家	·经济交流 ·文化艺术 ·长城民间故事	文物、图片、文字	·长城沿线地区经济开发与繁荣，文化艺术以及长城内外兄弟民族长期共同发展、相互交融的史实
	第四单元：浩气长存·发扬光大	·当代长城保护 ·长城外交 ·长城旅游	文物、图片、文字	·新中国成立后长城的民族象征意义、遗产保护工作以及八达岭长城在新中国外交史和旅游事业中的重要作用
	第五单元：世界地质公园——八达岭园区	·地形地貌 ·地质背景 ·选址的科学依据 ·长城的文化价值	图片、文字、文物、岩石标本	·八达岭长城与生态环境的关联 ·长城文化价值与自然生态价值的融合

表4-4 山海关长城博物馆的价值叙事

主题	一级单元	二级单元	主要展品	展览内容
万里长城	第一单元：长城历史	·春秋战国时期 ·秦汉时期 ·北朝、隋、唐、宋、金、元、明、清	文字、文物、图片	·各朝各代历史沿革
	第二单元：长城建筑	·城墙 ·关隘城堡 ·烽燧 ·建材和筑城技术	建筑模型、文物、文字、图片	·长城的建筑结构和构造形式
	第三单元：长城经济文化	·贸易交流 ·民族熔炉 ·文化摇篮	文物、文字、图片	·长城沿线的各种经贸活动、各族人民的物质文化生活
	第四单元：今日长城	·长城与新中国 ·长城与世界	文字、图片	·新中国对长城的关注 ·新中国长城的保护研究
	第五单元：山海关	·龙首春秋 ·雄关军事 ·名关人文 ·明珠异彩	图片、文字、文物、模型、浮雕	·关城历史 ·山海关军事防御体系、战事 ·关城人文历史故事及当代影响

表 4-5　长城的权威遗产价值描述

权威视角	价值描述
长城突出的普遍世界文化遗产价值（UNESCO，1987）	标准Ⅰ—古代杰作："明长城是绝对的杰作，不仅因为它体现的军事战略思想，也是完美建筑。作为从月球上能看到的唯一人工建造物，长城在大陆上广阔分布，是建筑融入景观的完美范例。"
	标准Ⅱ—文化传播："春秋时期，中国人运用建造理念和空间组织模式，在北部边境修筑了防御工程，为修筑长城而进行的人口迁移加强了中国民俗文化的传播。"
	标准Ⅲ—特殊见证："不论是保存在甘肃修筑于西汉时期的夯土墙，还是明代令人赞叹、闻名于世的砖砌城墙都可同样说明，长城是古代中国文明的独特见证。"
	标准Ⅳ—历史阶段："这个复杂的、历时的文化遗产是军事建筑群的突出、独特范例，它在2000年中服务于单一的战略用途，但同时它的建造史表明了防御技术的持续发展和对变化的政治背景的适应。"
	标准Ⅵ—文学艺术："长城在中国历史上有着无与伦比的象征意义。它的目的是防御外来入侵，但也为了从外族蛮夷习俗中保留自己的文化。同时，由于其修造过程的艰难困苦，长城成为中国古代文学的基本题材之一，是许多文学作品的基础，如陈琳的《武军赋》、杜甫诗和明代流行小说等等。"
长城的文化与时代价值（国家文物局，2016）	精神价值："长城……凝结着中国古代劳动人民的心血和智慧，积淀着中华文明博大精深、灿烂辉煌的文化内涵，体现着中华民族的精神品质和价值追求，已经成为中华民族的精神象征。……长城蕴含着团结统一、众志成城的爱国精神，坚韧不屈、自强不息的民族精神，守望和平、开放包容的时代精神，历经岁月锤炼，已深深融入中华民族的血脉之中，成为实现中华民族伟大复兴的强大精神力量。"

数据来源：周小凤与张朝枝，2020[65]

四、研究发现

（一）精神价值：序言主导叙事

精神价值是当代中国赋予长城文化遗产的时代价值，它既统摄着其他价值的传播，也蕴含于其他价值叙事之中。长城被赋予了中华民族的精神品质，具体包含"团结统一、众志成城的爱国精神，坚韧不屈、自强不息的民族精神，守望和平、开放包容的时代精神"。这些精神价值的统摄作用可见于长城主题博物馆叙事的序言内容。例如，嘉峪关长城博物馆以"中华之魂——长城历史文化"为主题陈列，其前言内容为："中国人被誉为'龙的传人',而长城正是这条巨龙的形象写照,是中华民族的精神象征。回溯漫漫的历史长河,长城始终捍卫着一个伟大民族的生存与发展。长城是中国各族人民融合发展的不朽丰碑,是中外经济文化交流的历史见证。长城体现了中华民族坚韧刚毅、勇敢智慧的品质,凝聚着炎黄子孙不屈不挠、开拓创新的精神……"(JYG)山海关长城博物馆以"万里长城"为主题陈列,其前言为:"万里长城是举世闻名的世界文化遗产,是中华民族伟大精神的物质象征……长城是纽带;民族融合,国家统一……长城是中国各族人民共同创造的奇迹,是古代劳动人民血汗和智慧的结晶……在长城精神的感召下,民族在动荡中交融,兄弟在往来中亲和。每逢国难当头,民族团结,一致抗敌,众志成城,顽强不屈……认识长城,倍增爱国主义之情怀。在全国各族人民为实现中华民族伟大复兴,努力建设和谐世界的今天,长城的伟大气魄和她所蕴涵的民族精神,将永远成为鼓舞中华儿女前进的动力源泉。"(SHG)

另一方面,博物馆将长城精神价值蕴含于其他价值中进行叙事。"坚韧不屈、自强不息的民族精神"主要通过长城悠久的修筑历史、浩大又艰巨的军事防御工程叙事体现。"长城的修建史可追溯到距今2500多年前的春秋时期……是各族人民共同创造的产物,是中国古代劳动人民用血汗和智慧筑成的历史丰碑。"(BDL)"长城是人类有史以来历时最久远、规模最庞大的建筑体系。在漫长的2000多年之中,共有20多个朝代及政权修筑过长城,总长度超过5万公里,分布于今天的15个省、市、自治区。中国各民族为长城的修建付出了艰苦卓绝的努力,以共同的血汗创造了亘古不灭的丰功伟绩。"(JYG)"团结统一、众志成城的爱国精神"主要在近现代以来中华民族为追求民族独立和人民解放而与长城相关联的抗战中体现(图4-1)。八达岭中国长城博物馆主要以文字进行简要叙事,缺乏具体的战役叙事:"进入二十世纪以来,特别是当中华民族受到帝国主义侵略的危难时刻,长城精神鼓舞着无数的爱国志士为民族生存、祖国解放而战斗。抗日战争时期,有多少爱国儿女,高唱着'起来,不愿做奴隶的人们,把我们的血肉筑成我们新的长城……',而奔赴抗战的前线,打败了侵略者,保卫了中华民族,保卫了祖国的安全。这首雄壮的歌曲自新中国成立后,一直作为中华人民共和国的国歌高唱着。"(BDL)山海关长城博物馆则以"长城抗战"与"关城战事"为主题展示,叙述了抗战中的长城:"时光步入20世纪,此时的长城,在中华儿女的心目中已化作精神和力量的象征,凝聚成不屈的民族之魂。在决定中华民族生死存亡的抗日战争中,长城内外燃烧起熊熊抗敌烈火,日本侵略军陷入了灭顶

a 八达岭中国长城博物馆——长城征战

b 嘉峪关长城博物馆——长城攻战武器

c 山海关长城博物馆——长城抗战

d 山海关长城博物馆——长城军事装备

图 4-1 长城主题博物馆的战争叙事示例（周小凤实地拍摄）

之灾。长城迸射出的民族精神,鼓舞着中华儿女浴血沙场,用血肉筑起了一道新的长城。"(SHG)具体战事有庚子之役(1900)、察哈尔抗战(1933)、榆关抗战(1933)、绥远抗战(1936)、平型关大捷(1937)、易涞战斗(1937)、山海关阻击战(1945)等。而嘉峪关长城博物馆缺乏对近现代长城历史的叙事。在和平精神方面,博物馆主要通过长城沿线民族关系融洽与当代旅游利用叙事表现。"在长城产生和发展的几千年中,尽管出现过多次攻战征伐。但是南北各族人民睦邻相处、传播融汇,始终是历史的主流。"(BDL)"自1954年来,八达岭长城先后接待了500多位世界各国元首、政府首脑以及众多的世界风云人物,日益成为文化交流和国际交往的重要平台。作为和平友谊的象征,向全世界人民展示了其博大的胸襟和中国人民向往和平的良好意愿。"(BDL)"明代山海关从未发生重大战事,收到了'不战而屈人之兵'的军事效果,体现了中国长城的和平思想。"(SHG)此外,嘉峪关长城博物馆在长城社会价值基础上构建了长城蕴含的包容开放与开拓创新的精神。"长城成为各民族文化交流融合的巨大载体,河西长城与丝绸之路相伴而生,开通了中西文明直接对话的渠道,对世界文明的发展做出了重大贡献,河西长城体现出中华民族海纳百川的胸襟与开拓创新的精神。"(JYG)

山海关长城博物馆的长城历史年代信息最为完整并具有连续性,主要通过历史文献图片和文字形式有序地展示了春秋战国、秦汉、北朝、隋、唐、宋、金、元、明、清等各时期长城的分布及其历史信息,还在第五单元展示了山海关长城历史。嘉峪关长城博物馆将战国至明代的长城整体构筑历史以图表形式进行直观简要展示,着重介绍河西长城历史沿革及河西各地长城分布,并在第四单元展示了嘉峪关长城历史。此外,三大长城博物馆在其他与长城相关的历史人物、事件单元也展示了其历史价值,如八达岭中国长城博物馆第二单元的长城征战、嘉峪关长城博物馆第二单元的古代长城战争、山海关长城博物馆第五单元的关城古今战事等,历史人物展示数量以山海关长城博物馆为最,有戚继光、梁梦龙、李广、杨嗣昌、刘应节、谭纶、吴惟忠、徐达等。可见,长城主题博物馆对历史价值的传播主要以文字、图片、建筑模型、文物为媒介,旨在让游客对中国长城在时间、空间上的演化有一个整体的线性时空观(图4-2)。

a 八达岭中国长城博物馆——历代长城

b 山海关长城博物馆——历代长城

c 嘉峪关长城博物馆——历代长城

图 4-2 长城主题博物馆的历史价值叙事示例（图片来源：周小凤实地拍摄）

（二）科学价值：一级单元核心叙事

科学价值往往位于长城主题博物馆叙事的第二单元，着重展示长城作为建筑遗产的科学性与技术性特质（图4-3）。在第二单元中，三大博物馆均以长城的建筑结构、构造形式、作战手段和技术发展等内容凸显其军事防御功能及其军事建制与应用的科学性，传播媒介以历代长城建筑构件文物、兵器文物、模型及文字为主，体现长城建筑工程的宏大，及其严密又科学的军事防御体系布局。例如对长城科学价值的叙述："长城作为一项系统工程，其关隘、亭障、墩台、城堡等工事，以及完备的军事指挥及防御制度，成为古代军事科学的典范。"（JYG）长城的关隘、城墙、敌楼、烽燧等基本组成要素，屯兵与烽传等防御系统，以及武器装备是三大博物馆展示长城建设与应用科学价值的基本内容。不同的是山海关长城博物馆打造了游客可近距离观看的长城关隘、城墙、敌楼等微缩建筑，增强了传播受众与传播媒介、内容的互动体验，而非仅仅遵循橱窗式或围栏式的非接触型价值展示路径。八达岭中国长城博物馆在新增的第五单元"世界地质公园——八达岭园区"中，通过八达岭长城的地形、地貌、地质历史介绍了修建长城的科学依据，也彰显长城是自然与人文完美融合的范例。

（三）社会价值：一级单元核心叙事

社会价值是长城权威遗产价值的延伸与补充，也是长城主题博物馆价值叙事的重要内容，主要体现在地方文化经济交流发展、社会教育、国家政治表征三方面（图4-4）。历史上，长城对沿线地区的政治发展、经济开发、多元文化交流繁荣、多民族融合以及保障交通等方面的作用都是长城社会价值的重要表现。嘉峪关长城博物馆第三单元"长河落日　丝路花雨"着重展示古代河西地区的长城交通、屯田、边关行政、出入境制度与丝绸之路的丝绸生产与贸易的相互作用，充分呈现了河西长城沿线区域灿烂的区域文化和各民族社会生活、文化交流与民族融合的历史场景。而八达岭中国长城博物馆以第三单元"长城内外·同是一家"为专题，展示长城内外各民族的团结友好、经济发展，以及草原文化与中原文化、东方文化与西方文化相互传播融合的历史事实，也叙述了长城沿线历代的屯田戍垦对丝绸之路商贸来往的保驾护航作用。同样，山海关长城博物馆也在第三单元"长城经济文化"中以"贸易交流""民族熔炉"为二级单元，叙述长城沿线地区的经贸物资交流对长城内外各民族生活习俗的影响，以及多民族交融的故事。在当代，长城的社会价值体现在其承担着爱国主义教育、大众旅游

a 嘉峪关长城博物馆——
长城军事防御设施

b 山海关长城博物馆——
长城建筑微缩景观

c 八达岭中国长城博物馆——
长城地质地貌

图 4-3 长城主题博物馆的科学价值叙事示例（图片来源：周小凤实地拍摄）

a 八达岭中国长城博物馆——长城经济交流

b 山海关长城博物馆——长城经济交流

c 嘉峪关长城博物馆——丝绸之路交流

图4-4 长城主题博物馆的社会价值叙事示例（图片来源：周小凤实地拍摄）

111

观光、凝聚国民精神的重要功能上。如八达岭中国长城博物馆的第四单元"浩气长存·发扬光大"与山海关长城博物馆的第四单元"今日长城"，主要叙述了20世纪以来，长城从中国古代重要军事防御设施向中华民族的象征的转变，通过党和国家、专家学者、社会人士、国际友人对长城遗产保护利用的关心和参与，传递出长城在新中国传统文化传播与爱国主义教育、改革开放、旅游发展、和平外交等方面的时代作用。

（四）美学价值：二级单元附属叙事

长城被视为建筑融入景观的典范，也是军事工程与建筑艺术的完美结合，具有自然与人文景观融合的重要美学价值（图4-5）。在博物馆价值叙事中，长城的美学价值主要融于二级单元，而非同历史价值与科学价值一样作为独立的一级单元进行叙事，主要关涉古代文学作品、民间传说故事、艺术风情。例如，八达岭中国长城博物馆在第三单元"长城内外·同是一家"的"文化艺术"与"长城民间故事"二级单元中，简要展示了历代文人骚客、艺匠画师、帝王将相等关于长城的诗篇绘画及长城的历史故事与美丽传说，有文姬归汉图、昭君出塞雕塑、筑城怨、长城谣、唐代李世民的《春日观海》、杜甫的《咏怀古迹》、宋朝王安石的《明妃曲》、曹操的《步出夏门行·观沧海》等。山海关长城博物馆则在第三单元"长城经济文化"的"文化摇篮"二级单元中，简要展示了"长城作为历代诗人骚客、丹青妙手、民间艺人笔下和口中传诵不绝的永久性题材"，如嘉峪关一块砖故事、秦始皇赶山填海传说、秦长城的岩画、汉魏边塞地区的砖石画、明代戍军的言志题刻等。同时，山海关长城博物馆对长城关联诗词歌曲的展示横跨古今，有东汉蔡琰的《胡笳十八拍》节选、南朝刘峻的《出塞曲》、唐代王昌龄的《从军行》、清朝康有为的《登万里长城》、当代毛泽东的《清平乐·六盘山》与罗哲文的《观长城》等。嘉峪关长城博物馆没有关于长城艺术价值的专题展示，仅在第一单元"纵横万里 雄峙千年——长城历史沿革"展厅有视频展示关于嘉峪关长城的民间故事，第三单元"长河落日 丝路花雨"中的再现场景"西出阳关 春风玉门"，出自唐诗"西出阳关无故人""春风不度玉门关"，关联起河西长城的阳关和玉门关。第四单元"北漠尘清 山河形胜——古代嘉峪关"展示了一些牌匾碑刻，如"登嘉峪关并序"碑、"嘉峪关碣记"碑、"嘉峪关漫记"碑、"天地正气"匾、"义正乾坤"匾等。

a 嘉峪关长城博物馆——
长城民间传说

b 八达岭中国长城博物馆——
诗词歌曲

c 山海关长城博物馆——
诗词歌曲

图 4-5 长城主题博物馆的艺术价值叙事示例（图片来源：周小凤、陈晨实地拍摄）

113

然而，在博物馆价值叙事中，长城的景观美学价值往往被弱化或处于失语状态。在八达岭中国长城博物馆的价值叙事中，我们仅能在第四单元的"长城旅游"一角瞥见长城的旅游观光吸引力。山海关长城博物馆在第五单元"山海关——天开海岳"之序中以大幅图片展示了不同时空不同形态的长城建筑与景观融合之美。而嘉峪关长城博物馆认为"长城与周边自然、人文环境完美结合，具有突出的建筑艺术和美学价值，是具有显著文化景观特征的巨型线性文化遗产"，故在第四单元"北漠尘清　山河形胜——嘉峪关盛景"中，不仅展示了嘉峪关长城建筑的壮美，还展示了周边文物古迹和自然资源的地域特色景观之美，如坚固美观的悬壁长城与第一墩、壮丽的讨赖河大峡谷与祁连山风光、远古的黑山岩画及"地下画廊"魏晋墓群等。长城有2000多年历史，跨越我国15省（自治区、直辖市）、404县（市、区、旗），具有不同地域景观、不同季节、不同建筑形式等多元变化之美，现今在博物馆仍缺乏系统性的长城景观美学价值叙事内容（图4-6）。

a　嘉峪关长城博物馆——黑山岩画

b　山海关长城博物馆——不同地域长城景观

图4-6　长城主题博物馆的美学价值叙事示例（图片来源：周小凤实地拍摄）

五、结论与讨论

综合上述长城主题博物馆的价值传播内容叙事分析，本文对其价值传播工作进行了评价，并与长城整体价值框架进行比较，得出以下结论：

从叙事内容看，博物馆主要向公众传播长城的历史价值、精神价值、社会价值、科学价值与美学价值，包含了长城整体遗产价值的五个基本维度。其中，精神价值具体有爱国精神、民族精神、时代精神与创新精神四种；历史价值具体通过长城发展历史、历史人物、历史事件及历史背景等内容进行传播；科学价值具体通过长城作为军事防御体系的建筑结构、构造形式、作战手段、建筑技术、合理选址等方面进行传播；社会价值具体通过古代与当代长城对地方文化经济发展、社会教育、国家政治表征的作用进行传播；美学价值具体通过人文艺术与景观美学两个方面进行传播（图4-7）。

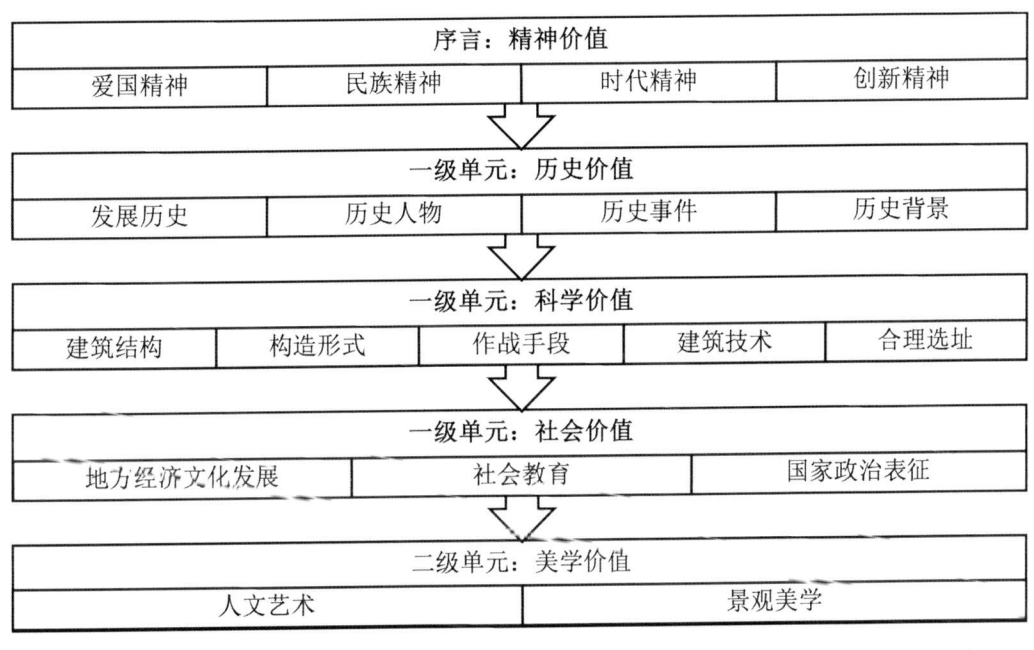

图4-7 长城主题博物馆的价值传播内容与叙事层次

从叙事结构看，长城遗产的不同价值维度在博物馆展览中的叙事层次具有差异性。具体表现为：以精神价值为主导，将其置于博物馆主题展览的前言进行叙事；以历史价值、科学价值、社会价值为核心层，通过一级单元进行叙事；以美学价值为附属层，通过二级单元进行叙事。在当代，传承与弘扬长城的精神价值始终被放在长城博物馆价值传播工作的首要地位。

通过博物馆价值传播内容与叙事层次的关联度可以发现，价值叙事越优先意味着价值传播内容越完整（表 4-6）。其中，历史价值传播的完整度最高，美学价值最弱。社会价值传播内容的完整性体现在古代，美学价值传播内容集中在人文艺术方面。而科学价值传播聚焦建筑与军事应用的科学性，缺少对自然科学价值的挖掘与展示。

表 4-6　不同长城主题博物馆的价值传播内容对比表

案例	历史价值	精神价值	社会价值	美学价值	科学价值
八达岭中国长城博物馆	·演变历史 ·历史事件 ·历史人物	·爱国精神 ·民族精神 ·时代精神	·古代 ·当代	·人文美学 ·景观美学	·建筑技术 ·军事作战 ·选址
山海关长城博物馆	·演变历史 ·历史事件 ·历史人物	·爱国精神 ·民族精神 ·时代精神	·古代 ·当代	·人文美学 ·地方景观美学	·建筑技术 ·军事作战
嘉峪关长城博物馆	·演变历史 ·历史事件 ·历史人物	·爱国精神 ·民族精神 ·时代精神 ·创新精神	·古代	·人文美学 ·地方景观美学	·建筑技术 ·军事作战

从不同博物馆叙事看，长城整体遗产价值传播差异主要体现在不同维度的具体价值内容及长城地方性价值两个方面。长城遗产价值叙事传播最为完整的是山海关长城博物馆，八达岭中国长城博物馆与嘉峪关长城博物馆次之。在五个价值维度的具体叙事中，山海关长城博物馆与八达岭中国长城博物馆差异并不显著，但二者与嘉峪关长城博物馆差异明显，其差异主要体现在历史价值与社会价值。在传播长城整体遗产价值基础之上，不同长城博物馆还会依托区域背景叙述当地长城遗产价值内涵，如八达岭中国长城博物馆通过"世界地质公园——八达岭园区"叙事展现长城的科学价值，山海关与嘉峪关长城博物馆均基于遗产地长城资源与区域历史文化背景进一步丰富长城整体遗产价值的内涵。本结论回应并延伸了不同博物馆对同类文物的不同展陈、叙事议题[16,17]。本研究表明长城博物馆围绕长城整体遗产价值框架进行叙事传播，既反映了长城作为世界文化遗产的突出普遍价值，也传递了国家赋予的时代精神价值，甚

至融合了长城所处的区域历史背景并延伸出新的价值内涵，具有世界性、国家性与地方性三大特征。

然而，目前长城主题博物馆的遗产价值传播仍存在价值不完整、媒介创新性不足等问题。鉴于此，本研究对我国长城主题博物馆及其他博物馆的价值传播实践有以下几点启示。第一，博物馆作为遗产价值的权威保护者与传播者，受国家文化和旅游公共服务制度安排影响，需自上而下构建一套统一、完整、权威，并能与国际权威遗产价值话语对话的遗产整体价值认知框架。本文采用的精神价值、历史价值、科学价值、社会价值、美学价值五个维度的长城整体遗产价值框架可作为参考依据。第二，政府需为地方博物馆提供自下而上自主建构与完善遗产价值内涵的制度保障，引导博物馆积极挖掘遗产价值信息、不断丰富遗产价值内涵，这不仅可以增强整体价值与地方部分价值的融合，而且能更好地增进地方文化认同与遗产的整体价值认同。第三，长城主题博物馆需要转变"以物为中心"的传播路径，开创可增强人与物互动接触的多元融媒传播路径，如虚拟体验、社交媒介互动等。如今，博物馆已经成为文旅融合的重要载体，应充分展示与传播长城不同建筑形态与不同时空融合的景观美学价值，方能更好地辐射长城整体价值的区域影响力，促进长城线性文化遗产的整体旅游利用。

参考文献

[1] 丛桂芹. 文化遗产保护中阐释与传播理念的凸显 [J]. 建筑与文化, 2013(3): 60–61.

[2] 德布雷 R. 媒介学引论 [M]. 刘文玲, 译. 北京：中国传媒大学出版社, 2014.

[3] 张前, 苏泽宇. 共享与反馈：中华文化传播导引认同的关系范式 [J]. 东岳论丛, 2018, 39(2): 127–132.

[4] 曹兵武. 生态文明视角下历史文物在现代社会的再脉络化——兼论符合国情的文物保护利用之路的有关问题 [J]. 东南文化, 2020(3): 13–22+189+191.

[5] 陆建松. 如何讲好中国文物的故事——论中国文物故事传播体系建设 [J]. 东南文化, 2018(6): 117–122.

[6] 丛桂芹. 价值建构与阐释 [D]. 北京：清华大学, 2013.

[7] 赵晓梅. 世界文化遗产多层级价值整合的重要性与研究方法——以清西陵为例 [J]. 东南文化, 2018(3): 6–14.

[8] 张昱. 作为记忆媒介的博物馆：对公共事件的叙事与传播 [J]. 复旦学报（社会科学版）, 2021, 63(3): 97–104.

[9] 李彬. 博物馆的媒介关系、媒介叙事与媒介伦理 [J]. 艺术评论, 2021(3): 85–94.

[10] 曹兵武. 博物馆的媒介化趋势及其实践意义 [J]. 博物院, 2019(5): 82–85.

[11] 曹兵武. 博物馆是什么？——物人关系视野中的博物馆生成与演变 [J]. 中国博物馆, 2017(1): 41–48.

[12] 张立. 后疫情时代博物馆传播新样态及其路径研究 [J]. 云南师范大学学报（哲学社会科学版）, 2021, 53(3): 120–130.

[13] 钱兆悦. 文旅融合下的博物馆公众服务：新理念、新方法 [J]. 东南文化, 2018(3): 90–94.

[14] 周夏宇. 传播学视域下的博物馆研究——基于 CiteSpace 的数据挖掘与对比分析 [J]. 新闻与传播评论, 2021, 74(3): 68–80.

[15] 郑茜. 意义还原与价值传播——博物馆藏品实现沟通的两个向度 [J]. 中国博物馆, 2014(3): 24–28.

[16] 陈曦, 蔡明. 阐释学视角下秦汉史的中西解读对比研究——以大都会与国博"秦汉文明"展为例 [J]. 东南文化, 2020(5): 173–179+191–192.

[17] 陈彦堂. 从吉美、大都会到中国国家博物馆——对秦汉文物的不同诠释与解读 [J]. 博物院, 2017(6): 96–104.

[18] 杨菲, 黄晨曦, 储德平. 基于科学知识图谱的中国博物馆旅游研究述论 [J]. 博物馆管理, 2021(1): 30–41.

[19] LU F. Museum architecture as spatial storytelling of historical time: Manifesting a primary example of Jewish space in Yad Vashem Holocaust History Museum[J]. *Frontiers of Architectural Research*, 2017, 6(4): 442–455.

[20] 刘卫东. 文化治理视域下的博物馆文化传播——以首都博物馆为例 [D]. 北京：中国政法大学, 2020.

[21] 杨秋. 新的"在场"阐释——构建博物馆与社会的关联 [J]. 中国博物馆, 2015, 33(3):

6–11.

[22] 燕海鸣. 博物馆与集体记忆——知识、认同、话语 [J]. 中国博物馆, 2013(3): 14–18.

[23] 于莉莉. 新技术影像与博物馆集体记忆的多重建构 [J]. 东南文化, 2020(4): 157–162.

[24] 程希. 新媒体时代下博物馆文化传播现状分析——以湖北省博物馆文化发展为例 [J]. 北方传媒研究, 2019(6): 83–86.

[25] 成汝霞, 黄安民. 时光博物馆游客旅游动机的影响因素与生成路径 [J]. 资源开发与市场, 2021, 37(7): 877–882.

[26] POPESCU R I. Communication strategy of the National Museum of Natural History "Grigore Antipa"[J]. *Transylvanian Review of Administrative Sciences*, 2007, 3(19): 100–115.

[27] 尹凯. 历史与民族：中国博物馆的政治表征 [J]. 文博学刊, 2021(2): 49–55.

[28] BROWN-JARREAU P, DAHMEN N S, JONES E. Instagram and the science museum: A missed opportunity for public engagement[J]. *Journal of Science Communication*, 2019, 18(2): A06.

[29] ZHANG X, YANG D. Literature review: The distributed postproduction of cultural knowledge for artworks in online museums[J]. *Computer Animation and Virtual Worlds*, 2020, 31(1): e1877.

[30] FALCO F D, VASSOS S. Museum experience design: A modern storytelling methodology[J]. *Design Journal*, 2017, 20（sup1）: S3975–S3983.

[31] 曹兵武. 以物为媒：建构性的博物馆学习与教育论 [J]. 中国博物馆, 2016(2): 46–54.

[32] DAVIES S M, PATON R, O'SULLIVAN T J. The museum values framework: A framework for understanding organisational culture in museums[J]. *Museum Management and Curatorship*, 2013, 28(4): 345–361.

[33] AHMAD S, ABBAS M Y, TAIB M Z M, *et al.* Museum exhibition design: Communication of meaning and the shaping of knowledge[J]. *Procedia - Social and Behavioral Sciences*, 2014, 153: 254–265.

[34] 曹兵武. 新时期博物馆定义与核心价值再检讨 [N]. 中国文物报, 2019-05-21(6).

[35] 胡正荣. 传播学总论 [M]. 北京：北京广播学院出版社, 1997.

[36] 李文昌. 博物馆的传播学解读——传播学读书笔记 [J]. 中国博物馆, 2008(3): 75–80.

[37] 申楠, 李明德. "传播"的本质及其对传播学建构的意义[J]. 人文杂志, 2019(7): 115–121.

[38] 哈罗德·拉斯韦尔. 社会传播的结构与功能[M]. 何道宽, 译. 北京: 中国传媒大学出版社, 2012.

[39] 杨红. 目的·方式·方向——中国非遗保护的当代传播实践[J]. 文化遗产, 2019(6): 21–26.

[40] 刘燕. 博物馆的政治传播功能释读[J]. 东南文化, 2018(1): 99–104+127–128.

[41] KIM S. Virtual exhibitions and communication factors[J]. *Museum Management and Curatorship*, 2018, 33(3): 243–260.

[42] HOPPER-GREENHILL E. Changing values in the art museum: Rethinking communication and learning[J]. *International Journal of Heritage Studies*, 2000, 6(1): 9–31.

[43] 丹尼尔·施密特, 米歇尔·拉布, 陈莉. 从意义赋予到意义构建: 刺激唤醒法与博物馆观众的情景体验[J]. 东南文化, 2020(1): 157–168.

[44] DICKINSON G, OTT B L, ERIC A. Memory and myth at the Buffalo Bill Museum[J]. *Western Journal of Communication*, 2005, 69(2): 85–108

[45] 孙华. 遗产价值的若干问题——遗产价值的本质、属性、结构、类型和评价[J]. 中国文化遗产, 2019(1): 4–16.

[46] 托尼·本内特, 赵子昂, 强东红. 博物馆的政治合理性[J]. 马克思主义美学研究, 2007(1): 250–263.

[47] 尹凯. 人文与理性: 博物馆展览的诗学与政治学[J]. 现代人类学, 2015, 3(3): 21–31.

[48] VALTYSSON B, HOLDGAARD N: The museum as a charged space: The duality of digital museum communication, The Routledge Handbook of Museums, Media and Communication [M]. London:Routledge, 2018: 13.

[49] 胡凯云, 严建强. 博物馆价值研究辨析[J]. 东南文化, 2021(1): 130–137.

[50] NURARYO I. Communicating cultural values in shaping city images through the Museum of Batik Pekalongan, Indonesia[J]. *Journal of Social Sciences Research*, 2020, 6(1): 1–12.

[51] BENJAMIN S, ALDERMAN D. Performing a different narrative: museum theater and the memory-work of producing and managing slavery heritage at southern plantation

museums[J]. *International Journal of Heritage Studies*, 2018, 24(3): 270–282.

[52] 杭侃. 文化遗产资源旅游活化与中国文化复兴[J]. 旅游学刊, 2018, 33(9): 5–6.

[53] 陈述知. 运河流域非遗策展与运营探索——以"大运河非物质文化遗产"展为例[J]. 东南文化, 2021(3): 142–147.

[54] 许越. 合作·共享：中国大运河博物馆馆校合作的模式与活动策划[J]. 东南文化, 2021(3): 167–173.

[55] 林留根. 历史、本体与象征："大运河——中国的世界文化遗产"策展[J]. 东南文化, 2021(3): 136–141+191–192.

[56] 徐凌玉, 张玉坤, 李严. 明长城防御体系文化遗产价值评估研究[J]. 北京联合大学学报（人文社会科学版）, 2018, 16(4): 90–99.

[57] 曹象明, 周庆华. 山西省明长城沿线军事堡寨的区域保护与利用模式[J]. 城市发展研究, 2016, 23(4): 32–38.

[58] 陈同滨, 王琳峰, 任洁. 长城的文化遗产价值研究[J]. 中国文化遗产, 2018(3): 4–14.

[59] 傅兴业. 试析线性文化遗产居延遗址的构成与价值[J]. 河北地质大学学报, 2019, 42(2): 137–140.

[60] 韩霄. 明长城文化遗产整体性价值评估研究[D]. 天津：天津大学, 2016.

[61] 张红宝, 徐佳友, 刘长生, 等. 长城文化与长城博物馆建设的互动模式研究[J]. 旅游纵览（下半月）, 2013(11): 306–307.

[62] 段清波, 刘艳. 文化遗产视域下的中国长城及其核心文化价值[J]. 中原文化研究, 2019, 7(6): 23–28+2.

[63] 于冰. 中国长城整体保护管理：挑战与探索[J]. 中国文化遗产, 2018(3): 31–40.

[64] 刘艳, 段清波. 长城世界文化遗产保护研究[J]. 中国国情国力, 2016(10): 42–44.

[65] 周小凤, 张朝枝. 长城文化遗产价值的量表开发与维度结构[J]. 中国文化遗产, 2020(6): 4–14.

5 长城主题博物馆的数字化展示实践与优化对策探索

一、引言

根据《长城保护总体规划》(2019)的要求,长城阐释要"灵活运用互联网思维,充分借助新媒体传播渠道,合理使用虚拟现实、增强现实等新技术手段,提供高品质的长城价值展示阐释产品"[1]。同时,国家文化公园建设工作领导小组印发《长城国家文化公园建设保护规划》(2021)也明确提出要"提高长城文化传承活力,丰富完善长城文化的展示体系""搭建官方网站和数字云平台,对长城文物和文化资源进行数字化展示,打造永不落幕的网上空间"[2]。国家文物局等九部门发布《关于推进博物馆改革发展的指导意见》(2021)也要求统筹不同地域博物馆,配合长城国家文化公园建设,大力发展博物馆云展览、云教育,构建线上线下相融合的博物馆传播体系[3]。

因此,博物馆数字化展示已成为响应长城国家文化公园数字化再现重点工程建设的关键举措,但长城主题博物馆的数字化展示与阐释的现状与相关问题仍缺乏相应的基础调查与研究。为此,研究者基于2022年7月—2023年12月长城沿线62家已建成开放的长城主题博物馆的线下与线上调研数据,全面分析长城主题博物馆的长城文化数字化展示现状与瓶颈问题,并提出优化对策,以期为长城文化的创新性活化利用传承注入新动力、提供新动能。其中,长城主题博物馆的数字化展示是指以长城相关遗产要素的数字信息为基础,基于互联网技术和数字媒体展示技术,在实体空间或虚拟空间进行的展览展示,具有可塑性、交互性、便捷性、沉浸性、即时性、可共享等特点[4,5]。

二、数字化展示现状

(一)数字化展示概况

相关学者将博物馆的数字化展示归纳为基于实体展览的辅助型数字化展示、基于叙事主题的独立型线下数字化展示、基于网络空间的数字化展示(包括基于实体展览的线上虚拟展,以及基于某展示主题而研发的线上纯虚拟展示)3种[4]。目前,长城主题博物馆的数字化展示以基于实体展览的辅助型数字化展示与线上虚拟展为主,以基于叙事主题的独立型线下数字化展示为辅,缺少独立主题的线上纯虚拟展示。62家建成开放的长城主题博物馆中,仍有21家长城主题博物馆没有基于实体展览进行线下辅助型数字化展示,以非国有、乡镇区域的主题馆为主,包括陕北长城博物馆、盐池长城民俗博物馆、羊儿岭长城乡村活态博物馆、罗文峪长城抗战陈列馆、南口抗战纪念馆、大同长城文化展馆、助马堡民俗馆、水洞沟宁夏长城博物馆等。基于实体展览进行线上虚拟展示的长城主题博物馆有10家(图5-1),主要通过网站、微信公众号、小程序等平台进行展示,包括喜峰口长城抗战博物馆、张家口长城博物馆、山海关长城博物馆、平型关大捷纪念馆、红门口地下长城红色教育基地陈列馆、百团大战纪念馆、阳关博物馆、嘉峪关长城博物馆,西吉县将台堡红军长征会师纪念园、中国长城博物馆。基于叙事主题进行独立型线下数字化展示的长城主题博物馆以长城国家文化公园内新建的馆舍为主,包括宁夏长城博物馆(中国长城之旅)、大同长城博物馆(长城军事)、丝绸之路·长城文化博物馆(飞跃长城)、改造后的居庸关长城博物馆(天下第一雄关)等不同主题的沉浸式数字体验空间,主要通过数字化场景让游客沉浸式体验不同地域、不同历史时期多元的长城景观与长城严密的军事防御体系。至今,尚未有长城主题博物馆研发基于某展示主题的线上纯虚拟展示。

62家长城主题博物馆中,8家博物馆已开通网站,开通率为12.90%,但并非博物馆的独立门户网站,主要是博物馆依托长城旅游景区的门户网站,仅有山海关长城博物馆(www.scb-museum.com)、嘉峪关长城博物馆(www.jygccbwg.cn)拥有独立门户网站。截至2023年末,开通微博、微信公众号、微信视频号和抖音等新媒体号的博物馆共23家,开通率为37.10%;其中,备案主题馆13家,未备案主题馆10家。22家主题馆均开通微信公众号,开通率为35.48%。拥有独立微信号的主题馆有10家(16.13%),分别为西吉县将台堡红军长征会师纪念园、阳关博物馆、嘉峪关长城博物馆、平型关大捷纪念馆、百团大战纪念馆、中国长城博物馆、田凤银长城美术馆、山海关长城博物馆、中国长城数字博物馆、羊儿岭长城乡村活态博物馆。15家主题馆设立抖音号,开通率为24.19%,拥有独立账号的主题馆有7家,占11.29%,分别为盐池长城民俗博物馆、阳关博物馆、喜峰口长城抗战博物馆、长城乌字号陈列馆、山海关古城历史博物馆、山海关长城博物馆、田凤银长城美术馆。总体来看,长城主题博物馆以线下数字展示为主，以线上数字展示为辅。

a 喜峰口长城抗战博物馆　　b 张家口长城博物馆　　c 山海关长城博物馆　　d 中国长城博物馆

e 红门口地下长城红色教育基地陈列馆　　f 嘉峪关长城博物馆　　g 平型关大捷纪念馆　　h 阳关博物馆

图 5-1　基于实体展览进行线上虚拟展示的代表性长城主题博物馆（图片来源：周小凤线上调研截图）

（二）数字化展示方式

根据数字化技术应用的不同，长城主题博物馆线下展览的数字化展示方式可以分为传统信息展示型、交互触屏展示型、沉浸式展示型、机械控制展示型、传感器式展示型 5 种[5,6]。

传统信息展示方式是长城主题博物馆最为常见的数字化展示方式，主要通过图文印刷和屏幕显示，对图片、文字、视频、音频和模型进行展示（图 5-2），展示成本与技术要求较低，但公众与设备、展品之间缺乏互动关联。图文 + 文物 + 屏幕展示是长城主题博物馆丰富文物藏品信息的主要手段。同时，运用沙盘模型复原 + 屏幕显示向公众展示不同地区的长城资源历史文化也是常用手段，如万全长城卫所博物馆、余子俊纪念馆、中国长城博物馆（改造前）、张家口长城博物馆等。全息投影技术的发展使博物馆的相关展示从传统屏幕显示转向 360° 全息显示屏再现文物三维图像，不仅可以保护文物，还可以让公众全方位地观赏文物。目前运用全息投影技术展示的长城主题博物馆有 4 家，分别是北京居庸关长城博物馆、宁夏长城博物馆、山西平型关大捷纪念馆、新疆丝绸之路·长城文化博物馆。

其次是交互触屏展示方式，在触摸屏电脑上加载相关软件，用户通过触摸实现与信息的交互。这种展示方式开发成本相对较低，能够增加公众与设备、展品之间的互动，加深公众对展品信息的认知与理解。目前，长城主题博物馆的交互触屏展示方式以信息互动功能为主，主要运用触摸屏设备以便公众更全面地了解展品的历史文化内涵。少数主题馆引入可触摸的游戏互动体验设备来增强长城文化的体验性、互动性及趣味性。例如，宁夏长城博物馆的双屏烽火互动小游戏、触控一体机的明代文武官员服饰体验互动游戏与有声明信片制作体验，大同长城博物馆的触控绘画与长城札考体验活动，居庸关长城博物馆的触控长城修筑师体验游戏（图 5-3）。

再次是沉浸式展示方式，通过增强现实、虚拟现实、环绕影院等打造独立的数字体验展示空间，信息还原的真实感较强，更加深化用户的体验感和交互程度，但对硬件和场地的要求较高，投入和维护成本也高，主要应用于中大型长城主题博物馆，也是新建长城主题博物馆数字化展示的重要发展方向。例如，宁夏长城博物馆以多屏幕拼接打造立体影院系统，通过 3D 建模技术制作"中国长城之旅"立体视觉介绍影片，全景式展现了不同历史时期具有代表性的长城墙体、烽燧、壕堑、城堡、关隘等景观风貌和长城沿线风光，使观众身临其境；张家口长城博物馆配备了 VR 沉浸式互动一

a 大同长城博物馆：大同长城风光图片展示

b 余子俊纪念馆：榆林卫城沙盘展示

c 平型关大捷纪念馆：抗日战争历史事件展示

d 万全长城卫所博物馆：万全卫城沙盘展示

图5-2 长城主题博物馆的传统信息展示方式（图片来源：周小凤、张文鼎实地拍摄）

a 大同长城博物馆：神笔画画

b 大同长城博物馆：长城札考

c 宁夏长城博物馆：烽火互动小游戏

d 居庸关长城博物馆：长城修筑师

图 5-3 长城主题博物馆的交互触屏展示方式（图片来源：周小凤实地拍摄）

体机，生动复原了与敌军作战的历史场景，为观众提供更具沉浸感和互动性的长城文化体验（图5-4）；平型关大捷纪念馆的半景画馆，由半景油画、地面塑形、6台电脑和6台投影组成，运用声、光、电等现代科技和艺术手段，生动再现了平型关大捷的战斗场面。

机械控制展示与传感器式展示两种方式在长城主题博物馆数字化展示中较少应用。机械控制展示方式依赖机械装置的设计，常与显示器联用，例如互动沙盘与互动滑轨屏，能够提升展品的观赏性和体验感，但硬件和软件的维护成本相对较高。目前，

a 张家口长城博物馆：VR体验室

b 宁夏长城博物馆：中国长城之旅展示厅

图5-4 长城主题博物馆的沉浸式展示方式（图片来源：周小凤、徐鼎实地拍摄）

仅有九眼楼长城文化展厅与宁夏长城博物馆使用互动滑轨屏介绍九眼楼敌台与长城沿线代表性的重要关城历史文化。基于传感器的新媒体互动展示方式是长城主题博物馆数字化展示的新趋势，通过位移、压力、温度、声音及气敏传感器，获取用户交互信息，并通过计算机技术处理后做出反馈，目前主要用于公众与展品之间的互动体验、合照留念，如山丹汉明长城博物馆的胡服试穿互动体验、中国长城博物馆（改造前）的共筑友谊长城互动合影体验。新建的大同长城博物馆利用基于传感器的数字化展示方式进行大同地区的长城非物质文化遗产鞭杆拳展示与公众互动体验（图5-5）。

总体来看，长城主题博物馆的实体展览与数字技术结合已成为主要发展趋势。数字展示技术的虚拟性、多感官性、连接性、交互性等特性也为长城主题博物馆的长城文化叙事提供了多元化的表达路径。基于博物馆的数字化叙事概念，即"通过举办的展览以及展览中的互动装置、官方网站宣传、社交媒体对话、数字档案查询和互动游戏等以多维度、多视角、多层次的方式阐述多元文化"[7]，长城主题博物馆的长城文化数字化叙事可以归结为：以3D场景的互动叙事为主，以历史文化的沉浸叙事与基于学习的游戏叙事为辅（图5-6）。数字化展示与体验一体化已成为长城国家文化公园的长城主题博物馆数字化建设的重要发展方向。

a 九眼楼长城文化展厅：九眼楼敌台滑轨展示

b 宁夏长城博物馆：长城重要关隘滑轨展示

c 大同长城博物馆：鞭杆拳非遗展示与体验

d 山丹汉明长城博物馆：胡服试穿互动体验

图5-5 长城主题博物馆的机械控制与传感器式展示方式（图片来源：周小凤、张文鼎实地拍摄）

a 宁夏长城博物馆：敌楼3D场景的互动叙事

b 居庸关长城博物馆：长城砖块制作过程的3D场景叙事

c 大同长城博物馆：晋商马帮文化的沉浸叙事

d 大同长城博物馆：长城军事体验空间的沉浸叙事

图 5-6 长城主题博物馆的数字化叙事（图片来源：周小凤、张文鼎实地拍摄）

三、数字化展示瓶颈

（一）长城文物和文化资源数字采集相对滞后

基于长城文物和文化资源的数据采集，建立内容全面、组织有序、可共享的长城素材数据库，是长城主题博物馆进行长城文化数字化展示的首要任务。实地调研发现，多数长城主题博物馆尚未开展系统的文物数据采集工作，数据库内容与类型多样性不足且缺乏深度挖掘，进而导致长城文化数字化展示的信息相对匮乏，无法为公众提供全面、深入的长城历史文化体验。目前，长城资源的数字采集、研究、利用工作集中于高校和专门的研究机构（如北京长城文化研究院、中国文化遗产研究院、天津大学建筑学院、长城沿线地区的考古研究所等）与长城沿线的省市级综合地志类博物馆（如大同市博物馆、巴音郭楞蒙古自治州博物馆、固原博物馆、甘肃省博物馆等）。长城沿线备案的综合地志类博物馆不仅开展了馆藏文物数字采集工作，还建立了线上线下馆藏文物数字化展示平台，如新疆维吾尔自治区博物馆、吐鲁番博物馆、哈密市博物馆、定西市博物馆、临洮县博物馆、陇西县博物馆等（图5-7）。长城国家文化公园新建的长城主题博物馆多位于县域、乡镇范围内，如新疆乌什县的乌什别迭里烽燧长城国家文化馆、尉犁县的丝绸之路·长城文化博物馆，山西天镇县李二口村的大同长城博物馆等。长期以来，县级综合地志类博物馆因文物资源的属地管理规制，承担了属地范围内长城资源的日常保护、巡查、监测工作，但往往因经费支持、专业人员的不足难以开展系统、全面的长城资源数字采集、研究工作。同时，已建立的长城资

a 哈密市博物馆

b 吐鲁番博物馆

c 陇西县博物馆

d 临洮县博物馆

图 5-7 长城沿线综合地志类博物馆的馆藏文物数字化展示平台（图片来源：周小凤、王志琦实地拍摄）

源数据库缺乏统一的组织主体和内容分类体系，技术标准方面存在差异，导致数据碎片化和信息孤立，难以整合、互通和共享不同区域内的长城数字资源，供长城主题博物馆进行数字化展示利用。因此，与其他主体的长城资源数字采集、保护、利用、展示工作相比，长城主题博物馆的数字化建设相对滞后，至今尚未建成长城文物的数字化成果展示平台，难以突破馆藏文物不足、长城资源大尺度空间分布碎片化的活化利用传播困境。

（二）长城文化数字化展示方式的获得感不足

博物馆数字化展示需要依赖先进的技术应用和数字化设备，如高清摄像机、三维扫描仪、VR/AR/MR（混合现实）设备和技术应用等。受资金、技术、人才等限制，仅有少数主题博物馆有能力引入前沿设备和技术，而多数博物馆数字展示手段类型单一、水平较为初级，仅能采用传统信息或交互触屏数字化展示方式，展示形式以简单的文本、图片和视频为主。这使得长城文化的数字化展示呈现方式相对静态、立体性不足，与观众交互有限，难以为观众带来良好的文化体验。如何根据不同长城资源的要素特征和内涵需要，选择适配的数字化展示方式，是博物馆深度融合"数字技术+长城文化"的开发难点。由于长城价值内涵的挖掘不够深入及对展示技术存在理解上的误区和偏差，长城主题博物馆的数字化展示仍存在重形式而轻内容、内容与形式匹配不足等问题，难以反映长城的丰富内涵。一些博物馆采用价格高昂的技术设备而仅展示浅层内容，或以"打卡式"体验吸引观众参观，但是知识性和文化内涵不足，导致长城文化的数字化展示表层化、单调化、同质化。例如，九眼楼长城文化展厅的交互触屏设备将"长城作为民族融合的历史见证"笼统阐释为"长城经历了农耕民族与游牧民族之间经济、政治、文化的对立统一和融合发展过程，见证了中原农耕政权北部边界南来北往的历史演变，从最初农耕政权为维护自身利益而相继修建，到逐渐成为缓解农耕与游牧政权之间的冲突、维护社会经济秩序稳定的重要基石，促进了农耕民族与游牧民族的和平共处，开辟了边关的贸易往来，发挥了对内凝聚、对外融合的桥梁作用"，缺乏具体的细节叙事内容；平型关大捷纪念馆采用全息投影设备，仅简要展示不同武器的武力值信息，尚未充分发挥数字化设备的效能（图5-8）。

a 九眼楼长城文化展厅的交互触屏展示内容

b 平型关大捷纪念馆的全息投影设备展示内容

图5-8 长城主题博物馆的数字化展示内容（图片来源：周小凤、张文鼎实地拍摄）

（三）数字化展示高投入低产出、难以为继

近年来，中央与地方政府加大了对博物馆与文物数字化建设的政策与资金支持，出台了《国家文物局办公室关于加强可移动文物预防性保护和数字化保护利用工作的通知》（2018）、《关于促进文化和科技深度融合的指导意见》（2019）、《关于推进博物馆改革发展的指导意见》（2021）、《中华人民共和国国民经济和社会发展第十四个五年规划和2035年远景目标纲要》（2021）、《关于推进实施国家文化数字化战略的意见》（2022）等一系列政策。在政策与资金的大力支持下，长城沿线博物馆纷纷投入数字化建设热潮，短时间内对文物保护、利用、传播的提质增效产生一定的积极作用。然而，从长期来看，数字技术更新迭代速度快，加上数字化建设经费依赖外部力量支持，基层中小型博物馆的日常运行经费与业务活动经费难以支撑展览数字化设备的更新与维护。同时，博物馆数字化建设是分阶段进行的，常因后续经费支持不足或中断影响建设进程，甚至终止建设。部分博物馆因数字化展览设备耗电量大，不得不采取人工控制方式定时定点开关数字设备。一些博物馆缺乏经费维护年久失修的数字设备，使其形同虚设，失去展示利用功能。总体来看，长城主题博物馆的数字化展示仍处在重建设轻运营的阶段，投入产出比不理想。同时，由于数字技术专业人才的缺失，博物馆数字化设备与新媒体的展示功能得不到充分发挥，其传播内容的更新不可持续。

四、数字化展示优化对策

（一）提高管理层对数字化传播的认识，强化人才支撑和智力支持

不断提高博物馆相关负责人对博物馆数字化传播的认知，提升管理层对于技术的前瞻性认识，坚持学术先行，强调藏品基础，重视文物信息内容的挖掘与研究。同时，防止走入"唯技术论"的认识误区，克服技术发展导致博物馆实践中表现出的"技术至上"的认识倾向，避免过度神化和依赖数字展示技术而忽视了藏品本体信息的展示和阐释。

健全人才培养计划，强化数字化人才支撑和智力支持。定期组织馆员参加学术会议、项目培训、跨部门交流合作等，在博物馆数字化知识、新技术应用等方面加强对馆员的培训和指导，共享博物馆数字化的先进经验。做好博物馆数字化人才的供应和

培育，培养兼具技术水准、创新思维和文化内涵的博物馆数字化人才队伍。加强文博专业研究、计算机专业、市场营销等复合型人才队伍建设。建立智囊团，聘请博物馆数字化专家，定期派请专家前往博物馆指导数字化业务工作。

（二）加大长城资源数据采集支持力度，建立健全长城资源数据库

整合现有的文物数字化采集地方标准，如《文物三维数字化技术规范 器物》（北京市文物局，2021）、《馆藏器物类文物三维数据采集技术规范》（甘肃省文物局，2023）、《可移动文物三维激光扫描数字化采集规程》（山西省文物保护标准化技术委员会，2023）、《可移动文物数字化工作规程》（陕西省文物局，2023）等，结合长城文物和文化资源的属性特征，出台长城资源数字化工作规程与数据采集技术规范，为长城主题博物馆的馆藏文物和属地内的长城资源数字采集工作提供规范性指引。利用各种数字化技术和设备对长城文化遗产进行信息分类与储存，形成6类素材数据库，包括文本库、图片库、音频库、视频库、动作库和模型库[6]，这是长城文化遗产数字化的基础性工作。推动建立利用数字技术展示与阐释长城藏品文物的标准，提供长城主题博物馆数字化展览技术和设备的应用指南，形成切实可行的数字化传播建设方案，特别是扶持中小型长城主题博物馆的长城资源数据库建设。

加强数字资源筹措，健全数据共享和协作机制，推动长城主题博物馆与长城文化遗产相关的企业、研究机构、事业单位的数据合作交流，通过开放平台、数据交易、协作生产、共建共享等方式，推动长城文化遗产数字资源的互通和流动，为后续的展示和传播提供坚实的数据基础。未来，长城国家文化公园数字云平台需对现有成熟的长城资源数据库进行分类整合，建立长城资源数据库，同时需基于长城主题博物馆的数字化采集成果，不断健全长城资源数据库，打造基于长城主题博物馆的线上长城文化展示集成平台，同时基于已有较为成熟的小程序整合长城主题博物馆数字资源、打造长城主题博物馆的数字化展示移动端集成平台。

（三）设立博物馆数字化运营专项经费，促进数字化展示可持续

相关部门应开展长城主题博物馆的数字化展示试点工作，合理评估博物馆自身能力、水平、资金使用情况，以及数字化展示、传播的使用效果和前景，选择具备条件的博物馆作为数字化试点单位并为其提供数字化专项建设资金，用于采购、引进专业

设备，应用数字化创新技术，建设数据存储和管理系统，完善数字化配套设施，保障数字化展示的持续运营。

博物馆和相关部门应加强长城资源数字化成果的转化应用，确保长城主题博物馆数字化展示内容生产的可持续性。例如，将"云游长城"项目、数字长城、长城数字化社教课程、长城游戏、长城 VR/AR/MR、长城影视资源等相关长城数字化成果引入长城主题博物馆（图 5-9），多种方式打造长城的立体空间式展览，助力博物馆打造虚实融合、沉浸式互动、"在线 + 在场"的展陈新体验。

图 5-9　大同长城博物馆关于"云游长城"微信小程序的展示（图片来源：周小凤实地拍摄）

（四）加强长城数字资源的文化内涵研究，优化数字化展示方式

长城主题博物馆要深度挖掘长城文物和文化资源的价值，利用文物数字资源的可分离性、共享性、再生性，鼓励专业人员、学者和大众等社会力量参与长城文化资源发掘和创新工作。例如，通过创意比赛、研讨会、工作坊等形式，汇集各方智慧和创意，推动相关成果及时转化为线上线下数字展览、教育资源。

相关部门应加强长城文化遗产数字化等相关领域的调研和案例收集工作。例如，征集和遴选"前沿科技 + 长城文化"深度融合领域内具有创意性与社会价值的创新案例、应用场景与解决方案，为博物馆提供数字化展示的应用思路和经验参考。目前，大运河国家文化公园数字云平台（shuziyunhe.com/#/newhome）、大运河云平台微信公众号与视频号的内容建设与展示方式相对健全，关于大运河文化的数字化展示更具沉浸性、互动性与趣味性，能够为长城文化数字化展示平台的打造与展示方式优化提供实践参照。

参考文献

[1] 文化和旅游部 国家文物局关于印发《长城保护总体规划》的通知 [EB/OL]// 中国政府网. (2019-01-23)[2024-01-18]. https://www.gov.cn/zhengce/zhengceku/2019-12/09/content_5459721.htm.

[2] 新华社. 集中打造中华文化重要标志 科学绘制长城国家文化公园建设蓝图——国家文化公园建设工作领导小组办公室负责人就《长城国家文化公园建设保护规划》答记者问 [EB/OL]// 中国政府网. (2021-10-27)[2024-01-16]. https://www.gov.cn/xinwen/2021/10/27/content_5647093.htm.

[3] 中央宣传部, 国家发展改革委, 教育部, 等. 关于推进博物馆改革发展的指导意见 [EB/OL] // 国家文物局官网. (2021-05-24)[2024-01-16].http://www.ncha.gov.cn/art/2021/5/24/art_722_168090.html.

[4] 古花开. 博物馆数字化展示的叙事逻辑研究 [J]. 东南文化, 2023(5): 151–158.

[5] 吕燕茹, 张利. 新媒体技术在非物质文化遗产数字化展示中的创新应用 [J]. 包装工程, 2016, 37(10): 26–30.

[6] 黄永林, 谈国新. 中国非物质文化遗产数字化保护与开发研究 [J]. 华中师范大学学报（人文社会科学版）, 2012, 51(2): 49–55.

[7] 童芳. 数字叙事：新技术背景下的博物馆设计研究 [J]. 南京艺术学院学报（美术与设计）, 2020(3): 165–171

6　长城沿线革命纪念馆建设与长城红色文化传播研究

一、引言

  长城沿线拥有丰富的红色文化资源，长城自身也承载着深厚的红色文化内涵。据北京建筑大学北京红色文化研究课题组初步统计，北京长城文化带区域的红色文化遗存有100余处[1]。据《长城国家文化公园（河北段）建设保护规划》统计，河北省长城沿线有红色旅游资源92处、红色旅游景区9处[2]。2021年，国家文化公园建设工作领导小组印发的《长城国家文化公园建设保护规划》就提及长城沿线分布着种类丰富、历史文化价值较高的革命文化资源，要求以长城沿线一系列主题明确、内涵清晰、影响突出的长城文物和文化资源为主干，充分彰显革命文化的强大感召力。

  革命纪念馆作为我国博物馆文化事业的重要组成部分，是党和国家的红色基因库，也是传承弘扬红色文化的前沿阵地。在长城国家文化公园建设背景下，革命纪念馆"如何保护好、管理好、运用好长城红色文化资源，讲好传好长城红色文化故事"是亟待研究的重要议题。然而，现有研究着重于长城抗战遗址类红色文化资源的调查[3]、文化价值挖掘与利用[4]及其蕴含的历史记忆与群体认同内涵分析[5]，重点关注河北段长城红色资源的旅游开发利用[6,7]与文旅品牌培育[8]，对其他区段长城红色文化资源与内涵挖掘研究关注不足[9]，也缺少从革命纪念馆视角系统分析长城红色文化传播传承的研究。例如，学者周俊基于叙事理论，从板厂峪长城景区的语言文字、物象景观、仪式行为分析长城红色文化传承路径，发现板厂峪革命烈士陵园、长城文化展馆等叙事能够强化长城历史记忆和爱国精神的代际传承及民众对红色文化的集体认同，进而促进长城沿线的乡村振兴[10]。总体来看，现有研究尚未明晰长城红色资源与长城红色文化的概念内涵，难以响应长城国家文化公园建设要求中更好地保护、利用、传承长城红色文化的实践诉求。

  鉴于此，为深入贯彻落实习近平总书记关于长城保护的重要论述与关于革命文物工作的重要指示精神，统筹长城沿线革命纪念馆做好长城红色文化价值发掘和活化传承工作，本研究分析长城沿线革命纪念馆的建设概况及长城红色文化传播现状问题，进而提出相应的优化对策。本文关涉概念界定如下：

革命纪念馆是"为纪念近、现代革命史上重大事件或杰出人物并依托于有关的革命遗址、纪念建筑而建立的纪念性博物馆，是有关的革命遗址、纪念建筑和文物资料的保护收藏机构、宣传教育机构和科学研究机构"[11]。结合长城沿线博物馆概念[12]，长城沿线革命纪念馆可以界定为分布于长城资源沿线县级行政区域内，为纪念近、现代革命史上重大事件或杰出人物而建立的纪念性博物馆，是经登记管理机关依法登记的非营利组织。本文的长城沿线革命纪念馆，具体指2021年度全国博物馆名录中分布于长城资源沿线以革命纪念为题材的备案博物馆。

长城资源指国家文物局认定的春秋战国至明等各时代修筑的长城墙体、敌楼、壕堑、关隘、城堡以及烽火台等相关历史遗存，分布范围涉及北京、天津、河北、山西、内蒙古、辽宁、吉林、黑龙江、山东、河南、陕西、甘肃、青海、宁夏、新疆等15省（自治区、直辖市）的404县（市、区、旗）[13]。

广义的长城红色文化指中国共产党在长城沿线区域，领导中国人民进行革命、建设和改革开放过程中形成的与长城资源相关的红色遗存和红色精神；狭义的长城红色文化指中国共产党在新民主主义革命时期（1919—1949），领导中国人民革命形成的与长城资源相关的红色遗存和红色精神。

二、长城沿线革命纪念馆建设现状

（一）数据来源与数据分析依据

本文长城资源分布的行政区清单数据由中国文化遗产研究院提供；长城沿线革命纪念馆数据来源于全国博物馆年度报告信息系统（nb.ncha.gov.cn）公布的2021年革命纪念类博物馆的年度报告数据，及调研团队2022年7月—2023年12月在宁夏、陕西、山西、河北、北京、内蒙古、新疆长城沿线20家革命纪念馆的实地调研数据。长城沿线革命纪念馆数据的具体分析依据如下：

（1）依据全国博物馆年度报告信息系统的统计指标，按质量等级，分为国家一级博物馆、国家二级博物馆、国家三级博物馆与未定级博物馆；按主体性质，分为国有博物馆与非国有博物馆，其中国有博物馆分为文物系统国有博物馆与其他行业国有博物馆。

（2）依据《博物馆建筑设计规范》（JGJ 66—2015）的博物馆体量分类标准[14]，

按建筑总面积，分为特大型馆（50 000平方米以上）、大型馆（20 001—50 000平方米）、大中型馆（10 001—20 000平方米）、中型馆（5001—10 000平方米）、小型馆（5000平方米以下）。

（二）数量分布

截至2021年末，我国备案博物馆总数为6183家，有革命纪念馆970家，比2018年增加了237家。长城沿线15省区市备案博物馆总数为3003家，有革命纪念馆443家，占全国革命纪念馆总量的45.67%。在长城沿线739家备案博物馆中，革命纪念馆有100家，全部免费开放，占长城沿线备案博物馆总量的13.53%，占全国备案革命纪念馆总量的10.31%，分布于长城沿线15省（自治区、直辖市）49市85县。其中，甘肃（32家）、山西（12家）、辽宁（9家）、河北（8家）、内蒙古（8家）为长城沿线革命纪念馆数量最多的5个省份，占其总数的69%。长城沿线革命纪念馆将近一半分布在西北区域（49家），华北区域30家，东北区域13家（表6-1）[①]。

表6-1　长城沿线各省区市革命纪念馆空间分布比较表

排序	省域	数量（家）	占长城沿线备案博物馆总量（739家）比重	占长城沿线省区市革命纪念馆总量（443家）比重	占全国革命纪念馆总量（970家）比重
1	甘肃	32	4.33%	7.22%	3.30%
2	山西	12	1.62%	2.71%	1.24%
3	辽宁	9	1.22%	2.03%	0.93%
4	河北	8	1.08%	1.81%	0.82%
5	内蒙古	8	1.08%	1.81%	0.82%
6	宁夏	7	0.95%	1.58%	0.72%
7	陕西	7	0.95%	1.58%	0.72%
8	山东	5	0.68%	1.13%	0.52%

① 表6-1至表6-3、图6-1、图6-3均根据2021年全国博物馆年度报告信息系统（nb.ncha.gov.cn）数据整理。

续表

排序	省域	数量（家）	占长城沿线备案博物馆总量（739家）比重	占长城沿线省区市革命纪念馆总量（443家）比重	占全国革命纪念馆总量（970家）比重
9	河南	3	0.41%	0.68%	0.31%
10	黑龙江	2	0.27%	0.45%	0.21%
11	吉林	2	0.27%	0.45%	0.21%
12	新疆	2	0.27%	0.45%	0.21%
13	北京	1	0.14%	0.23%	0.10%
14	青海	1	0.14%	0.23%	0.10%
15	天津	1	0.14%	0.23%	0.10%
合计		100	13.53%	22.57%	10.31%

（三）主体属性

在长城沿线100家革命纪念馆中，非国有纪念馆6家，其中河北、陕西、内蒙古、山东、甘肃、宁夏6个省份各1家，占长城沿线非国有备案博物馆总量（225家）的2.67%。国有革命纪念馆共94家，占长城沿线国有备案博物馆总量（514家）的18.29%。其中，文物系统国有纪念馆50家，以山西（11家）、甘肃（10家）居多；其他行业国有纪念馆44家，以甘肃（21家）、河北（7家）居多（表6-2）。

表6-2　长城沿线各省区市革命纪念馆所有权主体比较表

省域	非国有纪念馆（家）	国有纪念馆（家）	其他行业国有纪念馆（家）	文物系统国有纪念馆（家）
北京	0	1	1	0
天津	0	1	1	0
河北	1	7	7	0
陕西	1	6	1	5
山西	0	12	1	11

续表

省域	非国有纪念馆（家）	国有纪念馆（家）	其他行业国有纪念馆（家）	文物系统国有纪念馆（家）
内蒙古	1	7	2	5
辽宁	0	9	2	7
吉林	0	2	0	2
黑龙江	0	2	0	2
山东	1	4	4	0
河南	0	3	1	2
甘肃	1	31	21	10
青海	0	1	1	0
宁夏	1	6	2	4
新疆	0	2	0	2
合计	6	94	44	50

（四）质量等级

长城沿线未定级的革命纪念馆有92家，占长城沿线未定级备案博物馆总量（615家）的14.96%，主要分布在甘肃（31家）、山西（11家）。定级的革命纪念馆有8家，占长城沿线定级备案博物馆总量（224家）的3.57%。其中，一级、二级、三级纪念馆分别为1家、5家、2家（表6-3）。

表6-3 长城沿线各省区市定级革命纪念馆比较表

省域	一级馆（家）	二级馆（家）	三级馆（家）	定级馆（家）	未定级馆（家）
北京	0	0	0	0	1
天津	0	0	0	0	1

续表

省域	一级馆（家）	二级馆（家）	三级馆（家）	定级馆（家）	未定级馆（家）
河北	1	1	0	2	6
陕西	0	0	0	0	7
山西	0	0	1	1	11
内蒙古	0	0	0	0	8
辽宁	0	2	1	3	6
吉林	0	1	0	1	1
黑龙江	0	0	0	0	2
山东	0	0	0	0	5
河南	0	0	0	0	3
甘肃	0	1	0	1	31
青海	0	0	0	0	1
宁夏	0	0	0	0	7
新疆	0	0	0	0	2
合计	1	5	2	8	92

（五）建筑规模

从建筑规模看，长城沿线革命纪念馆建筑面积小于5000平方米的小型革命纪念馆有72家，以甘肃（24家）、宁夏（7家）、内蒙古（7家）居多；中型革命纪念馆（5001—10000平方米）有19家，以甘肃（7家）、内蒙古（4家）、吉林（3家）居多；大中型革命纪念馆（10001—20000平方米）有5家；大型革命纪念馆（20001—50000平方米）有4家（图6-1）。

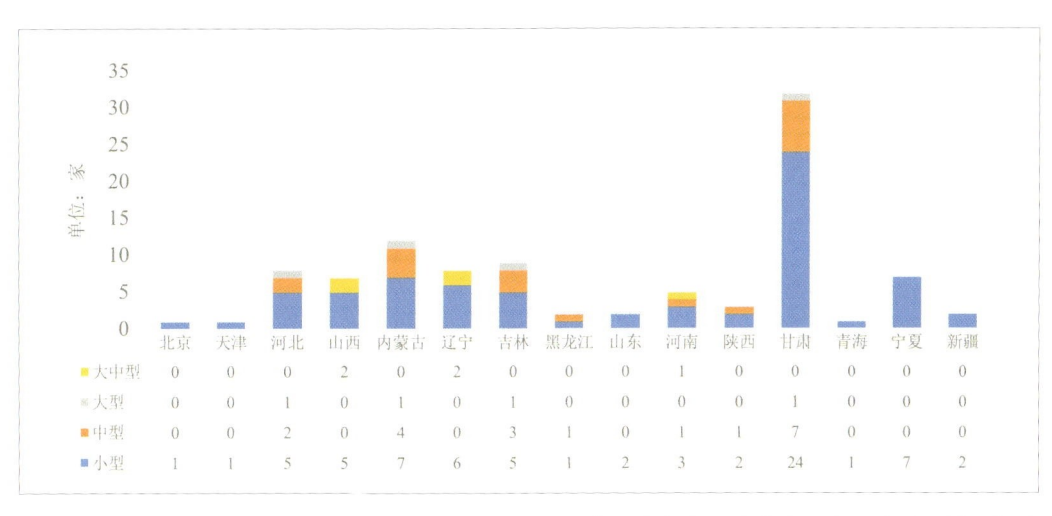

单位：家	北京	天津	河北	山西	内蒙古	辽宁	吉林	黑龙江	山东	河南	陕西	甘肃	青海	宁夏	新疆
大中型	0	0	0	2	0	2	0	0	0	1	0	0	0	0	0
大型	0	0	1	0	1	0	1	0	0	0	0	1	0	0	0
中型	0	0	2	0	4	0	3	0	0	1	0	7	0	0	0
小型	1	1	5	5	7	6	5	1	2	3	2	24	1	7	2

图 6-1　长城沿线各省区市革命纪念馆建筑规模比较图

三、长城红色文化传播现状问题

（一）长城与红色文化内在关联不清

科学认知、准确把握长城红色文化内涵是弘扬传承长城红色文化的基本前提。从概念外延看，红色文化是近代以来无数仁人志士自强不息、救国拯民、反对内外强权压迫过程中形成的革命解放基因和中华民族复兴的伟大精神；从概念内核看，红色文化是中国共产党在领导中国人民进行革命、建设和改革开放过程中形成的以中国化马克思主义为核心的红色遗存和红色精神[15]。然而，目前关于"何为长城红色文化"尚未有权威性的内涵表述，难以为弘扬长城文化、讲好长城故事提供基础理论支撑。现有研究探讨的长城红色文化概念集中于长城资源分布区域的红色遗迹遗存和红色文化，强调红色文化与长城资源的空间关联，但难以厘清长城与红色文化的历史内涵关联，容易导致沿线红色文化资源的"泛长城化"，流于空洞的形式口号。同时，长城红色文化的指向与内涵也因不同区域社会历史情境而异。例如，北京长城红色文化从广义理解为"自中国共产党成立以来，领导北京人民在长城分布区域内（长城文化带空间范围内），经过长期的革命战争、社会主义建设和改革开放大潮洗礼的过程中逐渐形成的，反映中国共产党和北京广大劳动人民的理想、信念、道德、价值，对美好生活的追求和向往，以多样化的文化方式的传承、记载、歌颂和承载这一历史过程和现实的文化综合体";从狭义看,即"自近代至 1949 年中华人民共和国成立期间,中国共产党领导的、北京长城文化带区域的政权建设、群众发动、抗日战斗、革命活动等的遗迹遗存、纪念场馆,以及革命精神、英雄事迹等文化精神"[1]。北京、山西、河北境内的长城红色文化主要将中国共产党倡导的抗日民族统一战线旗帜下的长城抗战历史及其形成的抗战精神纳入考虑范畴[1,6,16]。其中,北京与河北的"长城抗战"具有共性认知与史实支撑,即全面抗战爆发前,中国军队进行的一次反对日本帝国主义侵略的大规模局部抗战,以 1933 年 1 月 1 日的榆关抗战为序幕,后历经热河抗战,榆关、古北口、南天门、冷口、界岭口等长城各关隘战斗和滦东战斗,以 5 月 31 日中日《塘沽协定》的签署而结束[4]。而宁夏境内的长城红色文化主要与"不到长城非好汉"的长征革命精神交融[9]。总体来看,目前长城红色文化的概念模糊与区域情境差异,使长城沿线革命纪念馆的长城红色文化保护利用传承实践难以有的放矢。

(二)长城红色文化内涵阐释不充分

由于长城红色文化统一、权威性概念内涵的缺失,长城沿线革命纪念馆尚未明确长城与红色文化的关联,缺少对长城红色文化的系统展示与阐释。对长城红色文化的展陈主要集中于以下几个方面:(1)长城遗址场所,作为革命历史事件的空间载体,主要通过图片或复原场景形式展示。(2)长城墙体,作为展陈设计的符号要素,成为承载革命纪念馆展陈图文内容的媒介之一。(3)长城抗战,作为展示长城红色文化的代表性传播对象,是目前唯一在纪念馆展陈中具有权威定义且史据可证的长城红色文化专有名词。代表性的长城抗战革命纪念馆有河北迁西县喜峰口长城抗战博物馆、北京延庆区平北抗日战争纪念馆、山西灵丘县平型关大捷纪念馆(图 6-2)。平型关大捷纪念馆在 2.3 万字讲解词中提及"长城"一词 10 次,涵盖平型关长城建造历史简介、平型关战役背景及长城路线、筑成抗战长城、长城抗战概念等内容。讲解词结语部分将平型关精神总结为"国家至上、民族为重、不畏强敌、敢于胜利"的红色精神。(4)基于"不到长城非好汉"衍生的长城长征革命精神,是宁夏地区革命纪念馆阐释长城红色精神的重要内涵,宁夏西吉县将台堡红军长征会师纪念园便是一例。总体来看,长城沿线革命纪念馆主要传播长城红色文化、展示长城符号要素、勾勒与革命历史事件相关的长城背景,较少系统阐释长城场所承载的红色文化内涵或凝练传递其红色精神价值。因此,公众在参观长城沿线革命纪念馆展陈或体验红色文化旅游过程中,对

a 盐池县革命历史纪念馆：盐池古城墙

b 集宁战役纪念馆：玫瑰营

c 平北抗日战争纪念馆：长城抗战

d 平型关大捷纪念馆：平型关战役沙盘展示

图6-2 长城沿线革命纪念馆长城红色文化展示示例（图片来源：周小凤、张文鼎实地拍摄）

长城与红色文化的关联感知较弱，难以对纪念馆的长城红色文化传播产生情感记忆。

（三）长城红色文化资源整合力度弱

长城红色文化资源是展示与阐释长城红色文化与红色精神的第一要素。长城沿线富集红色文化资源。在国家层面，2022年文化和旅游部推出国家级长城红色精神传承主题旅游线路，包括辽宁、内蒙古、河北、北京、河南、山东、山西、陕西、宁夏、甘肃10省区市长城沿线的抗战纪念地、纪念馆、长征纪念设施等红色文化资源。但由于长城资源本身及其红色文化资源分布空间跨度大、行政区管理条块分割且区域社会经济发展水平与旅游基础服务设施供给差距大，长城红色旅游难以实现跨区域整合联动发展。在区域层面，河北省文化和旅游厅、河北省红色旅游协会联合推出"红色长城——民族精神传承之旅"主题线路，其中长城抗战红色游（总里程约361千米）是3条精品线路之一，含冷口关、喜峰口、罗文峪等长城抗战遗址，天津黄崖关长城风景区及北京古北口长城抗战纪念馆黄土岭战斗遗址；北京市密云区推出"国歌长城、胜利之路"研学线路，含古北口长城抗战纪念馆、古北口侵华日军投降地、古北口保卫战纪念碑、胜利广场等红色文化资源。虽然长城红色主题旅游线路的推出为长城沿线革命纪念馆与其他长城资源及长城红色文化资源的旅游融合提供了路径，但大多数长城红色文化资源仍处于旅游开发初级阶段，沿线旅游配套设施与服务尚未完善，难以开展大众旅游活动。同时，大多数长城旅游景区或沿线基于革命纪念馆的红色旅游景区主体不一、各自为营。目前，跨区域跨部门统一筹划、组织监管长城主题旅游线路的机构尚未建立，提供营销推广、接待服务的社会组织体系尚未健全，长城沿线革命纪念馆与周边长城红色文化资源难以整合，长城红色传播合力难以形成。以旅游企业为运营主体的长城遗产旅游景区聚焦内部的长城资源文化挖掘、活化利用传承，缺少向公众宣传景区外围长城红色文化资源的活动，景区旅游线路开发不足。例如，八达岭长城景区外围岔道古村的"万人坑"遗址与八达岭革命烈士陵园尚未纳入八达岭长城旅游线路进行宣传推广。同时，受纪念馆公益性质的影响，以及人员、资金不足的限制，以革命纪念馆为主体的长城红色旅游景区整合周边长城红色文化资源进行开发利用的力度较弱。

（四）红色文化传播社会影响力不足

根据2021年度全国博物馆名录，长城沿线革命纪念馆共有藏品11万余件（套），珍贵文物3000余件（套），举办展览234个，社教活动1.6万余次，参观人数2000万余人次。在观众接待方面，2021年，年访客量在10万人次以内的革命纪念馆53家，以甘肃（16家）、陕西（6家）、辽宁（5家）、内蒙古（5家）居多。年访客量10万—20万人次的革命纪念馆19家，占2.57%；年访客量20万—30万人次的博物馆10家，以山西（4家）、河北（2家）居多；年访客量40万—50万人次的博物馆4家；年访客量超过50万人次的革命纪念馆有14家，以甘肃（7家）居多（图6-3）。其中有5家革命纪念馆年访客量超过100万人次。

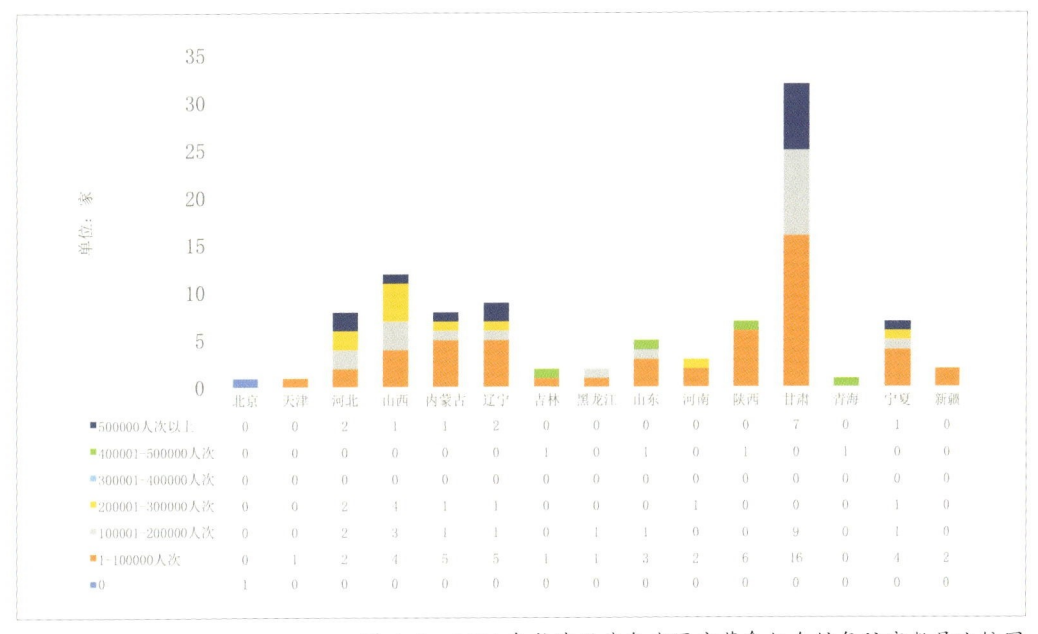

图6-3　2021年长城沿线各省区市革命纪念馆年访客数量比较图

参观人数和门票收入是衡量博物馆社会影响力的两个关键指标。长城沿线很多革命纪念馆不仅是该区域稀缺的旅游资源，而且是代表性的旅游目的地，既要作为爱国主义教育示范基地对公众免费开放，又要承担红色旅游景区功能，同时提供旅游与公共文化服务。目前长城沿线革命纪念馆已全部实现免费开放，难以通过门票收入增加经济效益。同时，长城沿线纪念馆工作人员反馈，作为事业单位的革命纪念馆很难将红色旅游景区进行公司化运营，免费开放情况下，仅靠日常运转经费无力及时提升展陈质量、社会传播服务水平以及带动周边乡村、县域旅游经济发展。

四、长城红色文化传播优化对策

（一）梳理长城红色文化概念内涵，构建长城红色文化传播知识体系

基于红色文化共性认知及长城与红色文化关联，明晰长城红色文化的可操作性概念及其内涵。深入理解红色文化概念内核，长城红色文化与长城既要存在空间关联，更要存在资源关联。其中，长城红色文化的长城资源关联依据行业标准《长城资源要素分类、代码与图式》（WW/T 0029—2010）执行，即"长城由墙体、敌楼、关堡、烽火台等防御工事组成。长城资源要素包括长城本体、附属设施及相关遗存三类"[17]，具体资源要素参照国家文物局认定的长城资源名录。长城红色文化的长城资源空间关联依据国家文物局认定的长城资源分布的北京、天津、河北、山西、内蒙古、辽宁、吉林、黑龙江、山东、河南、陕西、甘肃、青海、宁夏、新疆等15省（自治区、直辖市）的404县（市、区、旗）清单梳理。

从狭义的长城红色文化概念内核切入，采集与梳理现有长城沿线革命纪念馆展陈文本与藏品文物数据，初步构建长城红色文化传播的内容体系。进一步加大长城红色文化专题研究的支持力度，重点整理发掘不同区域依托长城场所发生的革命事件及涌现的历史人物，深入研究不同区域的长城红色文化内涵，形成长城红色文化理论体系和话语体系，不断夯实长城沿线革命纪念馆的长城红色文化传播的实践工作基础。

（二）明确长城红色文化资源对象，强化长城红色文化传播的载体支撑

明确长城红色文化资源对象是阐释与展示长城红色文化的首要前提。基于现有红色文化资源内涵与分类[18,19]，长城红色文化资源可界定为中国共产党领导中国人民在革命战争年代依托长城资源进行的革命活动及衍生出可供人们开发利用的历史遗存，具体可分为红色事件、红色人物、红色旧址、红色建筑、红色器物、红色文献、红色研究、红色文艺、红色精神九大类（表6-4）。

支持开展长城红色文化资源专项调查，建立长城红色文化资源数据库。重点从长城沿线革命纪念馆的藏品文物清单与国家文物局公布的革命文物名录着手，全面摸清长城沿线行政区域内的长城革命文物资源，依据长城红色文化资源内涵对长城革命文

物进行分类，建立系统的、层次分明的长城红色文物资源数据库。建立健全长城红色文化资源调查名称规范机制，重点通过长城革命文物标志牌的命名方式和在地的文物标志牌展示，增强红色文化资源与长城文化的内在关联。如将长城抗战革命文物统一命名为"长城抗战——××"，即"喜峰口长城战役遗址"文物名称变更为"长城抗战——喜峰口战役遗址"，"古北口战役阵亡将士墓"文物名称变更为"长城抗战——古北口战役阵亡将士墓"。支持将长城红色文物资源数据库统筹纳入长城国家文化公园数字云平台，推进长城沿线革命纪念馆长城红色文化传播的数据支撑与展示利用。

表6-4 长城红色文化资源分类一览表

类型	定义与相关子项	示例
红色事件	中国共产党领导中国人民在革命战争年代依托长城资源进行的有重要影响的各种活动。包括党的建设、政权政务、经济财贸、群众运动、文化、教育、体育、卫生、统战工作、理论创新、军事斗争、国际共运12个子项。	平型关大捷、古北口战役、喜峰口战役、南口战役等
红色人物	参加了长城相关革命实践并做出了一定贡献的亲历者。	参与"长城抗战"的抗日将领
红色旧址	依托长城资源形成的革命遗址。包括民居宅第、旅店客栈、坪台场地、祠堂寺庙、学校书院、医院诊所、商贸店铺、道路桥梁、井泉渠堰、农田设施、工业建筑及设施、军事建筑及设施12个子项。	陕西定边县明长城遗址（盐场堡段）：三五九旅窑洞遗址、河北喜峰口长城抗战旧址、北京延庆岔道古城万人坑遗址等
红色建筑	在革命战争年代为纪念长城沿线重大革命事件和历史人物而建的各类建筑，以及革命胜利后所建造的供人们瞻仰凭吊的建筑。包括博物馆、纪念堂（馆）、烈士陵园、碑亭台柱、牌坊塔祠、园林景观、纪念广场、纪念雕塑8个子项。	古北口长城抗战纪念馆、喜峰口长城抗战博物馆、古北口战役阵亡将士公墓、喜峰口长城抗战纪念碑、古北口长城抗战七勇士纪念碑、长城抗战古北口战役纪念碑等
红色器物	与长城重大革命历史事件和重要人物活动有关的各种用品用具。包括学习用品、办公用具、印信图章、旗帜牌匾、证件徽章、货币票证、邮票邮品、服装被褥、家用器具、耕作农具、器材工具、通讯器材、武器装备13个子项。	草鞋、"汉阳造"手榴弹、大刀等

续表

类型	定义与相关子项	示例
红色文献	以信息形态存在的记录长城革命实践历史进程和人物活动的书面文字材料以及影像资料等。包括纲领规章、宣言公报、决议决定、指示命令、记录纪要、法规条例、布告通告、标语、信函、电报、报告、总结、著作、报纸期刊、讲稿笔记、统计数据、影音图像17个子项。	《长城抗日战纪》等
红色研究	以长城红色文化资源为对象的科学研究活动及其成果。包括科研论文、学术著作、对策建议、咨询报告、调研报告、文献综述、教学设计、展陈大纲、规划方案、实验报告、软件开发、科技专利12个子项。	《长城：一部抗战时期的视觉文化史》（吴雪杉，2018）、《长城抗战档案汇编》（中国第二历史档案馆，2020）、《长城抗战日中档案比较研究》（姜克实，2021）等
红色文艺	基于长城革命实践创作的长城红色文学艺术作品。包括诗词韵文、小说、报告文学、散文杂著、歌谣唱词、故事传说、绘画、宣传漫画、书法篆刻、雕塑、摄影、音乐、歌曲、舞蹈、戏剧戏曲15个子项。	漫画《关山月》（丰子恺，1933）、诗词《清平乐·六盘山》（毛泽东，1935）、《大刀进行曲》（麦新，1937）、《义勇军进行曲》（田汉、聂耳，1935）等
红色精神	中国共产党在长城革命实践中形成的意识形态的总和。包括思想理论、精神信仰、理想信念、观念观点、伦理道德、意志品格、情感情操、价值观8个子项。	长城抗战精神、长城长征精神等

数据来源：根据张泰城（2017）的红色文化资源分类体系整理

（三）以长城红色精神为价值引领，系统阐释与展示长城红色文化内涵

长城红色精神不仅是长城红色文化资源的重要组成部分，更是长城红色文化的灵魂所在。从整体看，长城蕴含着"团结统一、众志成城的爱国精神，坚韧不屈、自强不息的民族精神，守望和平、开放包容的时代精神"[20]；从局部看，长城抗战激发了"团结统一、众志成城的爱国精神，激励了坚韧不屈、自强不息的民族精神"[21]，都是长城红色精神谱系的核心组成部分。传承与弘扬长城精神始终是长城保护的首要之义。一方面，要加强长城红色精神的系统研究，重点深化长城沿线革命纪念馆对长城抗战

精神与长城长征精神的理解和认识，基于长城红色文化资源的整理及长城抗战精神与长城长征精神的凝练，进一步构建长城红色精神谱系；另一方面，长城沿线革命纪念馆对长城红色文化的传播要坚持以长城红色精神为价值引领，围绕红色精神主题策划陈列展览，研究与设计长城红色精神的具化叙事内容结构和叙事路线，通过公众易于感知与理解的方式去阐释与展示长城红色精神，推进长城红色文化的博物馆体验与长城遗产旅游在地融合，增进公众对长城红色精神的认知与认同。

（四）推出长城红色文化主题游径，增强革命纪念馆的旅游传播影响力

动员长城沿线 15 省区市整合区域长城红色文化资源，联合建设并推出长城革命纪念馆与长城革命文物主题游径，以长城点状革命纪念馆资源为关键节点，整合周边资源打造面状长城红色旅游景区，串联不同区域革命纪念馆与长城红色文化资源，形成多元长城红色文化旅游线路。打造国家、区域、县域三级长城红色文化主题游径，基于"可阅读长城数字云平台"打造"可阅读的红色长城数字云平台"，开发长城红色文化主题游径的实地导览与线上虚拟旅游体验小程序，深化长城沿线革命纪念馆及其他长城红色文化资源线下与线上旅游协同传播。支持完善长城红色文化主题游径的旅游公共服务设施和文物在地展示设施，完善游径沿线的"吃住行游购娱"信息供给与咨询服务，重点提升长城沿线革命纪念馆的公共文化与旅游服务能力，通过主题游径的点线面资源联结与大众游客的流动性游览活动，扩大革命纪念馆的长城红色文化传播影响力。

参考文献

[1] 张守连.【长城研究】关于北京长城红色文化的思考[EB/OL]// 北京长城文化研究院微信公众平台.(2020-08-12)[2024-01-24]. https://mp.weixin.qq.com/s/onqZKILHFIlADWmufdjV7A.

[2] 黄璜. 依托国家文化公园建设推进长城红色旅游发展[J]. 中国旅游评论,2021(2): 40–47.

[3] 张百霞. 京津冀协同保护长城抗战遗址的调查研究 [J]. 文化创新比较研究（文化产业），2018(14): 141–142.

[4] 张百霞. 长城抗战遗址文化价值与利用研究 [J]. 传媒论坛（传媒观察），2020, 3(2): 16–17.

[5] 侯杰, 常春波. 长城抗战的历史记忆与群体认同 [J]. 中州学刊, 2015(9): 144–148.

[6] 郝建斌, 欧新菊. 河北长城国家文化公园建设中对红色资源开发利用路径探索 [J]. 河北地质大学学报, 2022(3): 126–131.

[7] 程瑞芳, 肖涵. 河北段长城文化旅游竞争优势评价及提升策略研究 [J]. 河北地质大学学报, 2023(5): 104–111.

[8] 孙萌, 高一帆, 张璐茜."红色长城"（河北段）品牌培育路径探讨 [J]. 唐山师范学院学报, 2023, 45(2): 157–160.

[9] 李喆. 多维视域下"不到长城非好汉"的革命精神内涵探析 [J]. 宁夏师范学院学报, 2023, 44(3): 18-25.

[10] 周俊. 叙事理论视域下红色文化传承路径——以板厂峪长城景区红色文化传承为个案 [J]. 长江大学学报（社会科学版）, 2023, 46(2): 24–29.

[11] 文化部. 革命纪念馆工作试行条例（文化部，1985 年）[EB/OL]// 北京市文物局官网. (2022-05-19)[2023-09-18]. https://wwj.beijing.gov.cn/bjww/362760/362767/556574/556580/bwgzhgl/556796/index.html.

[12] 周小凤, 焦青青, 曾晓茵, 等. 长城沿线博物馆建设与长城文化传播研究报告：备案博物馆篇 [J]. 中国博物馆, 2023(5): 30–37.

[13] 国家文物局. 中国长城保护报告 [EB/OL]// 国家文物局官网. (2018-01-24)[2024-01-24]. http://www.ncha.gov.cn/art/2016/11/30/art_722_135294.html.

[14] 住房城乡建设部关于发布行业标准《博物馆建筑设计规范》的公告 [EB/OL]// 中华人民共和国住房和城乡建设部. (2015-07-03)[2024-01-24]. https://www.mohurd.gov.cn/gongkai/zhengce/zhengcefilelib/201507/20150703_224143.html.

[15] 沈成飞, 连文妹. 论红色文化的内涵、特征及其当代价值 [J]. 教学与研究, 2018(1): 97–103.

[16] 张珉. 三晋犹有民族魂：山西长城与山西抗战 [EB/OL]// 太原道微信公众平台. (2021-07-06)[2024-01-24]. https://mp.weixin.qq.com/s/LlVdTvT22lVmg8QURxFlWA.

[17] 国家文物局. 长城资源要素分类、代码与图式 [S/OL]// 全国标准信息公共服务平台. (2010-07-01)[2024-01-24].https://std.samr.gov.cn/hb/search/stdHBDetailed?id=8B1827F1F42CBB19E05397BE0A0AB44A.

[18] 张泰城. 论红色文化资源 [J]. 红色文化资源研究, 2015(1): 1–11.

[19] 张泰城. 论红色文化资源的分类 [J]. 中国井冈山干部学院学报, 2017, 10(4): 137–144.

[20] 国家文物局关于进一步加强长城保护工作的通知 [EB/OL]// 国家文物局官网. (2023-12-08)[2024-01-24]. http://www.ncha.gov.cn/art/2023/12/8/art_2318_46461.html.

[21] 文化和旅游部 国家文物局关于印发《长城保护总体规划》的通知 [EB/OL]// 中国政府网. (2019-01-23)[2024-01-24]. https://www.gov.cn/zhengce/zhengceku/2019/12/09/content_5459721.htm.

7 长城沿线乡村博物馆的活态理念与实践路径

一、研究背景

长城是中国历史上最伟大的工程之一，也是世界上最长的人造建筑。它不仅是一项防御边疆的军事工程，也是一条连接中原与边陲、汉族与少数民族、中华文明与外来文化的交流通道。在 2000 多年的历史进程中，长城沿线形成了众多具有鲜明地域特色和民族风情的村落，它们是长城文化的重要载体和见证者，也是中国乡土社会和中华文明的缩影。

为了全面掌握长城沿线乡村及相关博物馆建设情况，调研团队于 2021—2023 年，对北京、山西、河北、陕西、宁夏等省区市共 70 个涉及长城文化或历史遗存的村镇进行了实地调研，并收集了相关资料。调研发现，长城沿线乡村博物馆建设呈现多样化的特点，有长城专题、乡村历史文化、乡村生态环境、乡村民俗风情等主题。其规模、形式、内容、功能和管理模式也各不相同，有的由政府主导建设和运营，有的由社会组织或个人发起建设和运营。这些博物馆在传承保护长城文化遗产、弘扬中华优秀传统文化、促进乡村经济社会发展、提高乡村居民文化素养等方面发挥了积极作用。

自 2016 年起，中国人类学民族学研究会博物馆文化专业委员会团队（以下简称"博专委团队"）在与当地政府和村民充分沟通和协商的基础上，提出了建设"羊儿岭乡村活态博物馆"的构想，并在 2021 年开始实施。羊儿岭长城乡村活态博物馆不同于传统意义上的博物馆，它不是一个固定的建筑物或空间，而是一个涵盖整个村庄及其周边的开放式平台。它以长城文化为主线，以羊儿岭村的历史文化遗产为基础，以村民的生活实践为内容，以多元的展示形式和活动载体为手段，以促进乡村振兴为目标，以实现乡村文化、社会、经济、生态的可持续发展为愿景。基于此，本报告以羊儿岭长城乡村活态博物馆为典型案例，探讨长城沿线乡村博物馆的活态发展理念与具体践行路径，以期为长城国家文化公园建设背景下长城沿线乡村博物馆的可持续发展与乡村振兴提供参照经验。

二、乡村活态博物馆的内涵特征

乡村活态博物馆的内涵是与乡村物质文化与非物质文化遗产根源相关的集体记忆、地方性知识、群体想象、审美趣味等，即在人与人的地方性社会交往中，通过口传、表演、技艺、文字记载、物质遗迹等方式保留下来的村民的知识、技能和艺术创造等。从村民的生产生活习俗中，人们可以深层次地认识中国，增加对村民口头传统文化价值的认识和体会，提高对"活态"文化空间的认知，真正拥抱由村民自身构筑的"活态"文化史，充分理解乡村智慧。乡村活态博物馆是因赋能乡村振兴的责任与目标而形成的博物馆新业态，以保护、传承乡村文化遗产为己任，结合乡村活态博物馆的内涵，其具有活态保护、以人为本和体验思维三个特征。

（一）活态保护

乡村活态博物馆关注的重点是乡村文化与非物质文化遗产保护。所谓的"活态"意味着一直存续，有未来、有持续发展的可能性，承认文化不是一成不变的，文化始于交流、融于生活、变于传播，一切文化都在传播的过程中发展。传统村落千百年来作为中华文化中农耕文明、渔猎文明和游牧文明的实践者和传承者，其活态保护要遵循三个特性：一是连续性，要保护传统村落的各个时代留存，延续文脉；二是发展性，对传统村落要合理利用，走可持续发展道路；三是原真性，传统村落采取原住民、原风貌、原历史的保护原则。传统村落活态保护的本质是持续演进的文化传承进程，即村民与其他遗产要素在日常生产生活中联系、联结、组织、互动，呈现传统文化的生命力和活态性。

（二）以人为本

"以人为本"理念是博物馆公众意识的发展推动博物馆社会角色的变迁之后所带来的必然结果。博物馆现代化的标志之一是公众广泛地参与包括展览策划、文物研究、社会教育、志愿者服务等博物馆组织的所有活动。"以人为本"理念，促使博物馆从保护"文物"为主发展为对"人"的关注。这里的"人"指的是观众。坚持以人为本是博物馆作为公共文化服务机构的使命与担当。《博物馆条例》（2015）指出，博物馆开展社会服务应当坚持为人民服务、为社会主义服务的方向和贴近实际、贴近生活、贴近群众的原则，丰富人民群众精神文化生活。乡村活态博物馆需确保村民在传统村落物质文化与非物质文化遗产保护与传承中的话语权与参与度。从制度设计的角度来看，需要把以往村民的"形式化"参与转变成"实质性"参与。从保护和发展计划的制订到实施，确保村民意见有征询流程、有制度保障、有落实反馈并有监测回访，制定合理有效的保护体系是恰当保护和发展传统村落的先决条件。

（三）体验思维

体验能带给人们感受，是人们认知世界的根本途径，也是文化得以传承和发展的重要途径之一。体验思维迭代了商业和服务创新，在人、价值、可持续三个维度上实现超链接。在体验经济中，人从消费者变成了服务的共建者，可持续的体验经济整合了服务与人、人与人、服务与服务三组关系，彼此赋能、协同发展，构建了一个共生系统。乡村活态博物馆为村民和观众提供乡村文化体验的平台，观众从被动聆听讲解员的讲解转变为积极主动地参与其中，可以得到更为丰富的情感体验和自我实现的感受。体验可分为认知体验、情感体验和行为体验，体验使人对乡村文化有更加细致和深刻的理解，进而实现感知。人们对乡村文化的认知由浅到深，从感觉、知觉、记忆到思考和想象，通过体验可简化为直接到达认知高级阶段，即思考和想象水平。

三、长城乡村活态博物馆的实践案例：羊儿岭村

羊儿岭村位于河北省张家口市东花园镇与北京市延庆区康庄镇的交界处，与京藏高速的直线距离约1千米，因交通便利而具有明显的区位优势。其所在的怀来县历史悠久，源远流长，是中华文明的发祥地之一。羊儿岭村地处八达岭长城带，距八达岭长城仅10千米，周边还有镇边长城、陈家堡罗锅长城、坊口村踞虎关长城、样边长城、燕长城、连墩列戍长城，长城文化资源丰富。该村现有户籍203户，户籍人口571人。据史料记载，明嘉靖三十五年（1556）为抵御瓦剌部队对京师的侵扰，明政府修建了宣府镇南山路长城，羊儿岭营城于同年修建。此后，羊儿岭村民世代在此戍边守土。长城凝聚了中华民族自强不息的奋斗精神和众志成城、坚韧不屈的爱国情怀，已经成为中华文化的符号和中华民族的象征。世世代代居住在长城脚下的羊儿岭人，对长城有着特殊情结，长城象征了他们的意志和责任。小小的营城可能只是万里长城的一小

部分，但凝聚着羊儿岭祖祖辈辈的岁月以及坚守着的矢志不渝的长城精神（图7-1、图7-2）。

羊儿岭的集体记忆，是正在消逝的乡村记忆的一部分，它蕴藏着中华文明的密码片段。这个位于北纬40度线和400毫米等降水量线交叉点上的村庄，恰好地处中华游牧文明和农耕文明的交会处。地理位置塑造了羊儿岭村的独特性，村中有遗址，口中有方言，血管里流着古时晋陕戍边将士的血脉，老人们的心中还回荡着老祖宗的传说、教化、规矩、价值观。这是中华民族宝贵集体记忆的一部分。

图7-1 羊儿岭村全景（图片来源：李渊萌实地拍摄）

图7-2 羊儿岭村街景（图片来源：李渊萌实地拍摄）

四、长城乡村活态博物馆的实践路径

（一）创新组织模式，多元主体推动乡村活态博物馆建设

羊儿岭长城乡村活态博物馆的建设是一个涉及多方利益相关者的复杂过程，需要有效的组织模式来协调各方的需求和资源。在借鉴国内外相关经验的基础上，博专委团队提出了一种"三位一体"的组织模式，即由政府、社会组织和村民共同参与和推动乡村活态博物馆建设。

> • 案例1：羊儿岭故事汇
>
> "故事汇"是博专委团队以人类学视角和方法介入乡村新人文建设的一种创新路径探索，它是"乡村活态博物馆"的核心引擎和学术支点，在地性与鲜活性是"故事汇"的重要特色。2021年8月18日，村两委决定修缮村里一处已经荒废多年的300平方米小院（集体资产），作为第一个"故事汇"固定场地。一个多月后的9月24日，一个昔日荒芜的院子变成了鲜活的"故事汇"。一个以当地真实有据的历史遗迹联动生态、生活、生产和文化传承的鲜活现实场景，以当地民众的集体记忆融合现代艺术设计表达手法的特色文化展示场所，就这样通过大家的努力诞生了（图7-3、图7-4）。"故事汇"开馆以来，先后和羊儿岭村新老居民分享了"羊儿岭的故事""长城的故事""怀来的故事""藏茶的故事""恭王府文化故事""苗族的故事""法国乡村生活的故事"等，深得村民的赞誉和喜爱。
>
> "故事汇"院子大约里共有六个房间，每个房间约12平方米，留出一个作为茶水间后，博专委团队在其余房间设计了五个主题展。第一展厅为"长城内外一家亲"，第二展厅为"羊儿岭村史"，第三展厅为"怀来长城奇观"，第四展厅为"云游长城"，第五展厅为"长城沿线田野观访"。
>
> 羊儿岭"故事汇"于2021年9月24日启用后，村里的老人们都喜欢来这里给大家讲故事，他们讲穆桂英、孟姜女哭倒长城、羊儿岭营城发生的事、抗战的故事，几乎村里的每个老人心里都装着一本故事书。特别是84岁的王玉库老人

每次讲到情深之处,都会情不自禁地唱起歌谣。除了村里老人们给大家讲他们的故事,周围社区的居民也喜欢来这里分享各种故事。

村里的年轻人说,每聆听一个故事,都意味着开启了一个与文明对话的时空,"故事汇"帮助参观者从最接近历史之地出发,触摸历史发展的脉搏,聆听了不起的中国故事,聆听人世间的故事,聆听最真实的长城故事。在这一过程中,人们的认知与观念会发生改变,最终转化为个人成长和社会进步的积极因素。

老人们说,现在羊儿岭的变化不只在表面上,他们可以通过"故事汇"的展览了解和学习长城知识,了解中华56个民族(图7-5)。村民还通过短视频自发宣传羊儿岭文化,主动关注公众号里发布的有关羊儿岭的内容。可喜的是,除了村里的老人,我们观察到村里的年轻人,包括在国外学习的高学历人才和在外工作的人,都为自己家乡的变化感到自豪。

"故事汇"开放以来,其新颖的内容和历史文化吸引了观众,同时得到河北怀来县委县政府、东花园镇党委政府的鼎力支持。学习强国、环球网等媒体给予相关报道,在怀来引起一定反响。同时,羊儿岭长城乡村活态博物馆也在第九届"博博会"上受到博物馆界同仁的关注。

图7-3 羊儿岭村"故事汇"外景(图片来源:周小凤实地拍摄)

图 7-4 羊儿岭村"故事汇"内景（图片来源：周小凤实地拍摄）

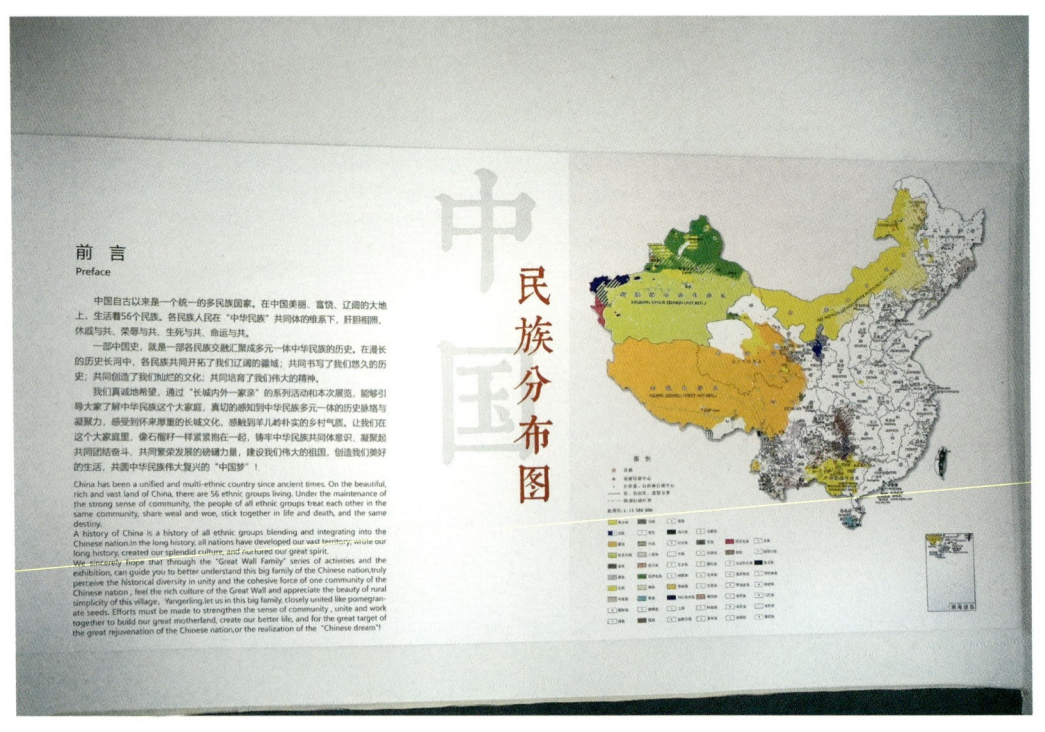

图 7-5 羊儿岭村"故事汇"的中国民族分布图（图片来源：周小凤实地拍摄）

（二）实现理念转变，构建新型的乡村活态博物馆

1. 在内容上注重挖掘地方特色，整合地方资源

乡村博物馆展览内容主要挖掘了乡村本身的资源，从建构意义角度对乡村资源进行整合与创新，通过不同方式进行展示展演，建构博物馆全新内涵。首先，深入挖掘乡村资源，如乡村建筑、手工艺、农业生产技艺、饮食、服饰、方言、风俗习惯、民间艺术、公共设施区位、街道、院子等，分门别类进行梳理，制定科学性、差异化的规划和保护措施。其次，整合式创新，主要是对不同资源进行主题化、专题性整合，形成不同的展示活动。如通过村民小院中的山楂树，策划"遇见山里红——山楂文化主题展"，举办乡村特色山楂下午茶活动，增强其文化自豪感和自信心。整合其他文化资源，如引入苗族刺绣和扎染这两个国家级非物质文化遗产项目，增加羊儿岭村文化的新内涵和文化多样性，也增加了农民的收入，彰显乡村文化的生命力。

活态博物馆的核心在于"活态"，即鲜活的、生动的、可传承的、可持续发展的。与传统博物馆的固态化不同，活态博物馆具有开放性、动态性、流动性等特点。首先，对乡村文化遗迹的动态、活化展示。博物馆既静态展示营城烽火台、民居、农耕用具等遗存，也动态展示居民生活生产、节日表演、民俗特色、场景活动等，实现文化的活态化保护和传承。其次，强调村民的活态参与，把村民的生活空间场所变成博物馆。村民是乡村文化的活载体和活力源泉，是博物馆构成要素中不可分割的组成部分，村民的动态参与增强了活态化演示效果和"活"的文化体验。村民对乡村情感深厚，本地文化认同感强，能够主动保护和活化乡村文化遗产，成为活态博物馆发展的中坚力量。

· 案例2：遇见山里红——山楂文化主题展

中国农村地区各家各户都有种植果树的习惯，果实不仅能为人体提供丰富的微量元素，也能带来一定的经济收入。在羊儿岭村一户村民家的院子中，有一棵生长茂盛、硕果累累的山楂树。博专委团队建议在院子中做一个关于山楂树的主题展。（图7-6）村干部可以联络村民进行试点，使其成为游客参观的重要地点；

a 展览名称

b 东墙留言墙

c 山楂院楼

d 山楂卧室

图7-6 遇见山里红——山楂文化主题展（图片来源：周小凤实地拍摄）

同时，这个院子经过改造后，还能够作为主题民宿整套出租。这样一来，举办展览的院子，出租方式由年租改为日租，如果入住率较高，便可以带来更多收入。而且，山楂树的文创产品也可以创收。

村民商议后采纳了博专委团队的建议，决定了展览的名称——遇见山里红。布置这个展览需要对院子进行翻修与改造，村民家出资并完成了翻新、室内物品购置与简易展板制作等工作。展览文本由博专委专家韦荣慧和红梅共同撰写，主要介绍了山楂的分布范围、历史记载、药用价值、山楂食谱与传说故事等，还摘录了一些来自美国杂志编辑比尔·沃恩在《山楂树传奇：远古以来的食物、药品和精神食粮》中所写的山楂在西方的故事。展览文本的内容包括序厅、前言、四个部分和结束语。展览的所有内容经村民一家讨论后，投票一致同意。

序厅和展览名称"遇见山里红——山楂文化主题展"安排在影壁前，东墙设有留言墙，展示改造前的小院和改造的图片，并配以文字"在对的时间，对的地点，我们彼此遇见"。展览的主要展品是30年树龄的山楂树。

第一部分"浪漫风雅，不事张扬"，被安排在院落，以小院中的山楂树为主角，用音乐水幕、电影、灯光、歌曲、音乐来展示"山楂树的故事"。

第二部分"读山楂、品山楂（山楂书房）"，被安排在院子东边的两间屋子。"山楂树记忆"，即播放有关山楂树的电影、歌曲，阅读关于山楂的书籍，饮山楂茶水、山楂酒；展示村民家的家具、北方的炕等实物。

第三部分"记忆山里红和《山楂树传奇》"，被安排在西边屋子的客厅和两个卧室。

第四部分被安排在院子里，介绍怀来县瑞云观乡的镇边城村有野山楂树300余棵，年产山楂5000余斤，受到消费者青睐。

第五部分"养生红果，健康平安"，被安排在厨房和两个露台，包含糖葫芦体验活动。

结束语被放置在南墙。

2. 在形式上，注重整体空间构建和活态保护

羊儿岭长城乡村活态博物馆在空间上转变了过去博物馆静态的建筑样式。它以乡

村整体的时空范围为边界，把整个乡村作为博物馆收藏、展示、教育、研究的空间，是一种动态的、活化的、无围墙的新型博物馆形态。通过乡村活态博物馆实现乡村空间再造，博物馆建设的过程是一个融文化空间、经济空间、社会空间、环境空间于一体的乡村重构、乡村振兴的过程。

展览"遇见山里红"更多的思考落在"活"字上，落在活着的山楂树、山楂树文化，以及村民的真实生活上。村民的家是乡村文化遗产的主要载体，不仅拥有建筑、院落、工具等物质遗存，而且更重要的是维持着村民真实的生活状态与行为习惯。日常生活作为乡村活态博物馆的核心，既保留着代代传承的乡村记忆，也是见证历史变迁的资料库。游客可以在观看、交流中领略长城周边地区的历史地理、风俗人情和社会变化。虽然户主因为展览需要对院子进行改造，但是活态的生活场景也保留了下来；户主还因为主持院子改造和经营回到了这里，同游客交流，为客人做饭。游客可以直接感受户主一家淳朴、善良的人格魅力，展览也因为有了村民"活"的生产状态加持而呈现出独特的魅力和风采。

一些乡村博物馆有物而没有"情"的陈列形式，失去了最为核心的"人"的价值。而个人、家庭真实的生产生活经历才是这类展示的灵魂，也是对乡村活态博物馆中"活态"二字最为真切的诠释，即那些活生生的、平凡中孕育不凡的生命体验。北京文物保护基金会秘书长韩永认为，展览"遇见山里红"是"一种生命遇到生命的问候、生命与生命的互相印证。这种生命的相遇纠缠更具鲜活的情节和对观众的触动"。以自然中的活态生命体为展示内容，应成为乡村活态博物馆的探索方向。

展览"遇见山里红"所展示的是长城周边地区农村真实的乡土生活，这种生活具有亲近自然、自给自足等鲜明特点，蕴含中华民族形成过程中农耕文化的精神脉络、传统社会的生命意识。特别在当下，山楂树作为一种自然物，也容易让人在与之接触时获得心灵的满足与喜悦。一位曾经到访这座院子的外交官反馈参观感受道："小院本身可以用完美来形容，整洁、功能齐备、有文化气息，枝繁叶茂的山楂树给了它绿色的灵魂。"

（三）完善造血机制，乡村活态博物馆赋能乡村振兴

造血机制是指运用各种方式使乡村拥有自我发展、自我提升的能力。以教育培训、文化挖掘、经济助力、公共服务等多种方式，自我创新和发展，实现乡村振兴和可持

续发展繁荣。博专委团队在与村民充分沟通后，运用上述方式，依托乡村活态博物馆逐步完善造血机制。

一是培训和教育投入。通过乡村活态博物馆平台举办的非遗手工艺培训课程，村民有机会学习并掌握一门技艺，获得一份可持续的收入来源。如针对羊儿岭村务农和待业妇女的情况，引入苗族刺绣和蜡染这两个国家级非物质文化遗产项目，通过网络和实地教学相结合的方式，在村里开设非物质文化遗产手工培训班，实现务农和待业妇女的再就业。

• 案例3：羊儿岭村非遗技能培训

为切实提升乡村留守妇女在当下市场竞争环境下的生存能力，激发其对从事传统手工艺的兴趣，博专委安排了苗族刺绣艺术家等专业老师到羊儿岭村，举办了多期传统手工艺培训班，教授乡村留守妇女扎染、苗绣等传统手工艺技能，共计30余人参加培训学习（图7-7）。学习过程中，先后涌现苗绣技术突出人员3人，截至2023年底共出成品5件；扎染技术突出人员1人，截至2023年底共出成品手帕、围巾、T恤、门帘等180余件，苗绣杯垫、餐垫200余件。在产生良好经济效益的同时，为羊儿岭村村民提供了向外展示与对接的平台，受到乡村留守妇女的肯定和欢迎。

图7-7 羊儿岭村非遗手工艺培训（图片来源：民族文化微信公众平台[1]）

二是文化挖掘和品牌建设。利用乡村的特色文化资源，进行文化创新和开发，在博专委团队建议下，通过举办各种文化活动，如"故事汇"、"乡村有约"文化节、乡村音乐会等，展示并传承乡土文化。同时，依托村民小院中的山楂树，策划"遇见山里红——山楂树文化主题展"，帮助村民办起乡村山楂特色下午茶，拓展乡村特色品牌。

· 案例4：长城谣乡村音乐会

长城谣乡村音乐会由村民、学生、演员等共同参与，节目包括锣鼓打击乐、高跷、服饰走秀、《长城谣》大合唱等，展示了乡村焕然一新的精气神，体现了新时代农村发展的新风貌（图7-8）。

开场歌曲《奋进新时代》由怀来县老年大学合唱团演唱，整首歌节奏鲜明，表达了对美好生活的向往和对如今幸福生活的珍惜，抒发了意气风发迈进新时代的豪迈之情。音乐会的收官之作是音乐剧《长城谣》，由国家一级指挥、中央民族大学音乐学院教授董锦汉指导，怀来县老年大学合唱团、怀来县南水泉中学学生、羊儿岭村民、周边村民与参加活动的怀来县领导、东花园镇领导、调研团队成员共同上台参加演唱。

图7-8 羊儿岭村长城谣乡村音乐会（图片来源：东花园镇政府微信公众平台[2]）

三是经济发展模式的转变。羊儿岭村通过乡村活态博物馆这个平台，采用现代商业技术和平台，将本地的特色农产品变为有市场竞争力的商品，而不再仅仅依赖传统的农业生产和销售模式。通过组织长城内外特色产品市集，村民种植的小米和八棱海棠受到了消费者的喜爱，实现来年的订单式生产，增加了村民的经济收入，也带动了乡村经济发展。

· 案例5：长城内外市集

乡村市集（图7-9）上的商品，涵盖了怀来长城内外周边村落的农、文、旅产品及中外众多时尚文创产品。包括：羊儿岭村、沙营村、夹河村、三泉井村、董庄子、杨庄子、陈家堡、石洞村、大古城等17个村的彩苹果、土葡萄、葡萄酒、八棱海棠、土蜂蜜；怀来本地企业生产的玻璃制品；羊儿岭村传统小米、豆面咯吱、炸糕、烩菜；新引进的扎染布艺、刺绣；西藏姜氏古茶、贵州省雷山县脚尧村的茶叶；有异国特色的俄罗斯特产及油画、法式乡村面包；杭州著名服装设计师设计的乡村特色服饰、长城画家绘制的长城主题画等农产品和手工艺品等。集市上最受欢迎的是羊儿岭村村民融合北京冬奥会、联合国可持续发展标志等多种元素制作而成的手工扎染和刺绣作品，村民倡导健康、环保理念，为特色文创品牌增添了活力。文创产品吸引了大量游客询价购买，激发了村民和本地企业的创新、创业激情，为今后进一步开拓羊儿岭村文旅市场打好了前站。

图7-9 羊儿岭村长城内外市集现场（图片来源：东花园镇政府微信公众平台[2]）

四是乡村公共服务的提升。通过活态博物馆鼓励村民参与乡村建设，增强社区的凝聚力。例如，羊儿岭长城乡村活态博物馆的建设过程就是一个全体村民参与、自下而上的过程，村民们不仅共享了建设成果，也增强了乡村认同感。同时，定期举办的文化沙龙和市集活动，进一步促进了乡村成员的交流和互动，增强社区的活力和凝聚力。乡村活态博物馆平台与近十家出版社联系捐赠图书，筹建长城书屋，提供公共文化服务，促进村民的终身学习，增强公共文化服务的可及性。

> • 案例6：建设长城书屋，举办长城读书会

长城书屋是羊儿岭长城乡村活态博物馆依托具有历史价值的村集体现有空置房屋建设而成。长城书屋作为乡村活态博物馆的一部分，在乡村振兴和文化共享中扮演重要角色，为乡村居民提供了丰富的精神文化食粮。

长城书屋的建设解决了村集体现有空置房屋无主题，羊儿岭长城乡村活态博物馆图书室建设有项目、有书、有经营模式却无场地的困局，充分利用了空置资源，符合乡村振兴战略，在注重可持续发展的前提下，促进社区参与和文化交流。

长城书屋为每一家捐赠图书达到800本的出版社提供了不小于15平方米的房间存放赠书，为每一家捐赠图书达到200本的出版社提供一个四层的专属书柜。长城书屋作为羊儿岭长城乡村活态博物馆书屋项目的实际运营方，希望实现公益模式下村民的正常阅读和借阅。长城书屋的日常管理方案、借阅方式和管理职能以及运营收入分配等由羊儿岭长城乡村活态博物馆、长城书屋和村委会三方共同协商确定。第一批捐赠图书的出版社包括学苑出版社、民族出版社、新蕾出版社、中华书局、安徽人民出版社等。

2023年4月23日，由中国人类学民族学研究会博物馆文化专业委员会、学苑出版社、怀来县东花园镇政府共同主办，羊儿岭长城乡村活态博物馆承办的"读懂长城 理解乡村——'4·23'世界读书日活动"在羊儿岭村如期举办。读书日期间，主办方围绕"读懂长城，理解乡村"这一主题，开展羊儿岭古营城的考察、羊儿岭村历史与文化考察、羊儿岭村读书分享会、图书捐赠等系列活动（图7-10）。

图7-10 2023年羊儿岭村"读懂长城 理解乡村——'4·23'世界读书日活动"（图片来源：博专委微信公众平台[3]）

　　学苑出版社、博专委和相关机构的专家学者，在东花园镇和羊儿岭村党支部的陪同下，参观考察了1556营城、百年老宅、老槐树、"故事汇"相关展览。专家们分别在"故事汇"、长城书屋和学林书苑与村民以及村里的小学生一起交流、分享读书心得。此次读书日，学苑出版社向羊儿岭长城乡村活态博物馆捐赠图书150余种，包括《故园画忆精粹本》《故园画忆丛书》《京绣》《中华灯谜史》《中国古代家训集》等。

　　长城书屋及读书会活动有利于促进农村基层文化建设，实现文化共享。长期以来，乡村居民劳作之余的文化娱乐活动较为单一，不能满足广大村民的实际需求。通过长城书屋的建设，村民可以在休息之余来到这里进行文化充电，大家在优雅和谐的环境中找寻自己喜欢的书籍或者音像制品。在书屋中，村民们也可以充分交流，增加了互相联系的频率，提升了邻里亲朋之间的亲密度。同时，书屋可以定期举行各种读书活动，如读后感的演讲比赛、农业知识大比拼、写作展览等，不仅能彰显新时代乡村居民的文化水平，还能吸引其他村民前来读书充电，丰富自己的文化知识。

长城书屋所选的书籍贴合当地乡村的现实环境，侧重长城故事、长城保护、旅游开发、民宿创业、养殖种植和农耕技术等主题。这样的设计让学习变得切实可行，与生活紧密相关。村民可以在长城书屋中寻找解决实际问题的方案，使学习成为一种日常习惯，而不仅仅是学校教育的延续。通过学习，村民不仅提高了职业技能和知识水平，而且树立了终身学习的理念，这有助于提高他们的适应能力和创造力。长城书屋不仅是知识的宝库，也是社区内的交流和合作平台，村民可以在此共同学习、讨论和解决问题，互相帮助、鼓励。这样的环境促进了社交互动，提升了社区凝聚力，增强了公共服务的活力和效率。

· 案例 7：积极争取资金对营城进行活态维护

羊儿岭堡经历了数百年的风雨侵蚀和人为破坏，目前保存状况不佳。东城墙已经完全消失，西城墙、南城墙和北城墙局部缺失、坍塌，城门和角楼的建筑也已经毁坏。城墙表面有大量的植物生长，内部有多处人为掏挖的洞穴，周边有许多建筑物占压、私搭乱建。城墙存在多种类型的结构病害和材料病害，如裂缝、冲沟、酥粉、积水等，影响了城墙的稳定性和完整性。经过多方推荐，羊儿岭村邀请清华大学同衡规划设计研究院的专业团队，一起对羊儿岭营城的保护修缮问题进行了两年多的研究。保护修缮工作坚持"保护第一、加强管理、挖掘价值、有效利用、让文物活起来"的新文物保护工作方针；坚持保护文物原真性和"不改变文物原状"，在设计与施工过程中尽可能做到原材料、原工艺和原做法；贯彻"最低限度干预"的原则，在保证文物安全稳定的前提下，尽量减少对文物本体及周边自然环境的干预；同时，强调干预的可识别性，为后人的研究、识别、处理、修缮留有更准确的判定方式。

基于以上原则，研究中考虑采取的工程措施十分谨慎，主要是增强城墙、城门的稳定性。通过对城墙裂缝进行灌浆并用泥条封堵的方式，防止裂隙进一步发育；采用填补冲沟、培土支护的方式，减缓降水对城墙立面的侵蚀；通过培土支护单薄城墙段落的方式，增强城墙的稳定性，防止城墙坍塌和歪闪；通过覆土保护城门顶部夯土，并形成自然坡度，加强城门顶部排水，防止降水渗漏导致灰浆流失，引起城门垮塌；通过去除深根系植被，减少根系对城墙的劈裂破坏。以上措施既带有抢险加固的性质，又带有预防性保护的目的，最终希望将城墙和城门的损坏程度降到最低，延长城墙及城门的寿命，以留存这一能够见证明代北方防御历史的重要工程（图7-11）。

除了对文物本体进行保护修缮，研究团队还注重对文物的活态保护和传承，即让文物与当地的生态、生活、生产和文化相结合，形成一个有机的整体，让文物活起来，让文化活起来。

图7-11 羊儿岭村营城遗址（图片来源：羊儿岭故事汇微信公众平台[4]）

五、长城乡村活态博物馆的实践总结

乡村文化振兴是乡村振兴战略的重要内容和目标，而博物馆则是乡村文化振兴的关键抓手。博物馆作为收藏、研究、展示、教育和传播自然与人类的物质及非物质遗产的公共文化机构，能够有效地保护和传承乡村文化遗产与乡村活态文化，展示和推广乡村文化特色，促进乡村社会共同体建设。羊儿岭长城乡村活态博物馆的实践表明，博物馆可以被视为乡村文化振兴的一座"灯塔",博物馆可以通过其专业能力,特别是通过"真实"与"记忆"的力量,照亮那些因为历史原因或现实困境而被遗忘或被边缘化的乡村文化遗产和文化特色,为它们重新焕发生机和活力提供新的可能。

在博物馆介入乡村振兴的过程中,"真实"与"记忆"是两个关键词。它们是博物馆的特征和优势,为乡村活态博物馆的功能发挥奠定了根基。在乡村活态博物馆的语境下,"真实"是指对于乡村本身及其所承载的历史、文化、生态等方面的尊重和保护,不断挖掘和利用乡村的内在价值和潜在资源,不盲目追求外来的模式和标准,不牺牲乡村的特色和品质,不断提升乡村的吸引力和竞争力。"记忆"是指对于乡村过去的经历和故事的记录和传播,不断梳理和总结乡村的发展历程和经验教训,不遗忘乡村的根源和底蕴,不断弘扬和创新乡村的精神和文化,不断增强乡村的认同感和自豪感。"真实"与"记忆"的发展动能,可以为乡村振兴提供坚实的精神动力,从而使坐落于乡村的博物馆犹如一盏明灯,照亮乡村发展的前行之路。

首先,博物馆以"真实性"为核心,以其科学而专业的研究,对乡村活态文化进行充分而系统的保护,使之得到有特色的呈现。博物馆是基于"物"的文化机构,它的收藏、展示和传播都要求遵循"物"的真实性,即"物"体现为真实存在,具有真实来源,富有真实意义。博物馆也是基于"记忆"的文化机构,它以收藏、展示和表述人类的社会文化记忆为使命,通过对集体记忆的保存和诠释,构建当代人群的历史认同和文化认同。乡村活态文化不仅包括农民生产生活中使用的各种工具、器具、设施等物质文化,也包括农民表达情感、社会交往、精神娱乐的各种歌谣、舞蹈、戏剧等非物质文化;不仅包括农民对自然环境和社会历史的认知和记忆,也包括农民对自身身份和价值的认同和期待。对此,乡村活态博物馆能够运用专业的收藏方法和技术,对乡村活态文化中的各种"物"进行科学的鉴定、分类、登记、保护等,使之得到有效的保存和管理。同时,也能够运用专业的展示方法和技术,对乡村活态文化中的各种"记忆"进行科学的梳理、记录、整理、呈现等,使之得到有效的表述和讨论。通过这种方式,博物馆能够将乡村活态文化中的各种故事传达给更多的人,凭借其真实性引起更多的关注,激发更多的共鸣。

其次,来自博物馆的"真实"和"记忆"的能量,还能够为乡村产业发展提供素材和灵感、标准和保障以及模式和渠道。乡村活态博物馆收藏、展示、传播丰富而独特的乡村文化资源,如农耕工具、民俗器物、民间艺术、传统技艺、民间信仰等,这些都是乡村产业发展的重要素材和灵感。乡村活态博物馆能够将这些乡村文化资源与现代科技、设计、营销等结合，创造出具有乡村特色和市场竞争力的产品和服务，如农耕体验、民俗体验、艺术体验、信仰体验等，为乡村产业提供新的增长点和动力源。乡村活态博物馆能够将这种"真实性"的标准和要求应用于乡村产业发展，提升乡村产品和服务的内涵品质和外在形象，如保证产品的原料来源、加工工艺、包装设计等符合乡村文化的特点和要求，保证服务的内容流程、人员素质、客户反馈等符合乡村文化的风格和期待，为乡村产业提供新的品牌认知和信任基础。通过这样的方式，博物馆能够将乡村活态文化与乡村产业发展紧密结合，实现乡村文化与经济的双赢和共生。

羊儿岭长城乡村活态博物馆秉持真实性原则，对羊儿岭及周边地区的乡村本身及其所承载的历史、文化、生态等方面进行有益保护，并不断挖掘和诠释乡村的内在价值和潜在资源，探索活态文化的传承与发展。羊儿岭长城乡村活态博物馆践行着"记忆性"，对羊儿岭及周边地区乡村过去的经历和故事进行记录和传播，不断梳理和总结乡村的发展历程和经验教训，不遗忘乡村的根源和底蕴，不断弘扬和创新乡村的精神和文化，不断增强乡村的认同感和自豪感。羊儿岭长城乡村活态博物馆展演着"故事性"，对羊儿岭及周边地区的活态文化进行生动而有趣的讲述，使之得到广泛而有影响力的传播，从而对乡村博物馆在新形势下的使命更新和功能升级进行有意义的探索。

六、结语

羊儿岭村的乡村活态博物馆实践是对长城文化遗产的活态保护、利用、传承与创新，能够为长城沿线的其他乡村活态博物馆建设提供借鉴和启示，为长城文化遗产的保护和传承提供新的思路和方法，为乡村振兴战略的实施提供新的动力和保障。同时，羊儿岭长城乡村活态博物馆的建设过程也面临政策支持、资金保障、人才培养、管理规范等问题，需要通过实践不断探索和创新，协调各方面开展合作。其中一个重要的问题是，村民的文化自觉也建立在经济增长的基础上，如果博物馆一味强调文化的意义而忽视了文化给乡村经济带来的价值，那么博物馆的可持续性将受到质疑，甚至可能引起村民的不满和反感。因此，乡村活态博物馆在做好文化建设的同时还要思考，如何通过博物馆的运营和管理，为村民创造更多的经济收入和就业机会，为乡村的产业发展和品牌打造提供更多的支持和服务。

（本文由韦荣慧、毛若寒、胡良友、红梅等人撰稿，周小凤、张朝枝整理）

参考文献

[1] 民族文化. 羊儿岭村民邂逅千年传统 非遗技艺苗绣&扎染蓝染[EB/OL]// 民族文化微信公众平台. (2021-09-09)[2024-01-15]. https://mp.weixin.qq.com/s/HINqgz0rHi9MC80nCcuqyg.

[2] 东花园镇政府.【文化花园】yyds！"乡村有约 ——羊儿岭文化体验活动"开幕了[EB/OL]// 东花园镇政府微信公众平台. (2021-09-25)[2024-01-15]. https://mp.weixin.qq.com/s/Md-vAFpaQPswwxHAXKleNQ.

[3] 博专委. "读懂长城 理解乡村" 羊儿岭长城乡村活态博物馆迎来"世界读书日"[EB/OL]// 乌达书院微信公众平台. (2023-04-24)[2024-01-15]. https://mp.weixin.qq.com/s/v66xx2gKiW90LRGnkEMhJw.

[4] 羊儿岭故事汇. 5·18国际博物馆日丨来羊儿岭长城乡村活态博物馆体验美好生活[EB/OL]// 羊儿岭故事汇微信公众平台. (2023-05-18)[2024-01-15]. https://mp.weixin.qq.com/s/RLpTWx6IwU6NqKBK8ied5A.

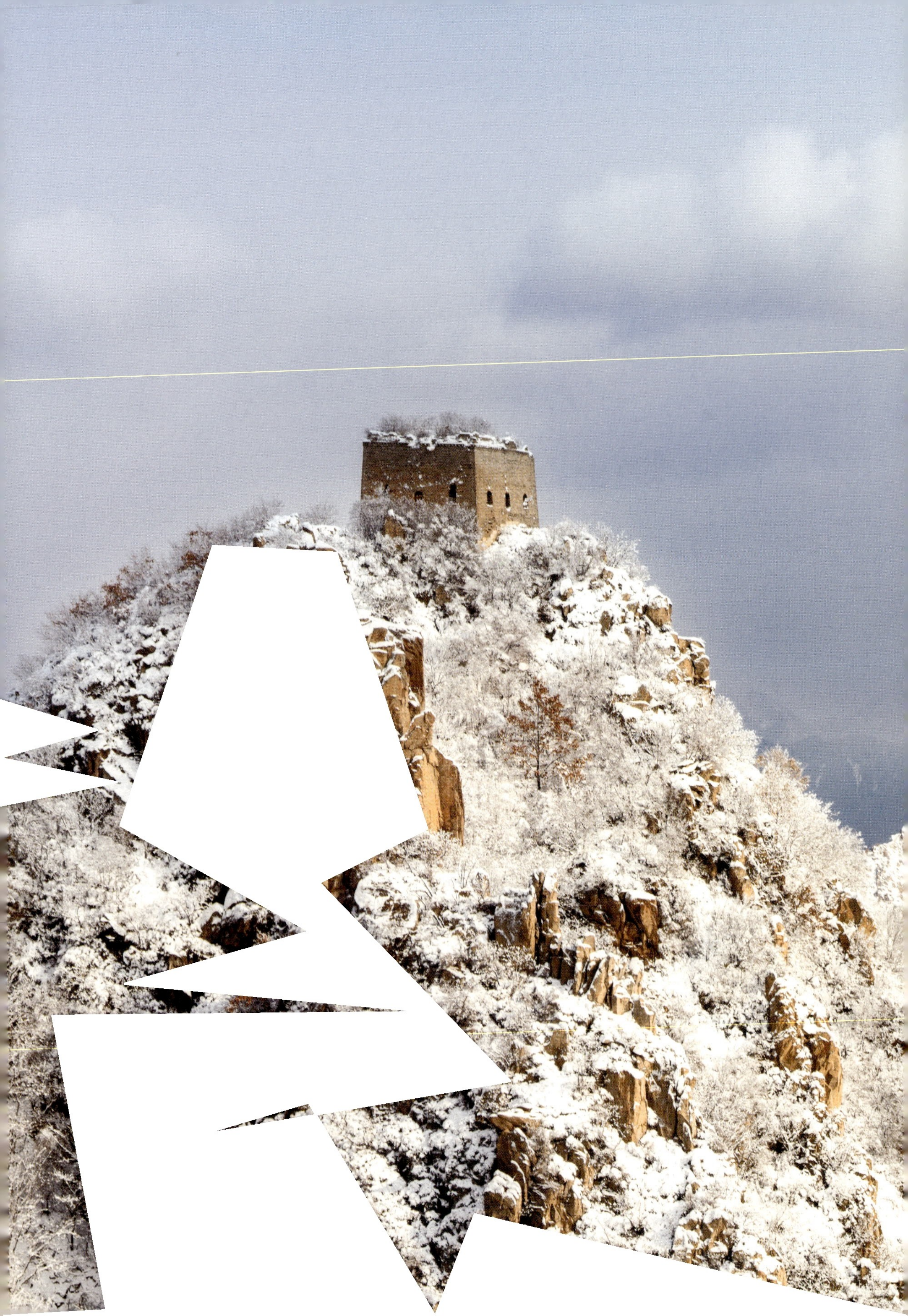

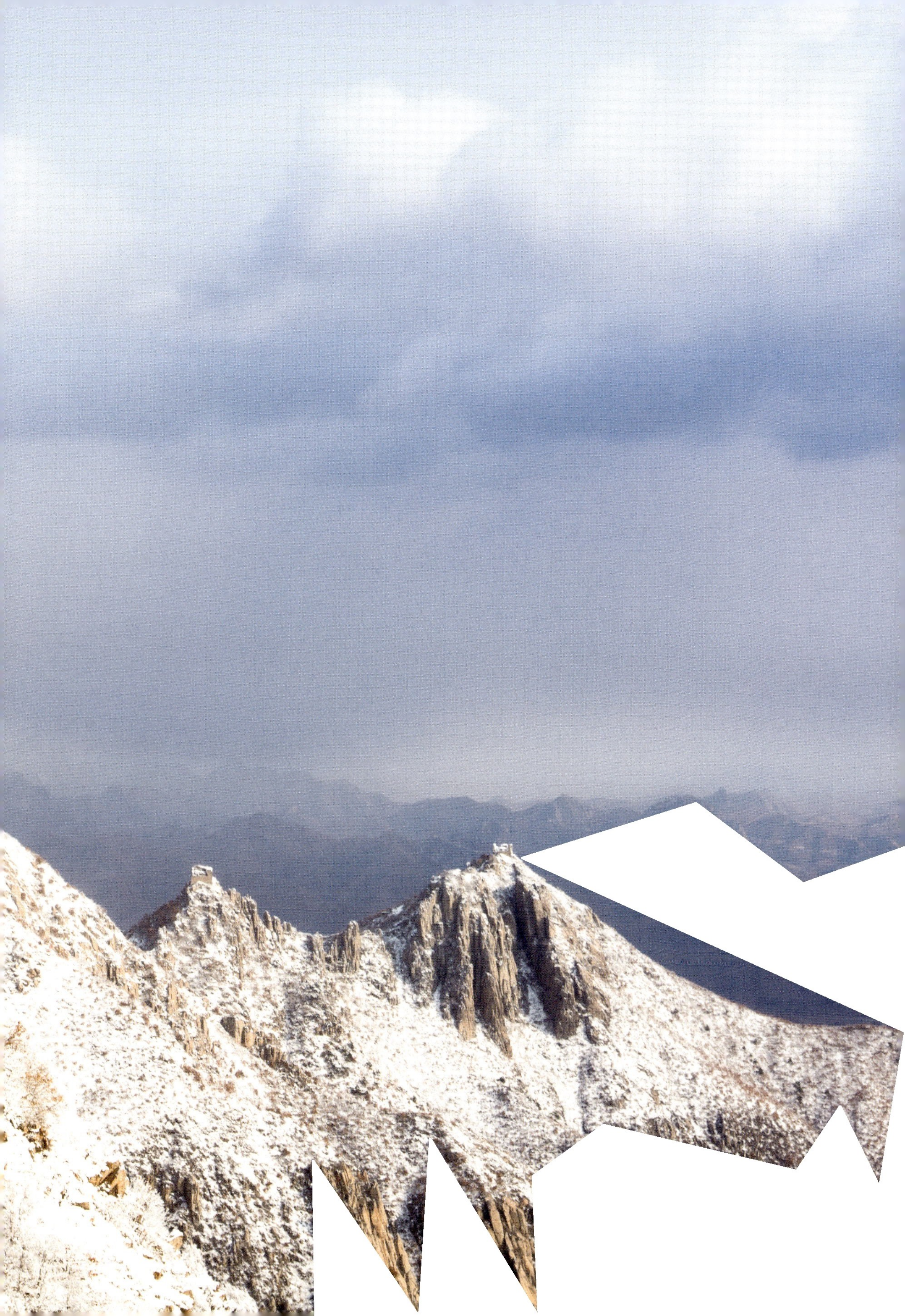

Ⅲ 区域篇

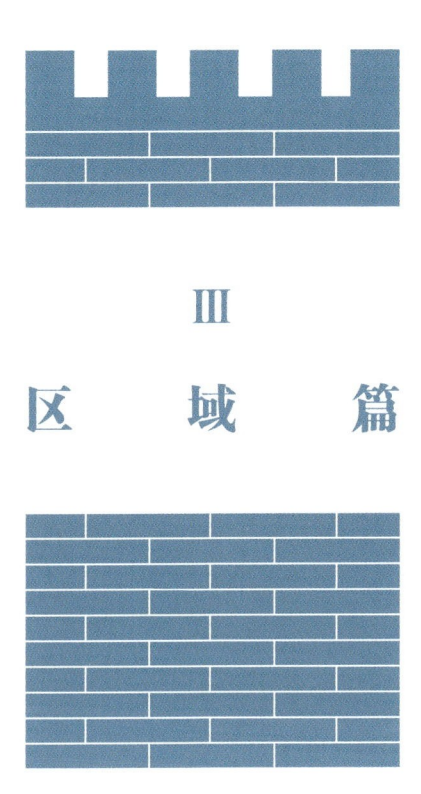

8 京津冀长城沿线博物馆建设与区域协同发展路径探究

一、引言

京津冀地缘相接、人缘相亲、文化相通。京津冀协同发展作为国家重大战略，是引领全国高质量发展的三大重要动力源之一[1]。京津冀地区的长城是中国长城体系的精华部分，占全国长城资源总量的24.90%。长城文化作为京津冀区域相通的文脉和纽带，是实现三地文化协同发展的重要因素和重要支撑。博物馆作为重要的公共文化服务机构，在区域文化引领、文化凝聚、文化融合等方面具有独特作用，是落实京津冀文化协同发展的重要抓手。推动三地长城沿线博物馆协同发展，对增强长城旅游与长城文化品牌集群效应、促进长城文化保护利用传承一体化发展与京津冀协同创新发展至关重要。2021年，《关于推进博物馆改革发展的指导意见》明确提出，统筹不同地域博物馆发展，配合京津冀协同发展等国家重大战略及长城国家文化公园建设等国家重大文化工程，加强博物馆资源整合与协同创新[2]。目前，长城国家文化公园成为京津冀新的文化地标，京津冀地区长城沿线的博物馆建设成果初现，其对区域文化协同发展的意义也越来越得到各地重视。

鉴于此，为贯彻好习近平总书记关于京津冀协同发展、长城和长城国家文化公园的重要讲话精神，落实好京津冀协同发展重大国家战略与长城国家文化公园建设重大文化工程，本文以京津冀长城沿线博物馆为研究对象，梳理其建设现状与协同发展问题，并探讨三地长城沿线博物馆与长城文化协同发展的优化路径。本研究将京津冀长城沿线博物馆分为长城沿线备案博物馆与长城主题博物馆。其中，长城沿线备案博物馆即空间上或内容上与长城资源关联的博物馆，指分布于长城资源沿线区域，以教育、研究和欣赏为目的，收藏、保护并向公众展示人类活动和自然环境的见证物，经登记管理机关依法登记的非营利组织[3,4]。长城主题博物馆即展陈主题上与长城关联的博物馆，指分布于长城资源沿线区域，以长城为主题，收藏、保护、研究、展示长城历史、军事、建筑、经济、文化艺术及现状等内容，向公众开放，具有博物馆功能的文化场馆，包含备案博物馆和未备案博物馆[4]。京津冀长城沿线博物馆协同发展指协调三地长城沿线两个及以上的博物馆资源或主体，相互协作配合建好用好长城国家文化公园建设，完成弘扬长城文化、讲好长城故事、推动京津冀文化协同发展目标,以达到多方互利共赢的效果[5]。

二、京津冀长城资源与长城沿线博物馆建设概况

(一)京津冀长城资源分布概况

根据2012年国家文物局长城资源调查和认定成果:我国历代长城资源分布于北京、天津、河北、山西、内蒙古、辽宁、吉林、黑龙江、山东、河南、陕西、甘肃、青海、宁夏、新疆15省(自治区、直辖市)404县(市、区、旗)。长城墙壕遗存总长度为21 196.18千米,各类长城资源遗存总数43 721处(座/段),包括墙体10 051段,壕堑/界壕1764段,单体建筑29 510座,关、堡2211座,其他遗存185处[6]。大尺度跨区域是我国长城线性文化遗产的特性之一,也是长城整体保护利用传承的难点之一。

其中,北京市内的北齐与明长城遗存总数2356处,墙体全长520.77千米,分布于平谷、密云、怀柔、延庆、昌平和门头沟6个区,包括长城墙体461段、关堡147座、单体建筑1742座、相关设施6处[7],占全国长城资源总量的5.38%,在长城沿线15个省区市中排第7(图8-1)。

a 密云区明长城司马台段

b 怀柔区明长城箭扣段

图8-1 北京长城资源(图片来源:周小凤实地拍摄)

天津境内的长城均修建于明代,分布于蓟州区,长城遗存总长40 283.06千米,包括长城墙体176段、关堡10座、敌台85座、烽火台4座等[8],占全国长城资源总量的0.63%,排序第11(图8-2)。

河北境内长城资源数量多、重要点段多、类型丰富、分布范围广、遗存时代长,是长城国家文化公园重点建设区。河北段长城始建于战国,而后历代王朝均有修筑,现存总长2498.54千米,包括长城墙体1443段、单体建筑6303座、关堡372座、相关遗存182处,分布在秦皇岛、唐山、承德、张家口、保定、廊坊、石家庄、邢台、邯郸9个设区市59县(市、区)[9],占全国长城资源总量的18.89%,排序第2(图8-3)。以上三地交界处的长城总长约110千米。

a 黄崖关长城夏景

b 黄崖关长城秋景

图8-2 天津长城资源（图片来源：黄崖关长城景区）

a 山海关老龙头长城

b 长城国家文化公园大境门段

图8-3 河北长城资源（图片来源：周小凤实地拍摄）

（二）京津冀长城沿线备案博物馆建设概况

截至2021年末，全国备案博物馆6183家，长城资源沿线区域的备案博物馆共739家。京津冀长城沿线备案博物馆共84家，占长城沿线备案博物馆总量的11.37%。其中，河北长城沿线备案博物馆共59家，占京津冀长城沿线备案博物馆总量的70.24%，分布于承德市（14家）、石家庄市（12家）、张家口市（11家）、保定市（9家）、邯郸市（5家）、唐山市（4家）、秦皇岛市（3家）、邢台市（1家）；北京长城沿线备案博物馆共20家，占京津冀长城沿线备案博物馆总量的23.81%，分布于昌平区（8家）、延庆区（5家）、怀柔区（4家）、平谷区（2家）、门头沟区（1家）；天津长城沿线备案博物馆共5家，占京津冀长城沿线备案博物馆总量的5.95%。

具体来看，京津冀长城沿线备案博物馆中（表8-1）[①]，国有备案博物馆共57家，占其总量的67.86%，其中文物系统国有博物馆40家，其他行业国有博物馆17家。从质量等级看，一级馆2家、二级馆9家、三级馆8家；未定级的备案博物馆共有65家，占其总量的77.38%。博物馆建筑规模以小型博物馆为主，共有55家小型博物馆，占其总量的65.48%。展陈题材类型以历史文化类为主，共有43家，占其总量的51.19%，此外尚有革命纪念类10家、综合地志类10家、自然科技类4家、艺术类4家、其他类13家。2021年，京津冀长城沿线备案博物馆共有藏品19万余件（套），珍贵文物1.9万余件（套），举办展览240个，社教活动1400余次，参观人数900多万人次。

表8-1 京津冀长城沿线备案博物馆建设概况一览表

内容		京 数量（家）	津 数量（家）	冀 数量（家）	合计 数量（家）	占京津冀长城沿线备案博物馆总量比重
主体性质	文物系统国有博物馆	10	1	29	40	47.62%
	其他行业国有博物馆	5	4	8	17	20.24%
	非国有博物馆	5	0	22	27	32.14%

① 表8-1、表8-2均根据2021年全国博物馆年度报告信息系统（nb.ncha.gov.cn）数据整理。

续表

内容		京 数量（家）	津 数量（家）	冀 数量（家）	合计 数量（家）	占京津冀长城沿线备案博物馆总量比重
质量等级	一级馆	1	0	1	2	2.38%
	二级馆	1	0	8	9	10.71%
	三级馆	1	0	7	8	9.52%
	未定级馆	17	5	43	65	77.38%
建筑规模	特大型	1	0	0	1	1.19%
	大型	1	0	3	4	4.76%
	大中型	2	0	6	8	9.52%
	中型	5	1	10	16	19.05%
	小型	11	4	40	55	65.48%
题材类型	历史文化	11	1	31	43	51.19%
	革命纪念	1	1	8	10	11.90%
	综合地志	3	0	7	10	11.90%
	自然科技	2	1	1	4	4.76%
	艺术	1	0	3	4	4.76%
	其他	2	2	9	13	15.48%

（三）京津冀长城主题博物馆建设概况

截至2023年末，全国长城主题博物馆100家，建成开放的有62家。京津冀区域建成开放的长城主题博物馆有29家，占全国建成开放的长城主题博物馆总量的46.77%。其中，北京已建成开放的长城主题博物馆有12家，备案的有2家（中国长城博物馆、居庸关长城博物馆），2家分别处于规划或在建状态（古北口长城文化博物馆、沿河城长城陈列馆）；河北已建成开放的长城主题博物馆有15家，备案的有

3家（山海关古城历史博物馆、山海关长城博物馆、喜峰口长城抗战博物馆）；天津已建成开放的长城主题博物馆有2家，分别为黄崖关长城博物馆（已备案）、黄崖关民俗博物馆（未备案）。长城国家文化公园建设背景下，京津冀区域掀起改造和新建长城主题博物馆的热潮。2020年前，三地建成开放的长城主题博物馆有21家。2020年后新建成的长城主题博物馆有8家，占三地建成开放的长城主题博物馆总量（29家）的27.59%，如河北新建的万全长城卫所博物馆（2022）、张家口长城博物馆（2022）及北京的中国长城博物馆与天津黄崖关长城博物馆改造提升工程等均是三地长城国家文化公园建设的重大标志性项目。

在京津冀29家建成开放的长城主题博物馆中（表8-2），国有长城主题博物馆有11家，占三地长城主题博物馆总量的37.93%，以北京居多（7家）；非国有长城主题博物馆18家，以河北居多（12家）。未定级的长城主题博物馆有27家，二级与三级博物馆各1家，分别为河北的山海关长城博物馆与北京的中国长城博物馆。馆舍建筑面积普遍小于5000平方米，共有27家小型博物馆；中型馆（5001—10 000平方米）仅2家，为河北万全长城卫所博物馆（6600平方米）与山海关长城博物馆（6230平方米）。展陈主题以历史文化（16家）与革命纪念（8家）题材为主，主要展示明长城资源的历史文化及其近现代的革命文化内涵、保护修缮工作成果与乡村聚落发展历史等内容，关于长城的生态文化多样性与其他历史时期长城资源文化内涵仍待挖掘、阐释与展示。

表8-2 京津冀建成开放的长城主题博物馆概况一览表

内容		京 数量（家）	津 数量（家）	冀 数量（家）	合计 数量（家）	占京津冀长城沿线备案博物馆总量比重
备案情况	备案博物馆	2	1	3	6	20.69%
	未备案博物馆	10	1	12	23	79.31%
主体性质	国有博物馆	7	1	3	11	37.93%
	非国有博物馆	5	1	12	18	62.07%

续表

内容		京 数量（家）	津 数量（家）	冀 数量（家）	合计 数量（家）	占京津冀长城沿线备案博物馆总量比重
质量等级	一级馆	0	0	0	0	0.00%
	二级馆	0	0	1	1	3.45%
	三级馆	1	0	0	1	3.45%
	未定级馆	11	2	14	27	93.10%
建筑规模	特大型	0	0	0	0	0.00%
	大型	0	0	0	0	0.00%
	大中型	0	0	0	0	0.00%
	中型	0	0	2	2	6.90%
	小型	12	2	13	27	93.10%
题材类型	历史文化	7	0	9	16	55.17%
	革命纪念	3	0	5	8	27.59%
	自然科技	1	0	0	1	3.45%
	艺术	1	0	0	1	3.45%
	其他	0	2	1	3	10.34%

二、京津冀长城沿线博物馆协同发展现状与问题

（一）京津冀区域博物馆协同发展已初见成效

2014年，在党中央、国务院推动京津冀协同发展重大战略部署背景下，北京市文化局、天津市文化广播影视局、河北省文化厅共同签署了《京津冀三地文化领域协同发展战略框架协议》，标志着京津冀文化协同发展进入新阶段。经过近十年的稳步推进，京津冀地区博物馆发展已经初见成效。在实践方面（表8-3）[①]，京津冀区域博物馆的协同发展主体以首都博物馆、天津博物馆、河北博物院等省级综合地志类博

---

① 表8-3、表8-4均根据线上调研资料整理。

物馆为引领，兼顾纪念馆、文创企业以及教育机构、文旅部门等多元主体。京津冀区域博物馆的协同发展范畴涵盖馆际交流合作、科学研究、遗产教育、藏品资源整合和开放共享、精品研学路线与特色文创品牌打造等多方面。制度安排、联盟组织是京津冀区域博物馆协同发展的核心路径。其中，相关联盟组织有以人物纪念馆为主体的"京津冀名人故居联盟"（2017）、跨区域城市群的"京津冀长三角珠三角博物馆联盟"（2018）、"京津冀馆校融合'大思政课'建设联盟"（2023）等；相关机制保障有《首都博物馆、天津博物馆、河北博物院协同发展战略框架协议》（2017）、《京津冀博物馆协同创新发展合作协议》（2018）、《京津冀博物馆研学项目合作意向书》（2019）等。随着京津冀一系列博物馆协同发展战略协议的签订和跨区域博物馆联盟组织的成立，三地博物馆不断推动京津冀文化协同发展。尤其是2018年5月，北京市文物局、天津市文物局、河北省文物局、故宫博物院、中国国家博物馆、恭王府博物馆、北京鲁迅博物馆签署《京津冀博物馆协同创新发展合作协议》，提出建立京津冀博物馆协同发展领导联席会议制度，下设京津冀博物馆协同发展推进工作办公室，不仅为三地博物馆协同发展提供了根本保障机制，也为三地博物馆协同发展提供了常态化运作的组织保障，标志着三地文博事业协同发展迈向新征程。

表8-3 京津冀博物馆与长城协同发展历程一览表

| 京津冀博物馆协同发展过程 || 京津冀长城保护利用传承协同发展过程 ||
时间	事件内容	时间	事件内容
2017年4月	李叔同故居纪念馆发起倡议，携手北京郭沫若纪念馆、河北省李大钊纪念馆作为牵头单位，协议创办"京津冀名人故居联盟"。	2015年9月	北京与河北、天津三地文物部门签订《京津冀长城保护管理框架协议》。
2017年11月	首都博物馆、天津博物馆、河北博物院签署《首都博物馆、天津博物馆、河北博物院协同发展战略框架协议》。	2016年12月	八达岭、慕田峪、居庸关、黄崖关、山海关、金山岭等京津冀长城保护管理机构联合成立"京津冀长城保护联盟"。
2018年3月	中国国家博物馆与首都博物馆、天津博物馆、河北博物院签订"1+3"战略合作框架协议。	2018年10月	来自北京延庆、平谷、怀柔，天津，河北张家口、秦皇岛等地区的14所长城沿线学校组建"长城教育联盟"。

续表

| 京津冀博物馆协同发展过程——事件 || 京津冀长城保护利用传承协同发展过程——事件 ||
时间	事件内容	时间	事件内容
2018年5月	北京市文物局、天津市文物局、河北省文物局、故宫博物院、中国国家博物馆、恭王府博物馆、北京鲁迅博物馆签署《京津冀博物馆协同创新发展合作协议》。	2022年7月	北京市文物局、天津市文物局和河北省文物局签订《全面加强京津冀长城协同保护利用联合协定》。
2018年12月	由南京博物院、首都博物馆、广东省博物馆领衔，121家来自京津冀、长三角、珠三角的博物馆组成"京津冀长三角珠三角博物馆联盟"。	2022年10月	天津市文化和旅游局联合北京市、河北省文旅部门推出10大主题京津冀精品旅游线路，含京津冀长城之旅。
2019年5月	来自京津冀三地的23家博物馆、文创企业以及教育机构等单位联合签署《京津冀博物馆研学项目合作意向书》。	2023年7月	京津冀三地政协共同签署《京津冀文旅融合协同发展联合倡议书》，要求构建数字化文旅服务平台，联合开展京津冀长城沿线基础设施和公共服务体系完善升级，统一引导标识。
2023年8月	中国人民大学、香山革命纪念馆、南开大学、平津战役纪念馆、河北师范大学、西柏坡纪念馆共同发起，成立"京津冀馆校融合'大思政课'建设联盟"。	2023年8月	北京市平谷区文化和旅游局、天津市蓟州区文化和旅游局、兴隆县旅游和文化广电局、遵化市文化广电和旅游局签署《京津冀长城联合巡查、执法协议书》。

（二）京津冀长城保护利用协同发展成效显著

在《京津冀协同发展规划纲要》（2015）的引领下，京津冀三地在长城保护、修缮、利用、执法、教育等诸多领域取得显著成效。2015年9月，北京与河北、天津三地文物部门就联合签订《京津冀长城保护管理框架协议》，针对性解决三地交界的长城资源保护、利用、执法与宣传工作。随后，京津冀三地长城代表性旅游开放景区与保护管理机构联合成立"京津冀长城保护联盟"（2016），三地长城沿线学校组建"长城教育联盟"（2018），为共同推动长城保护、利用、宣传工作协同发展提供组织保障。

近年来，为了建好用好长城国家文化公园，京津冀三地政府及文旅部门以构建协同发展合作机制为抓手，不断拓展三地长城保护与利用协同发展深度与广度，如《全面加强京津冀长城协同保护利用联合协定》（2022）、《边界长城保护合作协议》（2022）、《京津冀长城联合巡查、执法协议书》（2023）。此外，三地文旅部门不断整合区域长城资源及其他文化旅游资源，在开发长城主题旅游线路、营销推广、公共设施与服务供给等方面开展广泛深入的交流合作，逐步形成京津冀长城旅游网络与品牌圈。如2021年，河北省文化和旅游厅推出长城国家文化公园（河北段）4大主题12条精品线路，其中"长城抗战红色游""冬奥长城冰雪游"包含了北京长城资源点位。2022年，三地文旅部门共同推出10大主题京津冀精品旅游线路，含京津冀长城之旅。2023年，在天津市文化和旅游局升级推出的42条"津牌"旅游线路中，京津冀主题游共包含14条线路，且专门有1条"京津冀长城游线"，另有5条游线涉及长城资源点位。同年，三地文旅部门发布10条京津冀文旅科普体验线路，其中线路9"攀长城望盛景，繁华古镇品文化"含金山岭长城—古北口长城抗战纪念馆—古北水镇—慕田峪长城的行程。可见，在长城国家文化公园建设与文旅深度融合背景下，京津冀三地以长城资源为纽带，以长城相关联盟组织、长城保护利用协同发展机制、长城主题游线开发整合为核心路径，加强京津冀三地长城文化和旅游交流与合作，全方位打造京津冀长城遗产保护、旅游利用、文化传承一体化战略新格局，在文化与旅游领域深度推进京津冀协同发展水平。

（三）京津冀长城沿线博物馆协同发展不充分

综合京津冀区域长城与博物馆协同发展实践来看，三地长城保护利用协同发展以政府部门为主导，其协同发展合作机制具有行政效力，执行力度强。反之，三地博物馆协同发展以非政府部门为主导，以区域综合地志类博物馆为核心力量，缺少具有行政效力的协同发展合作机制保障。在京津冀博物馆与长城保护利用协同发展背景下，三地在长城沿线博物馆的协同发展及长城文化协同传播方面长期以来未得到充分重视。目前，京津冀长城沿线博物馆协同发展整体广度不够、深度不足，主要体现在三个方面：

（1）尚未建立长城相关主题博物馆联盟，缺少相应的协同发展机制与运作组织平台保障，致使三地长城沿线博物馆的常态化合作基础较为薄弱。在国家文化公园建设背景下，与长征、黄河、长江、大运河沿线博物馆协同发展进程相比（表8-4），长城沿线博物馆协同发展与长城文化共同体建设相对滞后。

表8-4 长城沿线区域博物馆联盟与线性文化遗产博物馆联盟一览表

长城沿线区域博物馆联盟					线性文化遗产博物馆联盟	
成立时间	联盟名称	成立时间	联盟名称	成立时间	联盟名称
2011	东北三省博物馆联盟	2018	山西省市博物馆联盟	2017	丝绸之路国际博物馆联盟
2011	首都博物馆联盟	2018	河南省博物馆联盟	2018	全国长征纪念馆联盟
2016	陕西省博物馆教育联盟	2019	甘肃博物馆联盟	2019	大运河（浙江）城市博物馆联盟
2016	内蒙古自治区博物馆联盟	2019	黑龙江博物馆协同发展	2019	黄河流域博物馆联盟
2017	京津冀名人故居纪念馆联盟	2020	山东省博物馆联盟	2020	大运河博物馆联盟
2017	京津冀博物馆教育协同发展战略联盟	2021	青海博物馆联盟	2021	长江流域博物馆联盟
2018	京津冀长三角珠三角博物馆联盟	2024	京津冀博物馆学会联盟	2023	长征纪念馆联盟

（2）长城博物馆与长城旅游融合协同发展不足。在长城主题旅游线路中，长城主题博物馆的营销推广并不突出，这与三地长城沿线博物馆建设发展水平不均及其自身旅游吸引力不足有关。如"京畿长城"国家风景道作为长城国家文化公园（北京段）建设的十大标志性项目之一，于2023年12月8日在北京智慧旅游地图正式上线（图8-4），联动八达岭长城景区、居庸关长城、慕田峪长城、黄花城水长城、司马台长城等30余个优质旅游景区，但沿线长城主题博物馆尚未出现在线路推荐中。

图 8-4 北京智慧旅游地图微信公众平台的"京畿长城"国家风景道线路推荐（图片来源：周小凤截图）

（3）博物馆藏品与展览信息资源数字化整合与共享不够，尚未形成多元主体的长城文化协同传播合力。如"北京市博物馆大数据平台"官网与"北京博物馆云"微信小程序关于长城主题博物馆的展览和藏品信息整合仅有已备案的中国长城博物馆与居庸关长城博物馆2家，且信息内容较简单且传播方式单一。"云长城河北"微信小程序的博物馆栏目整合了11家河北地区长城沿线博物馆及长城主题博物馆的360°全景游览、地图导览、馆藏精品与经典展览等信息，包括山海关长城博物馆、张家口长城博物馆、崇礼冰雪文化博物馆、喜峰口长城抗战博物馆、滦平县博物馆、迁安博物馆、万全长城卫所博物馆等。总体来看，京津冀长城沿线博物馆，尤其是长城主题博物馆的长城遗产保护、旅游活化与文化传承尚未实现一体化协同发展。

三、京津冀长城沿线博物馆协同发展路径优化

（一）建立健全长城沿线博物馆协同发展机制与组织平台，夯实馆际间协作基础

首先，基于现有长城沿线备案博物馆与长城主题博物馆目录清单，以长城主题博物馆为主导，建立跨越15省区市的长城沿线博物馆联盟与协同发展制度框架，充分发挥其示范引领和辐射作用，强化长城沿线博物馆在京津冀区域协同发展与长城保护利用传承一体化发展中的作用。其次，发挥长城沿线博物馆联盟的整体统筹协调作用，建立区域长城博物馆联盟与区域博物馆联动合作机制，如成立京津冀长城沿线博物馆联盟、黑吉辽长城沿线博物馆联盟。再次，在长城沿线博物馆联盟整体框架下，基于不同区域长城沿线博物馆资源特色分设不同主题的长城博物馆联盟，进一步深化博物馆在藏品资源、陈列展览、遗产教育、人才培育、数字信息、文创产品等多方面的资源整合、协同创新与开放共享，如京津冀长城红色文化博物馆联盟、京津冀长城博物馆文创联盟。最后，整合现存具有社会影响力的长城相关联盟资源，如中国长城旅游市场推广联盟（2014）、京津冀长城保护联盟（2016）、中国长城保护联盟（2018）及不同区域的长城保护志愿者联盟等，为长城沿线博物馆联盟与其他长城相关联盟之间搭建交流、合作、共享的综合平台，促进长城遗产保护、旅游利用、文化传承协同发展。基于《中国文化遗产研究院与英格兰遗产委员会关于哈德良长城与中国长城的全面合作协议》（2017）框架，选择具有代表性和影响力的长城博物馆，推动中英双方在"中英双墙对话"基础上成立中英长城国际博物馆联盟，促进双方在长城沿线博物馆建设与长城文化传播的实践交流互鉴，进一步提升我国长城沿线博物馆的国际传播能力与长城文化的国家传播影响力，更好地以长城为中华文化标志性符号，讲好中国故事，传播好中国声音，阐释好中国特色。

（二）研发推出多元的跨区域长城博物馆主题游径，促进文旅深度融合协同发展

首先，坚持以文促旅、以旅彰文，有效推动长城博物馆文化资源与长城旅游资源交叉利用，构建"长城博物馆+长城景区"的文旅深度融合新模式。其次，充分挖掘京津冀三地已规范开放的长城旅游景区与周边博物馆文化内涵，围绕现有长城沿线博物馆与长城旅游资源，研发推出京津冀区域基于博物馆的长城文化主题游径，包含长城红色文化、长城生态文化、长城乡村文化等多元主题（表8-5）。同时，推动长城

沿线博物馆联合策划不同主题的长城临时展览或流动展览，进一步拓展长城沿线博物馆与长城景区空间的联动性及长城游客体验的流动性，如南口战役纪念馆、花厂峪抗日纪念馆、冷口关长城抗战纪念馆、喜峰口长城抗战博物馆、罗文峪长城抗战陈列馆、南口抗战纪念馆、古北口长城抗战纪念馆等长城抗战主题博物馆可以联合策划"长城抗战文化"流动展，基于不同博物馆的长城抗战事件策划不同主题的长城抗战文化临时展，串联在一起阐释与展示完整的长城抗战文化。再次，提升长城沿线博物馆的旅游公共服务与社会传播服务水平，加强博物馆在京津冀长城主题游径中的国内外推广营销与线上线下的游线导览，深化公众对长城沿线博物馆的认知，赋予公众更多的长城文化旅游体验内涵。最后，加强博物馆与长城旅游景区之间的常态化合作交流，塑造具有社会影响力的"京津冀长城博物馆+长城景区"文化旅游品牌。

表 8-5 京津冀区域长城博物馆主题游径推介表

游径主题	游线内容
长城红色文化游径	①（冀）喜峰口长城抗战博物馆+喜峰口长城旅游景区—（津）黄崖关长城博物馆+黄崖关长城风景区—（京）玻璃台村镇罗营革命历史纪念展厅+玻璃台长城—（京）上营村"山水镇罗营·故事汇"红色山河记忆主题展厅—（京）平谷区博物馆 ②（京）慕田峪长城精神传承馆+慕田峪长城景区—（京）响水湖长城红馆+响水湖自然长城风景区—（京）古北口长城抗战纪念馆+古北口文化文物旅游区
长城生态文化游径	①（冀）金山岭长城自然博物馆+金山岭长城景区—（京）九眼楼长城文化展厅+九眼楼生态长城展示区—（冀）官厅水库湿地博物馆+官厅水库国家湿地公园
明长城历史文化游径	①（京）居庸关长城博物馆+居庸关长城景区—（京）中国长城博物馆+八达岭长城景区—（冀）万全长城卫所博物馆+万全卫城—（冀）张家口长城博物馆+大境门长城景区 ②（冀）山海关中国长城博物馆+角山长城景区—（冀）山海关古城历史博物馆+山海关天下第一关景区 （津）黄崖关长城博物馆+黄崖关长城风景区
长城乡村文化游径	①（京）慕田峪长城国家文化村+北沟村村史馆+慕田峪长城精神传承馆+慕田峪长城景区—（京）古北口村历史文化馆+河西村乡情村史陈列室+古北口文化文物旅游区—（京）司马台村村史馆+司马台长城景区+古北水镇—（冀）花楼沟村+金山岭长城景区 ②（京）柳沟乡情村史陈列馆+旱船博物馆+柳沟村民俗度假村—（冀）羊儿岭长城乡村活态博物馆+羊儿岭营城遗址—（冀）坊口村怀来长城文化展馆+蹲虎关长城

数据来源：根据线上与线下调研资料整理

（三）加强长城沿线博物馆资源与信息的数字化整合，赋能长城文化协同传播

以"云长城河北"微信小程序的博物馆专栏为基底，汲取北京市博物馆大数据平台、北京博物馆云微信小程序、北京智慧旅游地图的内容设计、信息引导、参观导览等数字化经验，打造"可阅读的长城博物馆数字云平台"。首先，优化"云长城河北"微信小程序的博物馆专栏内容设计，包含博物馆资源〔设地图导览（含离线地图服务功能）、活动信息、馆藏精品、常设展览、参观预约、长城礼物等内容板块〕、线路推荐（设不同主题的博物馆游径线路内容推荐）、点亮长城（提供虚拟旅游与线下旅游打卡积分、生成"长城好汉"数字证书与个人长城数字轨迹、分享推荐等功能服务）三部分。其次，发挥区域博物馆联盟统筹协调作用，动员长城沿线博物馆加快展览、活动、藏品、文创等资源与信息的数字化采集与整合步伐，为中小型博物馆的数字采集、整合与传播工作提供资金、技术与人力支持，促进多元博物馆的资源整合与协同创新。再次，加强"可阅读的长城博物馆数字云平台"的线上与线下宣传推广，提高公众对该平台的熟悉度与使用率，同时通过线上线下旅游体验互动增加平台与用户的情感联结、提升用户黏性。

参考文献

[1] 推动京津冀协同发展不断迈上新台阶——习近平总书记在河北考察并主持召开深入推进京津冀协同发展座谈会重要讲话引发热烈反响[EB/OL]// 人民网.(2023-05-14)[2024-02-02].http://politics.people.com.cn/n1/2023/0514/c1001-32685510.html.

[2] 中央宣传部,国家发展改革委,教育部,等.关于推进博物馆改革发展的指导意见[EB/OL] // 国家文物局官网.(2021-05-24)[2024-01-16].http://www.ncha.gov.cn/art/2021/5/24/art_722_168090.html.

[3] 周小凤,张朝枝,焦青青,等.北京长城沿线博物馆建设与长城文化传播研究：备案博物馆篇[J].中国博物馆,2023(5): 30–37+127.

[4] 周小凤,张朝枝,曾晓茵,等.北京长城沿线博物馆建设与长城文化传播研究[M]// 北京旅游绿皮书：北京旅游发展报告（2023）.北京：社会科学文献出版社,2024: 185–

197.

[5] 郑奕. 长三角博物馆协同发展机制研究 [J]. 东南文化, 2022(2): 6–14+191–192.

[6] 长城资源调查与认定 [EB/OL]// 中国长城遗产官网. (2016-11-09)[2023-09-30]. http://www.greatwallheritage.cn/CCMCMS/html/1//54/646.html.

[7] 长城 [EB/OL]// 北京市文物局官网. (2017-08-16)[2023-09-30]. https://wwj.beijing.gov.cn/bjww/362771/362778/364326/index.html.

[8] 天津市文化遗产保护中心考古工作概要 [EB/OL]// 天津市文化遗产保护中心官网. (2020-09-25)[2024-02-02]. http://tjculture.museum.chaoxing.com/307/308/3283.html.

[9] 网信河北. 不知道该怎么介绍家乡河北？从长城开始！ [EB/OL]// 网信河北微信公众平台. (2020-12-15)[2024-02-02]. https://mp.weixin.qq.com/s/O9mJb7iXWvn6zWouKKBovA.

9 陕晋蒙长城沿线博物馆建设与社会力量参与路径探究

一、引言

随着公众的精神文化需求不断提升及对公共文化服务需求的不断增加，以政府为代表的公共文化服务供给主体意识到社会力量参与合作供给的重要性，愈发重视并鼓励社会力量参与博物馆建设。例如，2015年国务院出台《博物馆条例》，第四条、第五条明确指出："国家鼓励企业、事业单位、社会团体和公民等社会力量依法设立博物馆。"2021年国家文物局等九部门联合发布《关于推进博物馆改革发展的指导意见》，明确要求推动博物馆公共服务市场化改革，引入竞争机制，鼓励社会力量参与展览、教育和文创开发。目前，社会力量参与建设的非国有博物馆已成为我国公共文化服务体系和博物馆体系的重要组成部分，在传承和弘扬优秀传统文化、推动中国博物馆事业高质量发展中发挥着无可替代的作用。例如，2021年，全国备案博物馆6183家，有非国有博物馆1989家，占比为32.17%；长城沿线备案博物馆739家，其中非国有博物馆225家，占其总量的30.45%；长城沿线非国有备案博物馆共有藏品56万余件（套），珍贵文物1700余件（套），举办展览633个，进行社教活动2000余次，参观人数624万余人次。可见，长城沿线非国有博物馆已成为保护、收藏、教育、研究并展示长城文化的重要文化机构，在保护长城、传播长城文化、弘扬长城精神方面发挥了重要作用。

陕晋蒙地区长城资源丰富多样，承载着深厚的历史信息和民族记忆，不仅是长城军事防御体系的重要组成部分，也是中华民族精神的象征。但是，由于该地区长城多数分布在交通条件较差，自然环境比较恶劣，人迹罕至的山区、荒漠、草原等区域，管理维护难度较大，仅靠文物部门的力量可能难以解决其保护管理等方面的问题，需要引进更多的社会力量参与长城的保护、展示和社会教育等相关工作。鉴于此，本文拟通过陕晋蒙地区非国有博物馆分析，梳理社会力量参与长城沿线博物馆建设现状，进而分析该地区社会力量参与长城文化保护利用传承的实践范例，探讨促进社会力量更好地参与长城沿线博物馆建设与长城文化传播的优化路径。

二、陕晋蒙长城资源与长城沿线博物馆建设概况

（一）陕晋蒙长城资源分布概况

陕晋蒙长城沿线地区指长城资源所在的县（市、区），共涉及26个市（盟），132个县（市、区、旗）。其中，陕西长城资源遗存丰富（图9-1），包括战国魏长城、战国秦长城、汉长城、隋长城及明长城，基本覆盖长城进化发展的整个历史过程[1]，分布于榆林、延安、铜川、渭南、安康、韩城6市17县，总长度约1802.01千米，数量2919处，包括单体建筑2003座、墙体或堑壕736段、关堡178座及多处相关遗存①。

a 明长城安边段

b 明长城盐场堡镇段

图9-1 陕西长城资源（图片来源：周小凤实地拍摄）

---

① 数据来源：《陕西省长城保护总体规划》（陕西省长城文化遗产研究院，2021），由陕西省文物局提供。

山西长城分布于大同、朔州、忻州、吕梁、晋中、阳泉、长治、晋城等8市39县(市、区),包括战国、东汉、北魏、东魏、北齐、隋、五代、明等8个历史时期修筑或使用的长城墙体及附属设施(图9-2),历代长城共5029处遗存点段,点段认定数量位列长城沿线15个省(自治区、直辖市)的第三位。其中长城墙体835段总长1410.06千米,墙体长度位列全国第五,关堡367座、单体建筑3800座、相关遗存27处[2]。

a 偏关县明长城——老牛湾堡

b 大同市新荣区明长城——得胜堡

图9-2 山西长城资源(图片来源:周小凤实地拍摄)

内蒙古长城资源分布于12盟市、76旗县（市、区），包括战国赵、战国燕、战国秦、秦、西汉、东汉、北魏、北宋、西夏、金、明等11个历史时期的长城，墙体长度7570千米，共13 278处遗存点段（图9-3），占全国长城的31.51%，长城长度、时代跨度、分布广度均居全国第一位[3]。

a 清水河县北堡乡明长城

b 凉城县苏木镇明长城——二边十二沟段

图9-3 内蒙古长城资源（图片来源：周小凤实地拍摄）

（二）陕晋蒙长城沿线备案博物馆建设概况

截至2021年末，全国备案博物馆6183家，长城资源沿线区域的备案博物馆共739家。陕晋蒙长城沿线备案博物馆共224家（表9-1）①，占长城沿线备案博物馆总

---

① 表9-1、表9-3、表9-4、表9-5、表9-6均根据2021年全国博物馆年度报告信息系统（nb.ncha.gov.cn）数据整理。

量的30.31%。其中，陕西长城沿线备案博物馆共44家，占陕晋蒙长城沿线备案博物馆总量的19.64%，分布于榆林市（27家）、渭南市（10家）、延安市（5家）、铜川市（2家）；山西长城沿线备案博物馆共55家，占陕晋蒙长城沿线备案博物馆总量的24.55%，分布于大同市（23家）、忻州市（12家）、晋中市（6家）、朔州市（5家）、晋城市（4家）、吕梁市（2家）、阳泉市（1家）、长治市（2家）；内蒙古长城沿线备案博物馆共125家，占陕晋蒙长城沿线备案博物馆总量的55.80%，分布于呼和浩特市（24家）、赤峰市（19家）、呼伦贝尔市（16家）、包头市（3家）、鄂尔多斯市（16家）、锡林郭勒盟（12家）、巴彦淖尔市（7家）、乌兰察布市（9家）、兴安盟（6家）、阿拉善盟（5家）、通辽市（5家）、乌海市（3家）。

表9-1 陕晋蒙长城沿线备案博物馆建设概况一览表

内容		陕西 数量（家）	山西 数量（家）	内蒙古 数量（家）	合计 数量（家）	占陕晋蒙长城沿线备案博物馆总量比重
主体性质	文物系统国有博物馆	25	38	81	144	64.29%
	其他行业国有博物馆	3	3	12	18	8.04%
	非国有博物馆	16	14	32	62	27.68%
质量等级	一级馆	0	1	2	3	1.34%
	二级馆	0	1	7	8	3.57%
	三级馆	1	3	19	23	10.27%
	未定级馆	43	50	97	190	84.82%
建筑规模	特大型	1	0	1	2	0.89%
	大型	0	3	7	10	4.46%
	大中型	8	2	15	25	11.16%
	中型	4	9	30	43	19.20%
	小型	31	41	72	144	64.29%
题材类型	历史文化	31	27	63	121	54.02%
	革命纪念	7	12	8	27	12.05%
	综合地志	2	7	20	29	12.95%
	自然科技	1	2	3	6	2.68%
	艺术	0	2	4	6	2.68%
	其他	3	5	27	35	15.63%

（三）陕晋蒙长城主题博物馆建设概况

截至2023年末，全国长城主题博物馆100家，建成开放的有62家。陕晋蒙地区建成开放的长城主题博物馆有14家（表9-2），占全国建成开放的长城主题博物馆总量（62家）的22.58%。其中，陕西已建成开放的长城主题博物馆有5家，备案的有2家（榆林市长城保护中心镇北台长城博物馆、余子俊纪念馆）；山西已建成开放的长城主题博物馆有6家，备案的有2家（平型关大捷纪念馆、百团大战纪念馆），未备案的有4家（大同长城博物馆、大同长城文化展馆、助马堡民俗馆、红门口地下长城红色教育基地陈列馆）；内蒙古已建成开放的长城主题博物馆有3家，均为未备案博物馆。长城国家文化公园建设背景下，陕晋蒙地区2020年后新建成的长城主题博物馆有5家，占三地建成开放的长城主题博物馆总量（14家）的35.71%，如新建的山西大同长城博物馆（2023）、内蒙古秦长城历史文化主题馆（2023）与包头长城历史文化展厅（2022）等均是区域长城国家文化公园建设的标志性项目。

表9-2 陕晋蒙建成开放的长城主题博物馆概况一览表

内容		陕西数量（家）	山西数量（家）	内蒙古数量（家）	合计数量（家）	占陕晋蒙长城沿线备案博物馆总量比重
备案情况	备案博物馆	2	2	0	4	28.57%
	未备案博物馆	3	4	3	10	71.43%
主体性质	国有博物馆	2	3	1	6	42.86%
	非国有博物馆	3	3	2	8	57.14%
质量等级	一级馆	0	0	0	0	0.00%
	二级馆	0	0	0	0	0.00%
	三级馆	0	0	0	0	0.00%
	未定级馆	5	6	3	14	100.00%
建筑规模	特大型	0	0	0	0	0.00%
	大型	0	0	0	0	0.00%
	大中型	0	0	0	0	0.00%
	中型	0	0	0	0	0.00%
	小型	5	6	3	14	100.00%

续表

内容		陕西 数量（家）	山西 数量（家）	内蒙古 数量（家）	合计 数量（家）	占陕晋蒙长城沿线备案博物馆总量比重
题材类型	历史文化	5	2	3	10	71.43%
	革命纪念	0	3	0	3	21.43%
	自然科技	0	0	0	0	0.00%
	艺术	0	0	0	0	0.00%
	其他	0	1	0	1	7.14%

数据来源：根据2021年全国博物馆年度报告信息系统（nb.ncha.gov.cn）数据及实地调研资料整理

三、陕晋蒙社会力量参与长城沿线博物馆建设的现状特征

（一）非国有博物馆是长城主题博物馆的核心力量

从博物馆主体性质看，在陕晋蒙长城沿线备案博物馆中（表9-1），国有备案博物馆共162家，占其总量的72.32%。其中文物系统国有博物馆共144家，其他行业国有博物馆共18家。非国有博物馆共62家，占陕晋蒙长城沿线备案博物馆总量的27.68%；其中陕西长城沿线备案博物馆中非国有博物馆16家，占陕西省长城沿线备案博物馆总量的36.36%；山西长城沿线备案博物馆中非国有博物馆14家，占山西省长城沿线备案博物馆总量的25.45%；内蒙古长城沿线备案博物馆中非国有博物馆32家，占内蒙古自治区长城沿线备案博物馆总量的25.60%。在陕晋蒙14家建成开放的长城主题博物馆中（表9-2），国有长城主题博物馆有6家，占三地长城主题博物馆总量的42.86%；非国有长城主题博物馆有8家，占总量的57.14%。可见，非国有博物馆不仅是陕晋蒙长城沿线博物馆建设的重要力量，更是社会力量参与长城文化传播的核心表现。

（二）非国有博物馆质量等级普遍未评定

从质量等级看（表9-3），陕晋蒙长城沿线备案博物馆中，定级博物馆共34家，其中一级博物馆3家、二级博物馆8家、三级博物馆23家；国有定级博物馆32家，

占 94.12%，非国有定级博物馆仅有 2 家，占 5.88%，均为位于内蒙古自治区的三级博物馆，分别是敖汉旗新州博物馆（赤峰市）和斯琴塔娜艺术博物馆（呼和浩特市）。陕晋蒙地区长城沿线备案博物馆中未定级博物馆共有 190 家，占其总量的 84.82%，其中未定级国有博物馆 130 家，占未定级博物馆总量的 68.42%。未定级非国有博物馆 60 家，占未定级博物馆总量的 31.58%，占陕晋蒙长城沿线非国有备案博物馆（62 家）总量的 96.77%。另外，陕晋蒙地区 14 家开放的长城主题博物馆均未定级。可见，目前陕晋蒙长城沿线非国有博物馆定级数量少，大部分未定级。

表 9-3 陕晋蒙长城沿线国有与非国有备案博物馆质量等级一览表

省域	博物馆性质	一级 数量（家）	一级 占比	二级 数量（家）	二级 占比	三级 数量（家）	三级 占比	未定级 数量（家）	未定级 占比
陕西	国有	0	0.00%	0	0.00%	1	0.45%	27	12.05%
陕西	非国有	0	0.00%	0	0.00%	0	0.00%	16	7.14%
山西	国有	1	0.45%	1	0.45%	3	1.34%	36	16.07%
山西	非国有	0	0.00%	0	0.00%	0	0.00%	14	6.25%
内蒙古	国有	2	0.89%	7	3.13%	17	7.59%	67	29.91%
内蒙古	非国有	0	0.00%	0	0.00%	2	0.89%	30	13.39%
合计		3	1.34%	8	3.57%	23	10.27%	190	84.82%

（三）非国有博物馆以小型馆为主导

从馆舍建筑规模看（表 9-4），陕晋蒙长城沿线备案博物馆建筑面积普遍小于 5000 平方米，以小型博物馆为主，共有 144 家小型博物馆，占其总量的 64.29%。其中国有小型馆 94 家，占 65.28%，非国有小型馆 50 家，占 34.72%。中型馆（5001—10 000 平方米）43 家，其中国有中型馆 37 家，占 86.05%；非国有中型馆 6 家，占 13.95%，分别位于山西（1 家）和内蒙古（5 家）。大中型馆（10 001—20 000 平方米）25 家，其中国有大中型馆 21 家，占 84.00%；非国有大中型馆 4 家，占 16.00%，分别位于陕西（3 家）和内蒙古（1 家）。大型馆（20 001—50 000 平方米）10 家，其中国有大型馆8家，占80%；非国有大型馆2家，占20%，均位于内蒙古，分别为赵大剪乡村记事剪纸艺术博物馆（鄂尔多斯市）和崖柏博物馆（呼和浩特市）。特大型馆（50 000平方米以上）2家，均为国有博物馆。在陕晋蒙长城沿线非国有备案博物馆（62家）中，小型馆占80.65%，中型馆占9.68%，大中型馆占6.45%，大型馆占3.23%，没有特大型博物馆。14家陕晋蒙长城主题博物馆中共有13家小型博物馆，仅有1家中型馆，即大同长城博物馆（8851.8平方米）。

表9-4 陕晋蒙长城沿线国有与非国有备案博物馆建筑规模一览表

省域		陕西		山西		内蒙古		合计
博物馆性质		国有	非国有	国有	非国有	国有	非国有	
博物馆建筑规模	小型 数量（家）	18	13	28	13	48	24	144
	占比	8.04%	5.80%	12.50%	5.80%	21.43%	10.71%	64.29%
	中型 数量（家）	4	0	8	1	25	5	43
	占比	1.79%	0.00%	3.57%	0.45%	11.16%	2.23%	19.20%
	大中型 数量（家）	5	3	2	0	14	1	25
	占比	2.23%	1.34%	0.89%	0.00%	6.25%	0.45%	11.16%
	大型 数量（家）	0	0	3	0	5	2	10
	占比	0.00%	0.00%	1.34%	0.00%	2.23%	0.89%	4.46%
	特大型 数量（家）	1	0	0	0	1	0	2
	占比	0.45%	0.00%	0.00%	0.00%	0.45%	0.00%	0.89%

（四）非国有博物馆展陈题材类型较为多元

从展陈题材类型看（表9-5），陕晋蒙长城沿线备案博物馆中历史文化类博物馆共121家，占其总量的54.02%；革命纪念类27家，综合地志类29家，自然科技类6家，艺术类6家，其他类35家。非国有博物馆中，历史文化类35家，占陕晋蒙长城沿线备案博物馆总量（224家）的15.63%；革命纪念类2家，占总量的0.89%，分别为内蒙古土默特博物馆、陕西靖边红色收藏博物馆；艺术类5家，占总量的2.23%；自然科技类2家，占总量的0.89%，分别为山西大同古城地质博物馆、内蒙古锡林郭勒盟宝德尔肉石艺术博物馆；综合地志类1家，为陕西观止文化艺术博物馆。在陕晋蒙长城沿线非国有备案博物馆（62家）中，历史文化类博物馆占56.45%，革命纪念类占3.23%，艺术类占8.06%，自然科技类占3.23%，综合地志类占1.61%，其他类占27.42%。陕晋蒙地区14家长城主题博物馆展陈以历史文化（10家）与革命纪念（3家）题材为主，主要展示明、秦时期长城历史文化及长城抗战革命文化。总体来看，陕晋蒙长城沿线非国有备案博物馆的展陈主题较为多元，但以历史文化类为主。

表9-5　陕晋蒙长城沿线国有与非国有备案博物馆展陈题材类型一览表

省域		陕西		山西		内蒙古		合计
博物馆性质		国有	非国有	国有	非国有	国有	非国有	
博物馆题材类型	历史文化 数量（家）	19	12	19	8	48	15	121
	占比	8.48%	5.36%	8.48%	3.57%	21.43%	6.70%	54.02%
	革命纪念 数量（家）	6	1	12	0	7	1	27
	占比	2.68%	0.45%	5.36%	0.00%	3.13%	0.45%	12.05%
	艺术 数量（家）	0	0	1	1	0	4	6
	占比	0.00%	0.00%	0.45%	0.45%	0.00%	1.79%	2.68%
	自然科技 数量（家）	1	0	1	1	2	1	6
	占比	0.45%	0.00%	0.45%	0.45%	0.89%	0.45%	2.68%
	综合地志 数量（家）	1	1	7	0	20	0	29
	占比	0.45%	0.45%	3.13%	0.00%	8.93%	0.00%	12.95%
	其他 数量（家）	1	2	1	4	16	11	35
	占比	0.45%	0.89%	0.45%	1.79%	7.14%	4.91%	15.63%

（五）非国有博物馆丰富社会公共文化服务

2021年，陕晋蒙长城沿线备案博物馆共有藏品170万余件（套），珍贵文物4万余件（套），举办展览611个，社教活动9万余次，参观人数1410万余人次。其中，非国有备案博物馆共有藏品23万余件（套），无珍贵文物，举办展览166个，社教活动800余次，参观人数123万余人次。从参观人数看（表9-6），陕晋蒙长城沿线备案博物馆中年度参观人数在10万以下人次的博物馆共191家，其中国有博物馆131家，占68.59%，非国有博物馆60家，占31.41%；年度参观人数在10万—30

万人次的博物馆共24家，其中国有博物馆22家，占91.67%，非国有博物馆2家，占8.33%；年度参观人数在30万人次以上的博物馆共9家，均为国有博物馆。在陕晋蒙长城沿线非国有备案博物馆（62家）中，年度参观人数在10万人次以下的非国有博物馆占96.77%，年度参观人数在10万人次以上的非国有博物馆占3.23%，年平均接待观众约2万人次/家。总体来看，与国有博物馆相比，陕晋蒙长城沿线非国有博物馆的藏品与珍贵文物数量明显不足，但在社会服务方面一定程度上丰富了地方的社会公共文化服务体系与产品内容。

表9-6 2021年陕晋蒙长城沿线国有与非国有备案博物馆参观人数一览表

省域			陕西		山西		内蒙古		合计
博物馆性质			国有	非国有	国有	非国有	国有	非国有	
博物馆年度参观人次	0	数量（家）	0	0	6	1	21	10	38
		占比	0.00%	0.00%	2.68%	0.45%	9.38%	4.46%	16.96%
	1—100000	数量（家）	25	16	22	12	57	21	153
		占比	11.16%	7.14%	9.82%	5.36%	25.45%	9.38%	68.30%
	100001—200000	数量（家）	2	0	5	0	7	1	15
		占比	0.89%	0.00%	2.23%	0.00%	3.13%	0.45%	6.70%
	200001—300000	数量（家）	0	0	4	1	4	0	9
		占比	0.00%	0.00%	1.79%	0.45%	1.79%	0.00%	4.02%
	300001—400000	数量（家）	0	0	2	0	1	0	3
		占比	0.00%	0.00%	0.89%	0.00%	0.45%	0.00%	1.34%
	400001—500000	数量（家）	1	0	0	0	0	0	1
		占比	0.45%	0.00%	0.00%	0.00%	0.00%	0.00%	0.45%
	500000以上	数量（家）	0	0	2	0	3	0	5
		占比	0.00%	0.00%	0.89%	0.00%	1.34%	0.00%	2.23%

四、陕晋蒙社会力量参与长城文化保护利用传承实践范例

（一）陕西陕北长城博物馆：长城社区居民的深度参与模式

陕北长城博物馆，位于陕西省定边县安边镇安边文化站旧址，是陕西乃至全国首家民营长城主题博物馆。该馆由当地社区居民李生程于2008年开始自费筹建，于2014年12月正式对外开放。李生程，陕西省榆林市定边人，1954年出生于安边镇五里墩长城脚下，1978年毕业于榆林师范美术班，1985年毕业于中国摄影函授学院。从20世纪80年代开始，他在安边镇文化站工作并拍摄了大量关于陕西长城风光与陕北民俗的珍贵图片，为陕北长城博物馆展示地方长城文化与民俗文化提供了丰富的影像资源。1992年5月中旬到9月中旬，他独自一人徒步考察，拍摄记录陕西境内的长城遗存资源，历时108天，步行1500多千米，共发现了1115座长城墩台，做了3万字的调查笔记[4]。2006年，受国际长城之友协会会长威廉·林赛邀请，李生程担任"中外联合万里长城行"考察团顾问兼向导，从嘉峪关徒步到山海关，历时119天，拍摄8000余张数码照片、18盘DV录像带，做了4万多字的考察笔记[5]。2007年，他再次启程，完成榆林长城三十六营堡的拍摄工作。2008年，出版画册《陕北长城》《背上国旗走长城——中外联合万里长城行》，筹建陕北长城博物馆。2019年，完成40集纪录片《延绥镇·榆林卫三十六堡》的摄制工作，并于2020年出版《延绥镇·榆林卫三十六堡》，这是目前反映榆林明长城遗址三十六营堡最基础、最珍贵、最完整的影视图文资料（图9-4）。

陕北长城博物馆展厅面积300多平方米，陈列着李生程40多年来对长城实地考察、拍摄、搜集、整理而来的照片和各类长城文物遗存，浓缩了李生程大半辈子行走长城、记录长城、讲述长城的心路历程，更是陕北长城历史文化与民俗文化的宝贵记忆资料库，深刻反映了中国长城保护尤其是陕北长城保护的历史变迁和长城沿线地方文化的人文变迁（图9-5）。展览内容分为两个主题：一是长城专题展览，以陕西长城为展示核心，通过李生程个人摄影作品，图文并茂地展示榆林府谷、神木、榆阳、横山、靖边、吴堡和定边七县区的长城资源与景观风貌；二是陕北民俗展览，主要包括"人生系列：结婚与订婚""人生系列：祝寿与葬礼""三边人物""陕北毛驴"等不同主题的摄影作品。陕北长城博物馆为公众了解陕北地方长城文化价值提供了珍贵的民间视角。然而，馆长李生程年逾古稀，日常难以在场维持陕北长城博物馆的常

a 1992年行走长城、呼吁长城保护的李生程

b 2006年参加中外联合万里长城行的李生程

c 长城之行的光影记录

图9-4 李生程的长城之旅（图片来源：李生程供图）

态化开放运营。同时，该馆的可持续开放与运营也面临着多重挑战。如因长期经费不足难以支撑展陈环境与展陈方式的优化升级，难以提供稳定、常态的专业性讲解服务；家人的职业差异使得博物馆业务的代际传承难以实现；因政策与博物馆展陈面积、设备及安保等条件限制，难以获得政策性经费支持、实现博物馆的合法性与规范性运营。值长城国家文化公园建设大力弘扬长城文化之际，李生程希冀陕北长城博物馆能迎来转型升级的机遇，让博物馆及个人保存的丰富长城历史资料得以延续，更好地向公众阐释陕北长城文化与民俗文化。

a 陕北长城展厅　　　　　　　　　　　b 陕北民俗展厅

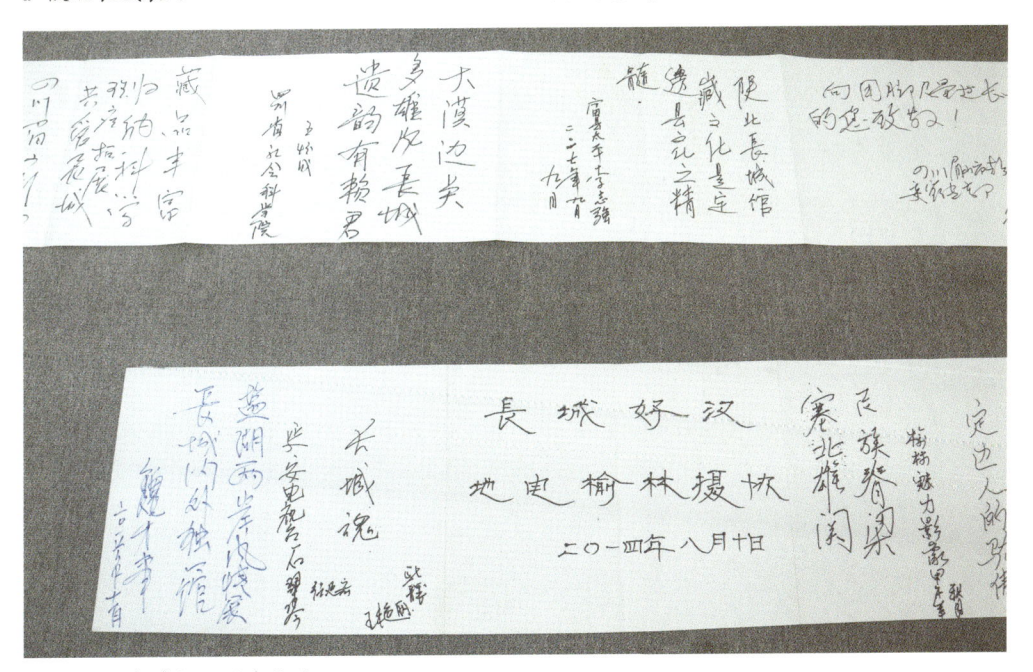

c 陕北长城博物馆游客留言

图9-5　陕北长城博物馆的长城文化传播（图片来源：周小凤、蒋钦宇实地拍摄）

（二）山西大同长城文化展馆：长城社会组织的多维参与模式

社会组织及其创办的长城主题博物馆是陕晋蒙地区长城保护利用传承实践不可忽视的中坚力量。例如，陕西榆林长城保护志愿者协会与榆林长城主题展馆、山西大同市长城文化旅游协会与大同长城文化展馆。其中，大同市长城文化旅游协会成立于2020年5月28日，由热心长城事业的社会爱心人士自愿组成，目前已发展会员90余人，其宗旨是保护长城，并推动长城文旅融合发展。协会围绕着三个"一"，即"一群人、一条心、一件事（长城保护宣传）"开展工作，致力于在全面考察长城的基础上更好地保护长城、宣传长城，积极推动长城文化旅游事业的持续健康发展。大同长城文化展馆位于山西省大同市永泰门城墙箭楼上，由大同市文旅集团公司与大同市长城文化旅游协会合作建设，于2022年5月28日建成开馆，分上下两层，总面积300多平方米。展馆内设全面反映大同长城的沙盘，并通过长城文旅示意图、长城摄影精品、长城图书期刊、长城非遗文创产品、长城油画及城砖、礌石、火铳等多种长城文物和文化资料，集中展示大同长城风貌与长城文化，同时还开展一系列长城研学、沙龙交流、学术研讨相关活动（图9-6）。在大同长城博物馆（2023）建成之前，大同长城文化展馆是山西省唯一一座以大同长城为主题的专题性展馆，也是山西省首家民营长城主题博物馆，大同市长城文化旅游协会会长袁建琴担任大同长城文化展馆馆长。她编纂了《大同长城》《大同长城文化攻略》等书，拍摄制作大同古长城宣传片，设计大同长城旅游线路，日常巡查、拍摄、记录长城保存状态，通过"大同长城文旅""老袁私语""长城卫士袁建琴"等微信号/视频号平台积极传递长城文化，通过"长城人家"、长城体育赛事、长城摄影展、长城研学旅游活动等多种方式助力长城沿线乡村旅游扶贫……因长期投身于长城保护传承公益工作，袁建琴被授予"山西十大最美长城卫士"称号。

大同长城文化展馆是大同长城文化旅游协会日常实践长城文化展示与阐释的重要窗口，也是凝聚热心长城文化事业的多元社会主体的重要文化空间。除此之外，大同长城文化旅游协会还依托大同露天长城博物馆长城资源，与长城沿线相关博物馆、社会组织及地方政府部门联合开展长城保护利用实践，包括但不限于：（1）招募培训长城沿线志愿者，目前已发展大同长城沿线的60多名牛倌、羊倌加入长城保护志愿者队伍；（2）策划与组织长城体育赛事等活动，如大同古长城自行车公路公开赛与大同古长城旅游公路徒步大赛；（3）建立长城文化研究与研学实践基地，开展长城和古堡民间故事、庙宇文化研究及长城研学旅游活动，如成立新荣区助马堡研究基地、

a 大同长城沙盘展示

b 大同长城文物展示

c 大同长城文化讲解

d 开展长城研学旅游活动

图9-6 大同长城文化展馆的长城文化传播活动（图片来源：周紫晴、周小凤实地拍摄，袁建琴供图）

李二口董耀会长城文化工作室研究基地、大同长城博物馆长城研学实践基地、阳高守口堡青少年长城研学基地；（4）发展"长城人家"，开展助农活动，助力乡村社区参与长城旅游，脱贫致富，目前已在长城沿线设立了8家以地域命名的"长城人家"，如：左云"管家堡长城人家"、"左云月华池长城人家"，新荣"得胜堡长城人家"，阳高"守口堡长城人家"、"长城乡长城人家"，天镇"李二口长城人家"等；（5）考察、拍摄、记录长城，为大同长城保护研究提供重要影像资料，参与、承办摄影展宣传长城文化，如策划承办"爱我中华 醉美长城"2020中国·大同首届长城诗书画摄影创作展、"沧桑长城 形胜大同"大同长城摄影展、2022首届中国大同长城国际摄影大赛、"游山西 读历史"大同长城摄影展；（6）组织长城沙龙活动，参与政策与学术研究研讨活动，为长城保护建言献策，如2021年协会与大同市图书馆（少儿图书馆）、长城文献资料中心共同举办"大同市长城保护条例"沙龙，2022年协会与市人大共同召开"大同长城保护条例"意见交流会，2022年10月1日《大同长城保护条例》正式实施，协会志愿者们在大同长城文化展馆、天镇李二口、阳高守口堡、新荣助马堡、左云威鲁堡进行长城保护条例宣讲；（7）协助与配合大同长城资源考察与提供讲解服务（图9-7）。截至2023年底，协会先后派出160多人次为国家、省、市各级领导及高等院校师生考察长城提供讲解服务，组织学生与家长走进长城以及长城知识进校园活动30场次，举办不同主题长城文化沙龙30场[6]。可见，在地方文化精英的带领下，山西大同长城文化旅游协会以大同长城文化展馆为支点，以讲好长城故事、弘扬长城文化、传承长城精神为中心，绘出了长城保护利用传承实践多维度、多方位的同心圆，显著提升了大同长城文化的社会传播力与影响力。

a 羊倌志愿者进行长城保护宣誓

b 发展白羊口长城人家（天镇县）

c 大同长城摄影展与长城研学活动

图9-7 大同长城文化旅游协会的长城保护利用传承实践（图片来源：袁建琴供图）

（三）内蒙古露天长城博物馆：长城世家的代际传承模式

内蒙古呼和浩特地区长城资源时代跨度大，分布区域广。分布在新城区、回民区、赛罕区、土默特左旗、武川县、和林格尔县和清水河县的战国、秦、汉、北魏、金、明历代长城达657.97千米，单体建筑及相关遗存1096余处，是一座蕴藏深厚历史文化内涵的"露天长城博物馆"[7]。在呼和浩特市清水河县长城脚下生活的高旺、高晓梅和王东麟一家三代人，通过徒步考察长城、拍摄记录长城、研究书写长城、保护活化长城、科普宣传长城，一代又一代赓续他们的长城情缘（图9-8）。

高旺生于1935年，逝于1999年，被誉为"内蒙古徒步考察长城第一人"，是我国著名的长城专家。1977年，时任清水河县广播站记者的高旺，偶然间读到刊物《革命接班人》上著名长城专家罗哲文先生的一篇文章《万里长城》，生发了考察长城资源、研究长城文化的兴趣。从1977年到1997年，他自费徒步考察甘肃、宁夏、陕西、山西、河北、内蒙古、北京、天津、辽宁等地历代长城资源，整理收集了1000多万字中国历代长城的翔实资料，拍摄了1万多张黑白和彩色照片。在此期间，他推动成立了全国首家省级长城学会——内蒙古自治区长城学会（1992），创办了全国第一份宣传长城的中英文期刊——《万里长城》（1993），出版了《内蒙古长城史话》（1991）、《长城访古万里行》（1991）、《博览长城风采》（1991）、《中国历代长城诗大全》（1994）、《长城烽火（上、下）》（1996）等长城专著，推动清水河县与山西省忻州市偏关县、平鲁区组建"偏平清联合保护长城委员会"（1999）协同开展长城管理和保护工作，撰写《晋陕蒙峡谷旅游资源开发研究报告》推动陕晋蒙交界处长城旅游资源开发，还在长城沿线持续举办长城旅游协作会议，推动内蒙古及各地长城资源的保护利用研究。高旺以翔实的史料论证了"长城不仅是汉民族的古代军事防御工程，而且是各民族共同修筑的伟大军事工程"，创新了长城的历史研究认知[8]。

高晓梅，系高旺次女，因父亲结缘长城、热爱长城。1993年，高晓梅加入父亲高旺创办的《万里长城》杂志社；1999年，父亲去世后，她成为内蒙古长城研究会创始人之一，继承父亲的遗志，继续踏上考察长城、拍摄长城、研究长城、保护长城、宣传长城之路。她先后考察、调研、拍摄、记录了内蒙古兴和县、乌海市、阿拉善左旗、呼和浩特市等地长城沿线边堡、关口、墩台、马市遗存现状，出版了《情系长城——内蒙古徒步考察长城第一人高旺》、《长城华章》（三辑）、《话说长城》（2019）、《故塞长风——内蒙古明长城科普摄影集》等著作，为长城保护利用传承提供了丰富的一手资料。在考察研究长城的同时，她还成立了呼和浩特市长城科普学会（2020），创立关联微信公众号，作为网络宣传平台，致力于向公众普及长城文化知识、提升全民长城保护意识，通过活化利用长城资源推动乡村振兴、脱贫致富。例如，为长城脚下清水河县长城沿线社区居民授牌"长城旅游消费基地""长城人家"，鼓励发展长城旅游，增加居民经济收入；在清水河县长城沿线乡村如板申村、枳儿也村设立"长城科普教育基地"，向公众普及长城文化。自2016年起，连续组织多届内蒙古长城研讨会及清水河县明长城研讨会，为内蒙古长城文物保护、长城文化推广、长城旅游发展开启了新的篇章。2021年与2022年，分别在内蒙古展览馆与清水河县宏河镇高茂泉乡土中心举办"内蒙古明长城科普摄影展""爱我中华——内蒙古长城摄影展"，旨在通过摄影展的科普方式弘扬长城文化、展示长城之美、传承长城精神。

受家庭良好的长城文化氛围影响，高晓梅之子王东麟也对长城文化产生了浓厚的兴趣，持续跟随母亲高晓梅考察长城、书写长城、保护长城、宣传长城，还出版书籍《我以笔墨话成长》（2018）讲述长城伴他成长的故事。王东麟说："长城对于我来

a 高旺考察嘉峪关明长城第一墩

b 行走在长城上的高晓梅

c 高晓梅与父亲高旺

d 高晓梅与儿子王东麟

e 高晓梅一家三代撰写的图书、组织编辑的刊物等

图9-8 高晓梅一家三代的长城情缘（图片来源：彭源、贺书琛[9]，高晓梅、董佳楠[10]，高晓梅[11]）

说就像朋友一样，从小便对我有着潜移默化的影响，它为我的生活、为我的知识带来了无限的光彩与魅力，它使我了解到中华文化是多么的宝贵，文化遗产是多么的优越。我们的民族精神、创造精神、奋斗精神、梦想精神都蕴于其中，它对于我来说有着十分重要的教育意义。在小时候，母亲经常让我读许多关于长城的书籍，来增加对它的认识。从此，我了解到了中国的秦长城、明长城等十分著名的长城，它们都是中国历史上重要的文化瑰宝。"[12]

中国长城学会秘书长吴国强这样评价他们："三代长城人，长城代代传，他们是长城世家。"在内蒙古长城"露天长城博物馆"文化场域里，三代人承前启后的长城保护利用传承实践表明：做好长城保护、弘扬长城文化、讲好长城故事，不仅是铸牢中华民族共同体意识、推进中华民族共有精神家园建设的根本保障，也是长城沿线人民物质家园与精神家园的重要保障。长城文化的世代传承保障了长城精神的赓续，也保障了家庭情感与地方文化的延续，是长城文化与中华文化深远流传的重要支撑。

五、社会力量参与长城沿线博物馆建设与长城文化传播的优化路径

分析陕晋蒙地区长城沿线非国有博物馆建设现状与多元社会力量参与长城保护利用传承实践的代表性模式，可以发现社会力量在长城沿线博物馆建设和长城文化传播中扮演了积极的、建设性的角色，也已成为长城文化传播的重要载体和推动者。然而，在实际操作中，社会力量参与长城沿线博物馆建设与长城文化传播是一个复杂而富有挑战性的问题，涉及多元主体与多个层面的协同合作。针对目前社会力量参与长城沿线博物馆建设与长城文化传播遇到的"政策不完善、资金支持不足、社会认知不足及参与不充分"等瓶颈，提出以下优化建议：

（一）明确社会力量参与的角色和定位，加强政府引导和政策支持

政府应制定明确的政策导向，鼓励和支持社会力量参与博物馆建设及长城保护利用传承实践。这包括明确社会力量在博物馆建设与长城遗产实践中的主体地位，以及为其提供公平、公正的市场环境与规范性操作指引。需要加强个体、社会团体、企业等多元社会力量参与博物馆建设及长城保护利用传承实践的经验与模式研究、研讨，为出台《关于鼓励和支持社会力量参与博物馆建设的意见》《关于社会力量参与长城

保护利用传承实践的规范性指南》奠定扎实、科学的研究基础。

（二）丰富社会力量参与的资金支持渠道，健全社会力量参与的激励机制

政府应设立专项资金，用于支持、激励社会力量参与博物馆建设及长城保护利用传承实践。这些资金可用于未建成博物馆的规划设计、藏品征集、展览策划等方面，也可用于资助已建成且取得显著社会效益的博物馆开展相关活动，还可用于奖励为长城保护利用传承做出突出贡献的个人与社会组织。同时，政府可出台相关政策，鼓励企业和社会团体捐赠、资助非国有博物馆建设及长城保护利用传承实践，通过税收减免、荣誉授予等方式，激发企业和社会团体的参与热情。此外，政府可通过制定优惠政策，降低贷款门槛和利率，引导金融机构为非国有博物馆建设及社会力量开展持久、有益的长城保护利用传承活动提供贷款支持。

（三）加强博物馆与长城沿线社区的互动合作，创新多元主体协同共创模式

长城沿线社区居民日常性的持久稳定参与是保护与传承长城文化的根本保障。首先，应注重总结与整合国家层面与地方层面长城保护员或长城保护志愿者的社区参与实践经验、成功模式，为深化博物馆与长城沿线社区的互动合作提供经验参照与践行路径，如宁夏盐池地区的长城认领模式、山西大同长城文化旅游协会倡导的"将长城沿线的牛羊倌发展为长城保护志愿者"模式与"长城人家"参与长城旅游模式，以及秦皇岛在全国率先建立的"长城保护员"制度体系（《长城保护员管理办法》《长城保护员检查制度》《长城保护员工作手册》）。其次，博物馆作为长城文化传承的重要载体，可以定期举办长城文化讲座、流动展览、宣讲等活动，为社区居民提供更为丰富的文化体验和学习机会，提升他们对长城文化的认知和理解及文化自觉。再次，长城沿线社区居民的日常生活、风俗习惯、口头传说等，都是长城文化的重要组成部分。博物馆应积极与社区合作，收集、整理这些珍贵的文化资料，将其纳入博物馆的收藏和展示，让更多人了解长城文化的多元性和丰富性。博物馆和社区还可以探索多种合作方式，如建立长城文化志愿者队伍，鼓励社区居民参与博物馆的策划、布展、讲解等工作；通过"长城人家""长城文创""长城特产""长城主题游径"等多种文旅合作方式助力社区参与、共享长城文物保护利用传承工作成果。此外，政府、企业、学术机构等多元主体也应积极参与博物馆与社区的合作。政府可以提供政策和资金支持，推动相关项目的实施；企业可以提供技术和资金支持，促进文旅产业的发展；学术机构可以提供专业的研究和咨询服务，为合作提供智力支持。

参考文献

[1] 于春雷. 长城的进化——以陕西长城为例 [EB/OL]// 山西长城研究微信公众平台. (2022-07-15)[2024-06-09]. https://mp.weixin.qq.com/s/QVae7vwioyn6Qggw8SfxBw.

[2] 山西省文化和旅游厅. 一图读懂｜长城国家文化公园（山西段）建设保护规划 [EB/OL]// 山西省文化和旅游厅微信公众平台. (2022-06-10)[2024-06-09]. https://mp.weixin.qq.com/s/gWBsG4WP_52gT11V48gFzw.

[3] 侯俊. 内蒙古自治区全面加强长城保护利用 [EB/OL]// 国家文物局官网. (2023-07-07)[2024-06-09]. http://www.ncha.gov.cn/art/2023/7/7/art_723_182780.html.

[4] 呼东方. 李生程：谜一样的长城"苦行僧" [EB/OL]// 长城小站微信公众平台. (2018-07-05)[2024-06-13]. https://mp.weixin.qq.com/s/Z6al69fKq8xhqcSELd2Mvw.

[5] 榆记. 陕北长城第一人　李生程 [EB/OL]// 榆记微信公众平台. (2020-11-13)[2024-06-13]. https://mp.weixin.qq.com/s/W6ao32uYT6twDD1bjotTrg.

[6] 袁建琴. 大同市长城文化旅游协会 2022 年工作 [EB/OL]// 大同长城文旅微信公众平台. (2022-12-31)[2024-06-13]. https://mp.weixin.qq.com/s/VSrOaFRQ8dEpsHsmUkz7Iw.

[7] 内蒙古自治区文化和旅游厅. 文博｜在呼和浩特"行走"，感受长城文化内涵 [EB/OL]// 搜狐网. (2022-04-20)[2024-06-12]. https://www.sohu.com/a/www.sohu.com/a/539641500_121106854.

[8] 李悦.【长城文献】魂系长城 [EB/OL]// 长城北魏文献微信公众平台. (2018-11-20)[2024-06-12]. https://mp.weixin.qq.com/s/S4MkXkdhwhhCO2fRUQFvtw.

[9] 彭源，贺书琛. 新时代中国调研行·长城篇｜长城情：三代延续护长城 [EB/OL]// 新华网. (2023-12-09)[2024-06-11]. http://www.nmg.xinhuanet.com/20231209/bbcb78e910f3418b9e97b96f298ddc20/c.html.

[10] 高晓梅，董佳楠. 优秀作品展播｜我家有故事 [EB/OL]// 文明内蒙古微信公众平台.

(2024-01-25)[2024-06-11]. https://mp.weixin.qq.com/s/526tM6ZgAkmX9jeM_Zlo3g.

[11] 高晓梅. 矢志不渝用镜头刻录和弘扬长城文化的笃行者——高晓梅[EB/OL]// 呼和浩特文艺微信公众平台. (2022-07-26)[2024-06-11]. https://mp.weixin.qq.com/s/Hbcnm-32sHlL1b8YafYfCg.

[12] 呼和浩特市长城科普学会. 在呼和浩特，有这样一家人，三代人书写与万里长城的"城"诺…[EB/OL]// 网易. (2022-05-22)[2024-06-11]. https://www.163.com/dy/article/H80QDKUM0550RPYF.html.

10 甘宁新长城沿线博物馆建设与铸牢中华民族共同体意识路径探究

一、引言

甘宁新地区在铸牢中华民族共同体意识全局工作中具有特殊地位，事关强国建设、民族复兴大局。党的二十大报告强调"建好用好国家文化公园""增强中华文明传播力影响力""以铸牢中华民族共同体意识为主线，坚定不移走中国特色解决民族问题的正确道路"。长城国家文化公园建设要求，长城沿线各省区市深入挖掘地方长城文物和文化资源的精神内涵，充分体现中华民族伟大创造精神、伟大奋斗精神、伟大团结精神、伟大梦想精神，以回应新时代铸牢中华民族共同体意识的目标要求。甘宁新地区长城资源作为中国长城体系的重要组成部分，见证了各民族交往交流交融的历史和中华民族共同体意识的形成，不仅是文旅融合与长城国家文化公园建设的宝贵资源，也是国家主权和中华文化的重要象征。

然而，甘宁新地区长城资源空间分布零散、跨度大、遗存状态破碎严重、周边环境气候恶劣、区域经济基础薄弱，致使该地区长期以来长城遗产保护利用与文化传承内生力不足，未能充分发挥地方长城文化在铸牢中华民族共同体意识工作中的重要作用。博物馆作为甘宁新地区的重要文化旅游地标，是长城文化的集中展示空间和宣传教育基地，也是铸牢中华民族共同体意识的核心支撑。因此，甘宁新地区长城文化的博物馆传播，若能够得到强化，就可以成为实现长城国家文化公园高质量建设、文化润疆和旅游兴疆协调统一、"一带一路"倡议、铸牢中华民族共同体意识的有力抓手。因此，本研究以甘宁新地区长城沿线博物馆为研究对象，梳理其建设现状，并探讨三地长城主题博物馆具体如何讲好长城文化故事来铸牢中华民族共同体意识，以期为有形、有感、有效地铸牢中华民族共同体意识提供甘宁新地区的实践经验启示与优化对策。

二、 甘宁新长城资源与长城沿线博物馆建设概况

（一） 甘宁新长城资源分布概况

根据国家文物局 2012 年发布的长城资源认定资料：甘肃境内长城资源分布于 11 市（州）、37 县（自治县、区），修建始于战国秦，现存遗迹主要修建于战国秦、汉、明三个时期，三代长城西端起点均在甘肃境内（图 10-1）。全省长城总长度为 3654 千米，占全国长城总长度的近五分之一，居全国第二；其中明长城 1738 千米，为全国之首[1]。

a 明长城古浪段

b 敦煌汉长城遗址

图 10-1 甘肃长城资源（图片来源：周小凤实地拍摄）

宁夏境内长城遗迹包含战国秦长城、秦长城、汉长城、隋长城、宋长城和明长城（图10-2），遍布宁夏5市、19县（市、区），总长度1500多千米，可见墙体总长度为1038千米，烽燧、墩台、城障、关隘、城堡等长城防御体系中的单体建筑设施1225座，占全国长城资源的4.17%。其中战国秦长城173千米，宋长城24千米，明长城841千米[2]。

a 固原市战国秦长城原州区段

b 永宁县明长城永宁段（三关口）

图10-2 宁夏长城资源（图片来源：周小凤实地拍摄）

新疆境内长城资源主要集中在汉唐时期,以烽火台和戍堡两种类型为主(图10-3),总计212处,包括186座烽火台、26座戍堡,分布在南北疆10个地州市、40个县市区,涉及新疆生产建设兵团5个师(市)、9个团场。其中,长城资源较为密集的昌吉回族自治州12处、喀什地区16处、吐鲁番市43处、巴音郭楞蒙古自治州35处、阿克苏地区56处[3]。

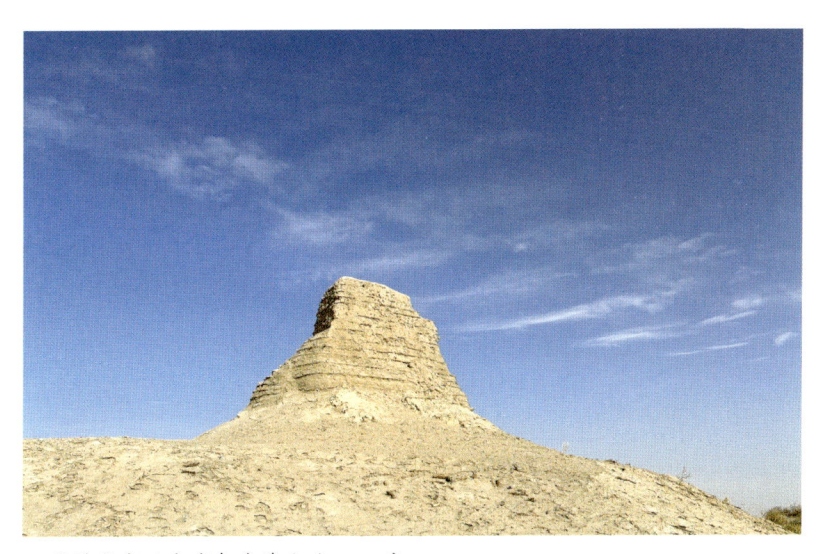

a 尉犁县克亚克库都克烽火台——唐

b 轮台县拉依苏东烽火台——唐

图10-3 新疆长城资源(图片来源:周小凤实地拍摄)

（二）甘宁新长城沿线备案博物馆建设概况

截至 2021 年末，全国备案博物馆 6183 家，长城资源沿线区域的备案博物馆共 739 家。甘宁新长城沿线备案博物馆共 229 家，占长城沿线备案博物馆总量的 30.99%。其中，甘肃长城沿线备案博物馆共 130 家，占甘宁新长城沿线备案博物馆总量的 56.77%，具体分布于兰州市（30 家）、酒泉市（28 家）、张掖市（18 家）、白银市（11 家）、定西市（11 家）、武威市（10 家）、嘉峪关市（7 家）、庆阳市（6 家）、金昌市（5 家）、临夏回族自治州（2 家）、平凉市（2 家），呈现出西北多、东南少的空间分布特征。

宁夏长城沿线备案博物馆共 56 家，占甘宁新长城沿线备案博物馆总量的 24.45%，分布于银川市（20 家）、吴忠市（14 家）、石嘴山市（8 家）、中卫市（7 家）和固原市（7 家），集中于宁夏的北部区域。

新疆长城沿线备案博物馆共 43 家，占甘宁新长城沿线备案博物馆总量的 18.78%，具体分布于阿克苏地区（9 家）、巴音郭楞蒙古自治州（7 家）、昌吉回族自治州（8 家）、哈密市（8 家）、喀什地区（6 家）、吐鲁番市（2 家）、克孜勒苏柯尔克孜自治州（1 家）、和田地区（1 家）、新疆生产建设兵团（1 家）。在地理位置上分布广泛，总体呈现出中部多，南北少的特征。

具体来看，在甘宁新长城沿线备案博物馆中（表 10-1），国有备案博物馆共 180 家，占其总量的 78.60%。其中文物系统国有博物馆共 126 家，其他行业国有博物馆共 54 家。从质量等级看，一级馆 4 家，二级馆 11 家，三级馆 17 家；未定级的备案博物馆共有 197 家，占其总量的 86.03%。博物馆建筑规模以小型博物馆为主，共有 156 家小型博物馆，占其总量的 68.12%。展陈题材类型以历史文化类为主，共有 102 家，占其总量的 44.54%；革命纪念类 41 家、综合地志类 34 家、自然科技类 18 家、艺术类 8 家、其他类 26 家。2021 年，甘宁新长城沿线备案博物馆共有藏品 103 万余件（套），珍贵文物 11 万余件（套），举办展览 520 个，社教活动 1.1 万余次，参观人数 2400 多万人次。

表 10-1　甘宁新长城沿线备案博物馆建设概况一览表

内容		甘 数量（家）	宁 数量（家）	新 数量（家）	合计 数量（家）	合计 占甘宁新长城沿线备案博物馆总量比重
主体性质	文物系统国有博物馆	61	25	40	126	55.02%
	其他行业国有博物馆	35	17	2	54	23.58%
	非国有博物馆	34	14	1	49	21.40%
质量等级	一级馆	2	1	1	4	1.75%
	二级馆	7	3	1	11	4.80%
	三级馆	11	4	2	17	7.42%
	未定级馆	110	48	39	197	86.03%
建筑规模	特大型	0	0	0	0	0.00%
	大型	5	1	0	6	2.62%
	大中型	9	7	6	22	9.61%
	中型	25	10	10	45	19.65%
	小型	91	38	27	156	68.12%
题材类型	历史文化	62	16	24	102	44.54%
	革命纪念	32	7	2	41	17.90%
	综合地志	13	9	12	34	14.85%
	自然科技	6	11	1	18	7.86%
	艺术	4	4	0	8	3.49%
	其他	13	9	4	26	11.35%

数据来源：根据 2021 年全国博物馆年度报告信息系统（nb.ncha.gov.cn）数据整理

(三)甘宁新长城主题博物馆建设概况

截至2023年末,全国长城主题博物馆100家,建成开放的有62家。甘宁新区域建成开放的长城主题博物馆13家,占全国建成开放的长城主题博物馆总量的20.97%。其中,甘肃已建成开放长城主题博物馆5家,备案3家(玉门关遗址陈列展览馆、敦煌市阳关博物馆、嘉峪关长城博物馆);宁夏已建成开放长城主题博物馆5家,备案2家(宁夏长城博物馆、西吉县将台堡红军长征会师纪念园),未备案3家(盐池长城民俗博物馆、水洞沟宁夏长城博物馆、战国秦长城博物馆);新疆已建成开放长城主题博物馆3家,均为未备案博物馆。长城国家文化公园建设背景下,甘宁新区域2020年后新建成长城主题博物馆6家,占三地建成开放的长城主题博物馆总量的46.15%,如新疆乌什别迭里烽燧长城国家文化馆(2023)、丝绸之路·长城文化博物馆(2023)及宁夏固原的战国秦长城博物馆(2023)等,均是区域长城国家文化公园建设的重大标志性项目。

在甘宁新13家建成开放的长城主题博物馆中(表10-2),国有长城主题博物馆8家,占三地长城主题博物馆总量的61.54%,非国有长城主题博物馆5家。未定级的长城主题博物馆有12家,占三地长城主题博物馆总量的92.31%;三级博物馆1家,没有二级与一级博物馆。馆舍建筑面积普遍小于5000平方米,共有12家小型博物馆;大中型馆(10001—20000平方米)仅1家,为敦煌市阳关博物馆(16000平方米)。展陈题材类型以历史文化类为主,共11家,主要展示汉、明长城资源的历史文化内容,其他历史时期长城资源的文化内涵仍待挖掘研究与阐释展示。

表10-2　甘宁新建成开放的长城主题博物馆概况一览表

内容		甘 数量(家)	宁 数量(家)	新 数量(家)	合计 数量(家)	占甘宁新长城沿线备案博物馆总量比重
备案情况	备案博物馆	3	2	0	5	38.46%
	未备案博物馆	2	3	3	8	61.54%
主体性质	国有博物馆	3	3	2	8	61.54%
	非国有博物馆	2	2	1	5	38.46%

续表

内容		甘 数量（家）	宁 数量（家）	新 数量（家）	合计 数量（家）	占甘宁新长城沿线备案博物馆总量比重
质量等级	一级馆	0	0	0	0	0.00%
	二级馆	0	0	0	0	0.00%
	三级馆	1	0	0	1	7.69%
	未定级馆	4	5	3	12	92.31%
建筑规模	特大型	0	0	0	0	0.00%
	大型	0	0	0	0	0.00%
	大中型	1	0	0	1	7.69%
	中型	0	0	0	0	0.00%
	小型	4	5	3	12	92.31%
题材类型	历史文化	5	3	3	11	84.62%
	革命纪念	0	1	0	1	7.69%
	自然科技	0	0	0	0	0.00%
	艺术	0	0	0	0	0.00%
	其他	0	1	0	1	7.69%

数据来源：根据2021年全国博物馆年度报告信息系统（nb.ncha.gov.cn）数据与实地调研资料整理

三、长城主题博物馆铸牢中华民族共同体意识的实践路径

（一）甘宁新长城主题博物馆代表性案例概况

本报告以甘宁新地区代表性长城主题博物馆为案例，分析甘宁新地区长城主题博物馆通过长城文化传播，铸牢中华民族共同体意识的具体实践路径与现存问题，具体案例有甘肃嘉峪关长城博物馆、宁夏长城博物馆、新疆丝绸之路·长城文化博物馆。

嘉峪关长城博物馆，于1989年10月对外开放，现位于甘肃省嘉峪关市嘉峪关文物景区内，建筑面积3499平方米，展览面积2700平方米，现有馆藏藏品2274件（套），其中国家珍贵文物299件（套），含一级文物45件（套）、二级文物85件（套）、

三级文物 169 件（套）。展陈以"中华之魂——长城历史文化"为主题，包含"纵横万里 雄峙千年""金戈铁马 边塞烽烟""长河落日 丝路花雨""北漠尘清 山河形胜"四个基本单元（表 10-3）。

宁夏长城博物馆位于宁夏回族自治区吴忠市盐池县，2019 年 8 月正式对外开放，建筑面积 4200 平方米，展厅面积 3460 平方米，馆藏文物总数 330 件（套），珍贵文物 5 件（套）。该馆分为东、西两个展厅，分别以"万里长城千古雄风""宁夏后卫防秋重镇"为主题（表 10-4）。

丝绸之路·长城文化博物馆位于新疆维吾尔自治区巴音郭楞蒙古自治州尉犁县孔雀河烽燧群长城国家文化公园内，于 2023 年 12 月 29 日对外开放。总建筑面积 5000 平方米，展陈面积 2520 平方米，目前馆藏文物 600 余件（套），内设 17 个展厅，以"众志成城""同心共筑""传承文明""伟大复兴""命运与共"5 个单元为主题（表 10-5）。

表 10-3　嘉峪关长城博物馆展陈体系一览表

主题	一级单元	二级单元	主要展品及设备	展览内容
中华之魂——长城历史文化	第一单元：纵横万里 雄峙千年	·长城历史沿革	图表、文字、文物、模型	·各朝各代长城的空间分布情况以及修建沿革 ·河西长城历史沿革
	第二单元：金戈铁马 边塞烽烟	·古代长城战争	兵器文物、沙盘模型、模拟情景演示等	·古代长城军备情况、士卒生活、军事技术等 ·古代军事建制、作战手段、技术发展状况等
	第三单元：长河落日 丝路花雨	·河西长城 ·丝绸之路	超写实雕塑场景、文物、文字	·古代河西地区的交通、屯田、边关行政、出入境制度、丝绸生产、丝路贸易、各民族社会生活、文化交流与民族融合等
	第四单元：北漠尘清 山河形胜	·古代嘉峪关 ·嘉峪关盛景	图片、文字	·嘉峪关悠久的社会历史文化及其周边丰富多彩的文物古迹和自然资源

表10-4 宁夏长城博物馆展陈体系一览表

展厅	一级单元	二级单元	主要展品及设备	展览内容
西厅：中国长城历史文化陈列	第一单元：万里长城，千古雄风	·中国长城概览 ·长城著名关隘 ·长城墙体及其附属设施 ·长城武备 ·长城攻防 ·长城文化	文字、文物、图片、LED三折幕、滑轨电视、透明展示屏、LED触控屏、场景还原、微缩模型	系统展示各朝各代的长城资源以及长城著名关隘胜迹、长城及其附属设施、长城防御系统、长城武器装备、长城攻防历史事件及相关历史人物、长城沿线民族文化融合等历史内容
	第二单元：城彼朔方，控扼塞上	·宁夏长城概览 ·历史烽烟	建筑模型、文物、文字、图片	展示宁夏地区长城遗存资源与著名烽火台、关隘、营堡及长城对沿线民族交流融合的历史作用
	第三单元：爱我中华，修我长城	·不到长城非好汉 ·长城是中华文化的骄傲	文物、文字、图片、5D沉浸式虚拟体验	呼吁保护长城文化遗产，弘扬"不到长城非好汉"的长征精神
东厅：盐池长城历史文化陈列	第一单元：盐池历代文化遗存	·盐池历史沿革 ·秦汉张家场古城及其出土文物 ·窨子梁唐代墓葬及其出土文物	文字、图片	展示盐池自夏商周以来的地方发展史及秦汉唐宋历史时期的重要考古出土文物
	第二单元：河套要冲，控扼朔方	·盐池长城及其附属设施 ·宁夏后卫花马池 ·戍边士兵生活 ·明代著名戍边人物 ·茶马互市 ·攻防趣话 ·盐池长城文化	文物、文字、图片、360°全息投影、触控一体机、幻影成像、VR游戏互动	集中展示了盐池作为宁夏后卫、防秋重镇的较为完整的军事防御体系与其对边防守卫的重要历史意义，并叙述盐池长城沿线的攻防趣事与戍边人物的丰富生活与人文文化
	第三单元：盐池长城保护	·明确长城保护责任 ·绿色长城，植树造林工程 ·长城宣传教育、长城认领保护	文字、图片	展示新时期多元社会力量保护盐池长城的实践举措与保护成果

表 10-5　丝绸之路·长城文化博物馆展陈体系一览表

一级单元	二级单元	主要展品及设备	展览内容
第一单元：众志成城	·长城万里 ·千年长城 ·飞跃长城 ·长城体系 ·新疆长城	长城文物数字魔屏、长城沙画环幕、水墨动画、微缩模型、OLED透明屏、智能查询交互设备、文字、图片、文物	通过古代长城相关历史，展示其中承载的文化内涵和文化精神，以及长城保护工作所承载的对历史的敬意和中华文化自信。其中特别强调长城新疆段，尤其是尉犁段，展示自古以来国家对新疆的有效治理
第二单元：同心共筑	·开发建设 ·多元一体 ·长城内外 ·水乳交融 ·文明凝聚	文物、图片、文字、微缩模型、实体场景再现、仿制壁画、多媒体场景再现、互动多媒体	通过长城内外古往今来的民族交流交融，展示各民族共同建设中华大地，共同构筑中华民族大家庭，以及凝聚成中华文化的历程
第三单元：传承文明	·守望家国 ·见证文明 ·传承文明	文物、图片、文字、多媒体场景再现、艺术墙画、互动多媒体	展示长城对于中华文明的意义，以及国家对文化遗产的保护
第四单元：伟大复兴	·奋发图强 ·锐意进取 ·伟大复兴	文物、图片、文字、户外雕塑	通过百年来共产党领导下的中国发展，展现中华民族繁荣富强的中国梦和中华民族伟大复兴的伟大奋斗，突出长城精神的现代延续。特别是新时代中国特色社会主义内涵中的长城精神，阐述新疆、巴州、尉犁县境内与中华民族伟大复兴密切相关的重大事件
第五单元：命运与共	·丝路万里 ·"一带一路" ·人类命运共同体	图片、文字、文物、五面屏	从古代丝绸之路到"一带一路"，展示新疆段长城所维系的丝绸之路以及现在"一带一路"倡议对于人类文明发展的贡献

（二）共创共享共传的长城精神是铸牢中华民族共同体意识的核心引领

长城最突出、最核心的价值，在于它所承载的伟大精神价值。2019年8月，习近平总书记在视察嘉峪关时就强调："长城凝聚了中华民族自强不息的奋斗精神和众志成城、坚韧不屈的爱国情怀，已经成为中华民族的代表性符号和中华文明的重要象征。要做好长城文化价值发掘和文物遗产传承保护工作，弘扬民族精神，为实现中华民族伟大复兴的中国梦凝聚起磅礴力量。"2021年，《长城国家文化公园建设保护规划》明确要求，"重点深化对长城精神、爱国主义精神、抗战精神的理解和认识""深入研究阐发长城精神价值，加强长城精神和长城所承载的丰厚优秀传统文化的挖掘阐释"。2023年，《国家文物局关于进一步加强长城保护工作的通知》进一步强调"要将长城所蕴含的团结统一、众志成城的爱国精神，坚韧不屈、自强不息的民族精神，守望和平、开放包容的时代精神与本地区历史文化保护传承弘扬的具体实际结合起来，形成既言之有物、持之有据，又有吸引力和感染力的核心内容，融入培育和践行社会主义核心价值观行动，纳入本地区国民教育全过程"。可见，长城精神价值的挖掘活化与弘扬传承是长城国家文化公园建设的核心诉求，也是当今长城主题博物馆传播长城文化的核心职责。

长城精神价值在形塑、铸牢中华民族共同体意识的过程中发挥着关键性的作用[4]，是各民族同呼吸、共命运、心连心的强大精神纽带[5]。在长城主题博物馆展陈中，长城精神价值叙事主要置于展厅的序厅前言文本中，以此统摄与引领长城文化传播工作中"铸牢中华民族共同体意识"的主线。《中国长城保护报告》（2016）提出的"长城蕴含着团结统一、众志成城的爱国精神，坚韧不屈、自强不息的民族精神，守望和平、开放包容的时代精神"，是长城主题博物馆锚定与阐释展示长城共享精神价值内涵的核心依据，如宁夏长城博物馆对长城精神价值的文本叙事（表10-6）。然而，不同区域的不同长城主题博物馆对长城精神价值的叙事具有选择性与地方特性。例如，嘉峪关长城博物馆彰显河西长城蕴含的"中华民族海纳百川的胸襟与开拓创新的精神"；宁夏长城博物馆引入宁夏地区"不到长城非好汉"的长征革命精神，与"爱我中华，修我长城"的当代爱国情怀融合展示；丝绸之路·长城文化博物馆将长城精神价值阐释为"中华民族自强不息的奋斗精神和众志成城、坚韧不屈的爱国情怀"，还在其他展陈单元将长城精神与"和平合作、开放包容、互学互鉴、互利共赢"的丝路精神融合传播，将铸牢中华民族共同体意识提升至推动构建人类命运共同体（图10-4）。

表 10-6　长城主题博物馆精神价值叙事一览表

博物馆名称	长城精神价值叙事文本内容
嘉峪关长城博物馆	序厅前言：长城是中华民族的精神象征。长城体现了中华民族坚韧刚毅、勇敢智慧的品质，凝聚着炎黄子孙不屈不挠，开拓创新的精神。 第三单元"长河落日　丝路花雨"：河西长城体现出中华民族海纳百川的胸襟与开拓创新的精神。
宁夏长城博物馆	序厅前言：长城是中华民族的精神象征，体现着中华民族的精神品质和价值追求。长城蕴含着团结统一、众志成城的爱国精神，坚韧不屈、自强不息的民族精神，守望和平、开放包容的时代精神，历经岁月锤炼，已深深融入中华民族的血脉之中，成为实现中华民族伟大复兴中国梦的强大精神力量。 第三单元"爱我中华，修我长城"：2016 年 7 月和 2020 年 6 月，习近平总书记先后两次视察宁夏时提出，"不忘初心，牢记使命，走好新的长征路"伟大号召，并赋予宁夏"努力建设黄河流域生态保护和高质量发展先行区"的时代重任。宁夏广大干部群众大力弘扬"不到长城非好汉"的长征精神，牢记习近平总书记"社会主义是干出来的"殷切嘱托，紧密团结，真抓实干，为加快建设先行区、继续建设美丽新宁夏，为全面建设社会主义现代化国家，实现第二个百年奋斗目标不懈努力。
丝绸之路·长城文化博物馆	序厅前言：长城凝聚了中华民族自强不息的奋斗精神和众志成城、坚韧不屈的爱国情怀。 第五单元"命运与共"：丝绸之路精神是开放包容，是互学互鉴，是互利共赢。开放、包容、交流、互鉴的丝绸之路精神，是中国智慧对世界的独特贡献。

a　宁夏长城博物馆的长征革命精神传播　　b　丝绸之路·长城文化博物馆的丝路精神传播

图 10-4　长城主题博物馆的长城关联精神传播示例（图片来源：周小凤实地拍摄）

博物馆专业人士访谈反映：

> 做长城主题展最大的困难就是，用什么文物来展示长城文化和长城精神。
>
> ——FT4-NXM15

> 长城精神是一个很泛的概念。在给观众讲解过程中，不能靠主观臆断，就是我认为的长城精神是什么，也不能直接给一个定义，即长城精神是什么，要寻找阐释与展示的落脚点，将长城精神的丰富内涵落到具体的长城文化故事里，从而让游客自然而然地代入历史情境、感悟长城精神文化内涵。
>
> ——FT5-NXM18

从传播受众反馈来看，博物馆观众普遍认可长城蕴含的爱国精神与民族精神，但其"守望和平、开放包容的时代精神"存在争议，如嘉峪关长城博物馆游客访谈反馈："明代长城是'闭关锁国'的象征，何谈开放包容？何谈民族自豪？"[6]从展示方式看，目前甘宁新地区长城主题博物馆对长城精神价值的具化路径与内涵挖掘不足，尚未充分利用展陈文物与科技手段增强观众对长城精神价值的感知与理解，难以通过长城精神价值的有形有感有效传播铸牢中华民族共同体意识。

（三）长城沿线各民族交往交流交融史是铸牢中华民族共同体意识的有力支撑

习近平总书记指出："一部中国史，就是一部各民族交融汇聚成多元一体中华民族的历史，就是一部各民族共同缔造、发展、巩固统一的伟大祖国的历史。"历史上，长城不只是一道军事防御线，还是长城沿线多民族交流融合的纽带[5]。长城沿线各民族交往交流交融史不仅为铸牢中华民族共同体意识提供深厚的历史依据，也是长城主题博物馆铸牢中华民族共同体意识的有力支撑。甘宁新地区长城主题博物馆主要通过设立独立展陈单元叙述长城沿线各民族交往交流交融史。

嘉峪关长城博物馆在第三单元"长河落日 丝路花雨"主题展中，重点通过"河西长城"板块的道路与交通、军民屯田、边关行政、出入境制度、各民族生活等内容阐释，充分展示长城是各民族文化交流融合的巨大载体与多元民族一体化的重要纽带。

具体表现在：河西长城道路与交通缔造了丝绸之路东段的畅通与繁荣；历代王朝在河西长城重要关口设置的管理机构及实施的边关行政与出入境管理制度，既维护着河西长城系统的有效、有序运转，也维持了河西地区及丝绸之路的长期繁荣；河西长城沿线实行兵民结合的屯田制度，史料与现存屯田遗迹是河西长城对国家统一、经济发展、文化交往与民族融合历史产生推动作用的重要史证。河西是中国历史上民族流动最为频繁的地区。长城的平衡协调及与丝绸之路交会，缔造出了河西多民族和平共处的社会及多民族交流融合的多元复合文化特色。

宁夏长城博物馆在西厅"中国长城历史文化陈列"的第一单元"万里长城，千古雄风"主题展中，通过"长城文化"从整体视角讲述长城沿线民族文化融合的历史故事，"中华大地自从有了长城，农耕文化和游牧文化以长城为标志交融发展形成了'长城文化带'"。以战国赵武灵王胡服骑射，秦蒙恬北击匈奴，汉卫青、霍去病北伐匈奴，隋军北攻突厥之战等历史事件，阐明长城内外农耕文明与游牧文明的冲突和交融是中国文化的重要主题之一。在东厅"盐池长城历史文化陈列"的第二单元"河套要冲，控扼朔方"主题展中，重点通过"茶马互市""明代著名戍边人物""盐池长城文化"，展示在长城军事防御过程中出现的许多著名戍边人物，以及推动长城沿线开设贸易市场的历史人物和历史事件。他们为保卫家园、开设互市、促进民族融合与和平发展做出了重要的历史贡献。同时，陈列通过与盐池长城相关的诗歌、传说、故事、戏剧、工艺美术等，突显盐池长城沿线多民族基于长城共同创造的文化作品是盐池地方文化的重要组成部分，记录着长城沿线多民族融合的历史轨迹。

丝绸之路·长城文化博物馆以"同心共筑"为第二单元展陈主题，通过"开发建设""多元一体""长城内外""水乳交融""文明凝聚"五部分展示长城内外、古往今来的民族交流交融历史故事与文物史料，讲述长城沿线各民族共同构筑中华民族大家庭，以及凝聚成中华民族共同体、为中华文化发展做贡献的历程。其中，"开发建设"部分主要通过伴随长城而来的戍边屯垦和水利兴修展示长城对沿线地区社会、经济、文化各方面的促进作用，以新疆尉犁县托布协村水渠遗址、米兰古渠道等灌溉遗迹为实证。"多元一体"部分历时性地展示人类百万年的演化历史、中华文明5000多年的形成历史与2000多年统一的多民族国家形成历史，突出"中华民族的形成与发展是中原各民族文化同周边诸族和文化连续不断交往交流交融的历史过程""中华文化是中华民族多元一体的灵魂和精神归属"。"长城内外"部分重点展示历史上生活在长城内外不同区域、生产生活方式不同的人群，通过交流互补、迁徙汇聚、冲突融合，促进了各地的交流和社会经济发展，也推动了中华民族的多元一体化。"水乳交融"部分一方面通过西北地区长城烽燧沿线考古发掘发现的大量简牍文书，展示长城烽燧是中华文化传承和传播的重要节点，驻守长城的官兵是文明传承和文化传播的火炬手；另一方面通过历史上多次民族迁徙与文化融合事件，阐释中华民族共同体是历史上各民族长期交叉流动、相互交往的结果，重点以西晋末年各民族迁徙融合、回鹘迁移及土尔扈特万里东归事件为史证。"文明凝聚"部分勾连长城的历史与当下，突出长城是中华民族的伟大工程和重要标志，沿着万里长城各民族共同创造了无比灿烂的中华文化。无论是过去基于长城创作的大量优秀的文学、艺术作品，还是当下人们基于长城创作的小说、散文、影视剧等，都激发着人们热爱祖国、建设祖国、保卫祖国的精神情怀，如纪录片《爱我长城》、电影《长城》及窦孝鹏的《长城鏖兵》与卡夫卡的《万里长城建造时》等国内外长城题材作品。

　　总体来看，阐释与展示长城沿线各民族交往交流交融历史故事，是甘宁新地区长城主题博物馆传播长城文化、铸牢中华民族共同体意识的关键支撑。然而，目前长城主题博物馆关于甘宁新地区长城沿线各民族交往交流交融历史故事讲述，尚缺乏清晰的脉络梳理，不同板块内容的历史关联或主题逻辑关联较弱；展示媒介仍以图文为主，缺乏有声有色的数字立体展示；支撑的史料与文物信息具有一定高语境性，不易于公众理解与感悟展示媒介蕴含的丰富历史信息。

（四）长城文化与丝路文化融合传播是铸牢中华民族与人类命运共同体意识的关键纽带

　　甘宁新地区长城资源主要分布在丝绸之路沿线，以城墙与城池为依托，附属烽火台、戍堡、馆驿、军镇等设施，构成完整、严密的军事防御体系，不仅是见证中华各民族交流交往融合与多元一体化历程的关键载体，也是东西方文化交汇、碰撞之场域，见证着中华各民族一同构建人类文明繁荣发展共同体。所以，甘宁新地区长城一定程度上被视为构建人类命运共同体的见证。它是"丝路长城"，是保护丝绸之路畅通繁荣、维护世界和平发展的设施，也是中华文明张开的臂膀与伸向西域的文明手臂[7]。因此，甘宁新地区长城主题博物馆是将长城文化与丝路文化融合传播、铸牢中华民族与人类命运共同体意识的关键纽带。

嘉峪关长城博物馆重点通过基本陈列第三单元"长河落日　丝路花雨"中"河西长城"板块的陆路交通、军民屯田、管理制度与各民族生活内容，及"丝绸之路"板块的丝绸生产与贸易内容，展示河西长城与丝绸之路相伴而生，不仅开通了中西文明直接对话的渠道，也对世界文明的发展做出了重大贡献。丝绸之路的开辟，以张骞出使西域及河西长城的修筑为标志。河西长城与丝绸之路的交会，使得河西成为一条开放的、世界性的文化走廊与广纳各族共生共存的区域，衍生出极具特色的河西文化。集中西文化艺术大成之宝库莫高窟及河西丝路长城沿线驿站、关口、墓葬等遗址出土的大批纺织品、木简、壁画、砖画，是历史上河西地区丝绸商贸兴盛、多民族与中西文化交流与融合的重要见证。

丝绸之路·长城文化博物馆在第五单元"命运与共"主题展中，通过"丝路万里""一带一路""人类命运共同体"三部分内容，关联中国长城与历史上的丝绸之路及当下"一带一路"倡议的国家战略意义，将长城与丝绸之路精神融合提升至构建人类命运共同体的精神纽带。其中，"丝路万里"部分通过丝绸之路的开辟与线路形成历史及其物质文化交流传播方式，展示了中国长城既维护了国家的安全，也维系了丝绸之路的通畅，孕育了"和平合作、开放包容、互学互鉴、互利共赢"的丝绸之路精神，体现了丝绸之路上中外文明的交流互鉴是增进相互了解、彼此情感的重要纽带。"一带一路"部分通过展示当今中国基于古代丝绸之路智慧与精神提出的"一带一路"倡议愿景与行动方案内容，阐明"一带一路"是新时期活化利用古代丝绸之路与中国长城文化纽带、探索推动构建人类命运共同体的新举措。"人类命运共同体"部分展示内容旨在系统阐释构建人类命运共同体的理论内涵和目标路径，为人类应对未来共同的风险和挑战提出"构建人类命运共同体，实现共赢共享"的中国方案。最后，展陈"结语"的文本叙事反复强调，让公众进一步感悟长城关联过去、当下与未来的，在中华民族与人类命运共同体构建方面的重大意义（图10-5）。

相较嘉峪关长城博物馆与丝绸之路·长城文化博物馆对长城文化与丝路文化的系统融合性传播，宁夏长城博物馆对地区长城与丝绸之路的历史故事叙事较为零散，主要在西厅"中国长城历史文化陈列"的第二单元"城彼朔方，控扼塞上"中呈现。通过"历史烽烟"板块文本内容，提及丝绸之路与长城交会不仅促进了东西方的贸易流通，还促进了东西方的文化交融，强调的仍是长城对多民族交流融合起到的纽带作用。综合来看，甘宁新地区长城主题博物馆对地区长城与丝绸之路交织重叠的路线及沿线遗址文化资源的挖掘研究依旧十分欠缺，难以为长城文化与丝路文化的融合主题传播提供充足、翔实的历史研究基础支撑。

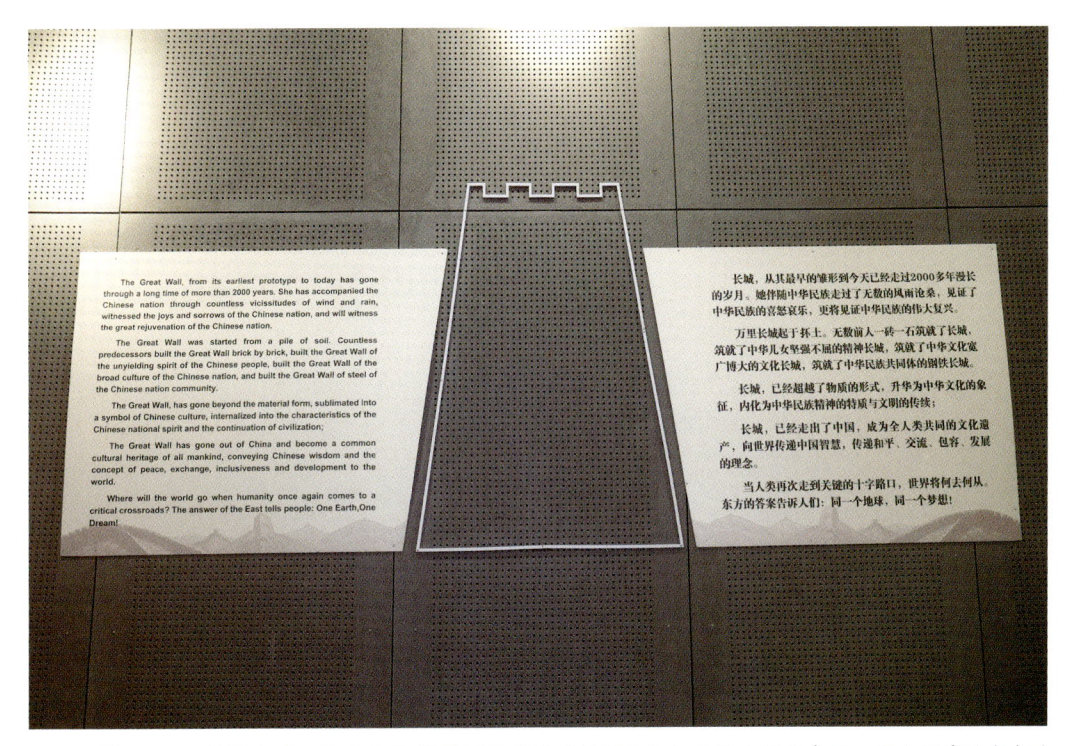

图10-5　丝绸之路·长城文化博物馆的展陈"结语"文本内容（图片来源：周小凤实地拍摄）

四、长城主题博物馆铸牢中华民族共同体意识的优化对策

（一）深化地方长城精神价值的挖掘研究，构建统一且多元的长城精神谱系

阐释与展示长城精神价值是长城国家文化公园与长城主题博物馆建设的基础性工作。锚定长城精神价值内涵是长城主题博物馆铸牢中华民族共同体意识的首要前提[4]。长城精神价值，具备整体共性特征与地方特色，两者相辅相成，共同支撑长城国家文化公园建设保护传承长城精神文化体系[5]。因此，立足于区域长城资源建设的长城主题博物馆，首先既要从整体上领悟长城蕴含的"团结统一、众志成城的爱国精神，坚韧不屈、自强不息的民族精神，守望和平、开放包容的时代精神"，更要加强研究所在地长城资源承载的历史、科学、美学与社会价值内涵，才能更好地凝练地方长城精神的特色内涵，为地方长城精神阐释与展示提供具体的实物与史料支撑。其次，应避

免长城主题博物馆的精神价值阐释与区域长城资源空间场域脱钩，加强区域长城资源精神内涵展示文本的时空标记与历史场景的数字化立体呈现，增进公众与长城及其所在地方地理、人文风情的多维跨时空对话与互动。再次，应加强长城主题博物馆与地方长城旅游资源的主题线路开发，深化长城文旅融合，推动公众走出馆舍空间，在地体验与感悟长城文化、地方文化，让地方长城精神的阐释与展示更可信、更鲜活、更具有感染力。最后，要统筹整合不同区域、不同长城主题博物馆的长城精神研究与展陈成果，形成多元化的包容性长城精神谱系（图10-6），为长城主题博物馆实现长城文化传播与社会教育功能，铸牢中华民族共同体意识提供精神动力。

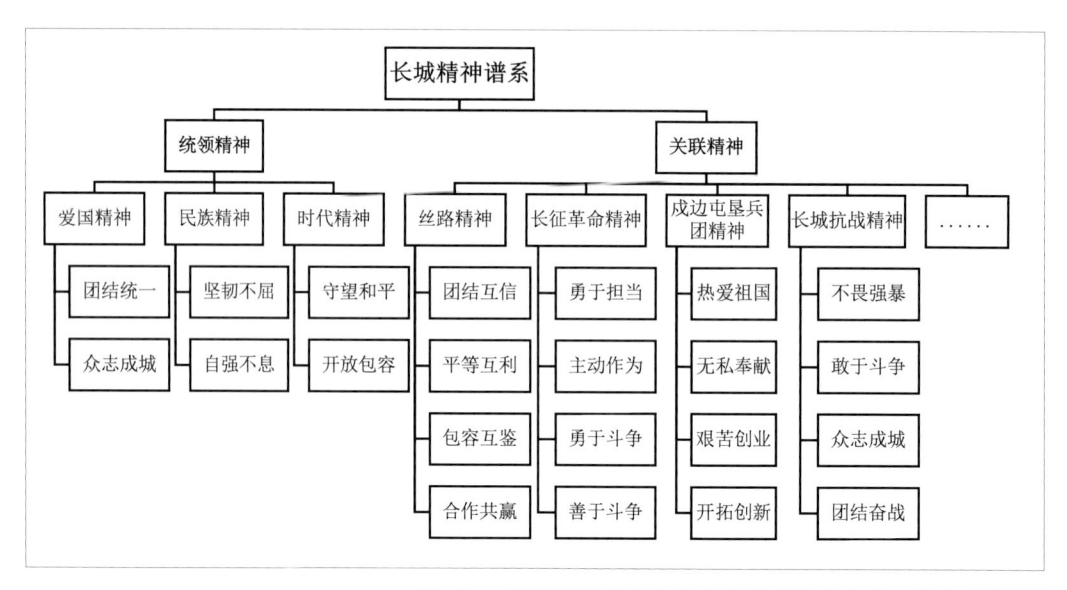

图10-6 长城精神谱系构建示意图（图片来源：周小凤绘制）

（二）加强长城沿线民族融合史料文物的研究整合，阐释中华文明多元一体

长城作为军事防御纽带，为长城沿线各民族提供了长期稳定的交往交流交融政治环境，也为长城沿线各民族的经贸来往、文化交流提供了开放、包容的空间场域。因此，长城沿线各民族的经济与文化交融，可作为长城主题博物馆讲述长城沿线各民族交往交流交融形成中华民族共同体与中华文明多元一体化进程的重要支撑主题。首先，加强长城沿线关联多元民族主体的量化统计和跨地域比较、整合梳理，为长城主题博物馆讲述长城沿线各民族交往交流交融历史锚定主体对象，让博物馆有的放矢。其次，

基于不同区域认定的长城资源资料，加强考古发掘与研究，整合关联长城沿线各民族融合的历史事实、考古实物、文化遗存，充分展示长城沿线不同地区不同民族文化的包容性、关联性与共同性核心特征，阐释中华文明多元一体化历史进程。再次，随长城而来的徙民实边、水利兴修、茶马互市、丝路商贸等举措可作为长城沿线各民族经济交往交流交融历史叙事的关键支撑点；生活方式、文学艺术等可作为长城沿线各民族文化融合历史叙事的关键切入点，尤其是深入人心、大众喜闻乐见的文学作品与文学遗产景观，可进行活化利用与创意性展示传播。最后，增强长城沿线民族融合故事阐释与文物展示的可参观性与体验性及其展陈内容的大众化，将音乐、视频、游戏、场景虚拟等多元媒介融入展陈，丰富公众的多元感官体验，进而增强公众对长城多元文化内涵的认知与理解，培育与铸牢公众对中华民族共同体的认同。

（三）探明长城与丝绸之路融合发展的历史脉络，铸牢人类命运共同体纽带

长城文化和丝路文化都是中华民族宝贵的文化遗产，也是人类共同的财富。长城文化与丝路文化的融合传播，可以加深不同民族、不同国家之间的相互了解和友谊情感，进而铸牢中华民族与人类命运共同体。首先，加强长城与丝绸之路重叠的文化资源的挖掘研究与梳理统计，明晰丝路长城路线走向与关联遗产资源清单，进而整合活化利用丝路长城资源，推动丝路长城沿线不同区域不同长城主题博物馆的跨地区交流合作，联合建设跨市县、跨省域的多元丝路长城主题游径，如丝路长城之边塞诗歌游径、丝路长城之文化信仰游径、丝路长城之红色文化游径、汉明丝路长城游径等。其次，基于丝路长城资源深入挖掘长城精神与丝路精神的历史渊源，深化人们对丝路文化与长城文化传播重要性的认识，以在"一带一路"建设与构建人类命运共同体方面发挥更大的精神纽带作用。再次，嘉峪关长城博物馆隶属于嘉峪关丝路（长城）文化研究院，是甘宁新地区保护研究利用传承丝路文化与长城文化较为成熟的前沿阵地，倡导其与丝路长城沿线代表性博物馆加强交流合作，通过联合策划丝路长城主题流动巡回展、举办丝路长城文化节、学术研讨会等活动，如甘肃一年一届的丝绸之路（敦煌）国际文化博览会，让世界透过丝路长城文化之窗更好地了解中国。最后，加强长城文化与丝路文化的融媒体传播力与影响力，借助虚拟现实、增强现实等现代科技手段与社交媒体、网络平台、影视剧纪录片等媒介渠道，多方位、多维度讲述长城与丝绸之路的历史故事，激励丝路长城沿线博物馆以"长城礼物""丝路礼物"为主题，研发推广

系列文创品牌与产品，在新时期更好地发挥丝路长城的经济文化交流纽带作用，使长城文化与丝路文化在全球范围内得到更广泛的认同和尊重，进而不断增强中华文化的国际影响力。

参考文献

[1] 甘肃省文物局. 甘肃长城资源概览 [EB/OL]// 丝绸之路世界遗产. (2019-08-20)[2024-06-07]. http://www.silkroads.org.cn/portal.php?mod=view&aid=21215.

[2] 宁夏博物馆. 5·18 宁夏长城保护宣传日｜宁夏博物馆发布"九宫格"主题海报 [EB/OL]// 宁夏博物馆微信公众平台. (2022-05-17)[2024-06-07]. https://mp.weixin.qq.com/s/4R0FJy9zDLipW6QBEijtvw.

[3] 天山网 - 新疆日报. 文化视点｜新疆长城资源知多少 [EB/OL]// 天山网. (2022-02-23)[2024-06-07]. https://www.ts.cn/xwzx/whxw/202302/t20230214_11645966.shtml.

[4] 邹统钎. 长城国家文化公园精神价值的锚定与具化机制探索 [J]. 河南大学学报（社会科学版）2022, 62(6): 27–34+153.

[5] 赵琛, 董耀会, 席建超, 等. 游山西·读历史｜什么是长城精神？专家观点大碰撞！[EB/OL]// 山西省文化和旅游厅微信公众平台. (2021-11-16)[2024-06-02]. https://mp.weixin.qq.com/s/TeeWXmrIvhFFQ0UQzbHv5Q.

[6] 周小凤, 张朝枝. 局部旅游利用情境下长城线性文化遗产的价值传播效果研究 [J]. 中国文化遗产, 2024(3): 39–49.

[7] 赵琛. 赵琛主旨演讲：中华民族共同体意识的长城文化 [EB/OL]// 中国长城论坛微信公众平台. (2020-11-18)[2023-12-25]. https://mp.weixin.qq.com/s/jBTyzjT-khlhGdaov3LFqw.

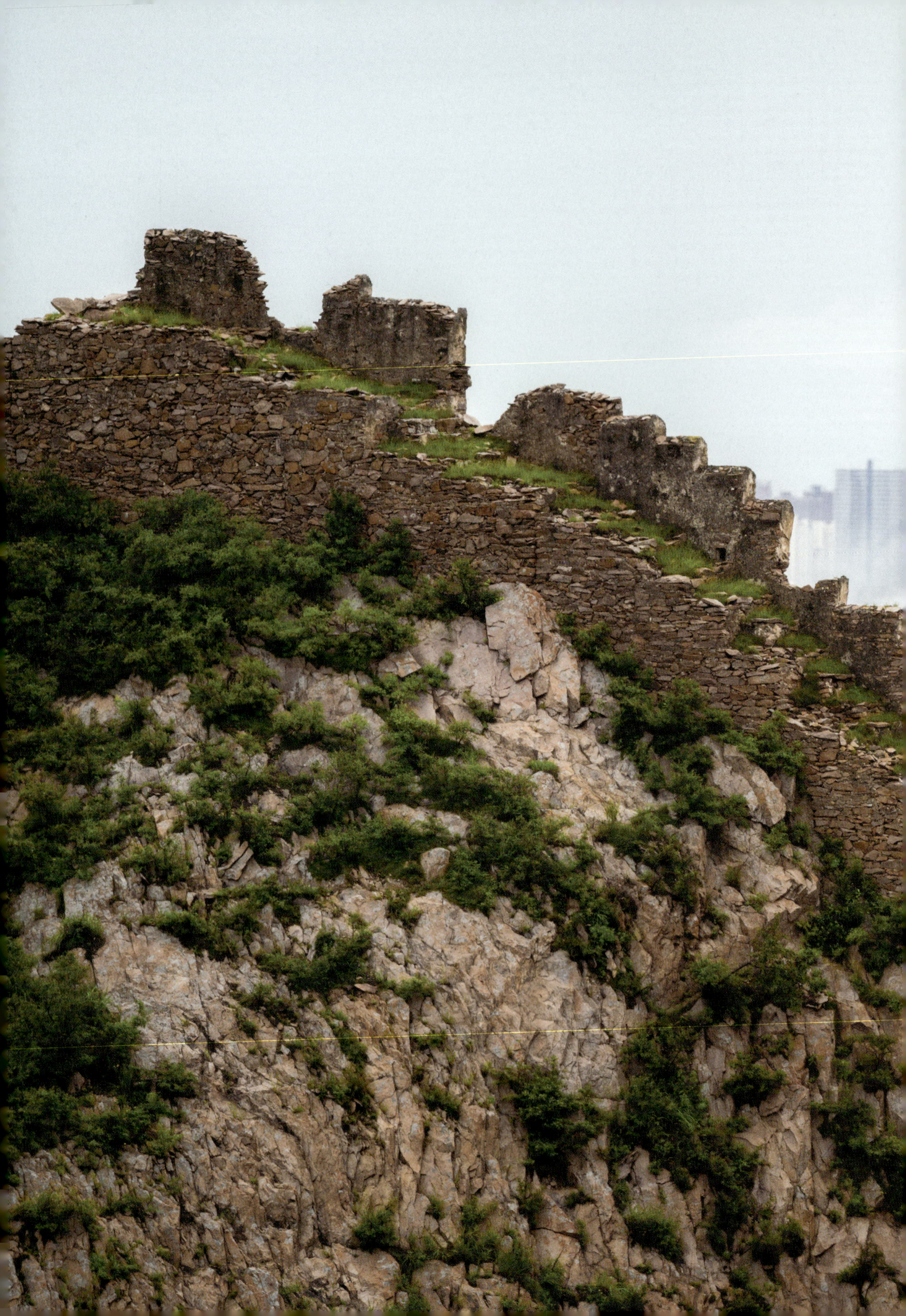

三道关远眺（于文江拍摄）

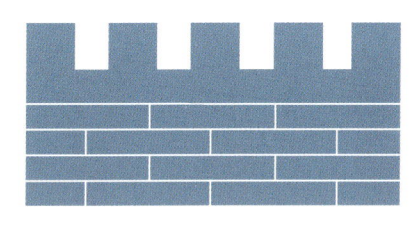

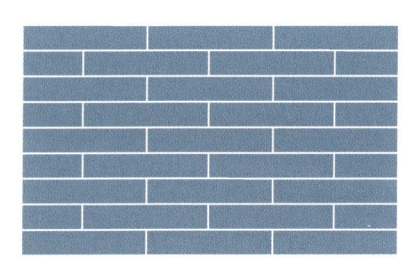

IV 资料篇

代表性长城主题博物馆推介

（1）宁夏（盐池县）：宁夏长城博物馆

博物馆依托的长城资源名称：花马池古城
博物馆地址：吴忠市盐池县盐州古城旅游景区内
博物馆是否对公众免费开放：是
博物馆质量等级：未定级

基本信息

宁夏长城博物馆坐落于万里长城中唯一以"长城"命名的关隘"长城关"脚下，是宁夏段国有长城主题博物馆，管理主体为盐池县博物馆，未定级，2019年8月3日正式对外开放。总建筑面积为4200平方米，展厅面积为3460平方米，馆藏文物总数330件（套），珍贵文物5件（套）。

宁夏长城博物馆的展览内容结构分明，分为东、西两个展厅。

▶ 西厅：以"万里长城千古雄风"为主题，重点阐述中国历代长城的全貌，集中展示我国"上下两千多年，纵横十万余里"的长城历史渊源、构筑方式、军事烽烟、长城文化和宁夏长城的发展史。

▶ 东厅：以"宁夏后卫防秋重镇"为主题，侧重盐池长城的展示与价值传播，利用数据、图表、模型等形式生动详解盐池境内分布的三道明长城和一道隋长城的关隘、城堡、烽火台等军事附属设施，突出地方特色。

盐池县长城资源丰富，境内共有隋、明四道长城，分布有宁夏东线长城的8座城堡，如花马池古城、高平堡、兴武营古城、毛卜喇堡和清水营古城等。宁夏长城博物馆依托的花马池古城是宁夏段长城国家文化公园以传统利用功能为主的"万里长城"形象标识段。

文字描述：周紫晴、周小凤
图片提供：周小凤

宁夏长城博物馆外景

宁夏长城博物馆外景

宁夏长城博物馆展厅

宁夏长城博物馆展厅

（2）宁夏（固原市）：战国秦长城博物馆

博物馆依托的长城资源名称：无依托
博物馆地址：固原市原州区北京路 415 号
博物馆是否对公众免费开放：是
博物馆质量等级：未定级

基本信息

战国秦长城博物馆位于西北农耕博物馆内，是国有长城主题博物馆，管理主体为原州区文管所。2023 年 5 月 18 日（国际博物馆日）正式面向公众开放，建筑面积 2000 平方米。展览主题为"西陲雄风"，分为五部分：第一部分"长城雄风今犹在"、第二部分"西陲边塞迤千里"、第三部分"故塞雄关绾三镇"、第四部分"不到长城非好汉"、第五部分"长城两边是故乡"，共展出文物 1100 余件（套），场景 2 处，多媒体展示 8 处。

战国秦长城始建于战国秦昭襄王时期，属中国早期长城之一，西起甘肃临洮，东至内蒙古达拉特旗，全长 1100 多千米。秦灭六国后，连接秦、燕、赵等诸国长城，形成了中国第一个"万里长城"。汉时称"故塞"，宋在今固原市原州区深挖壕堑，明再次维修利用，成为戍守西北的边陲要地。

战国秦长城原州区段因保存较好、墙体高大、墩台密集、壕沟完整成为典型代表，为研究我国古代军事防御、民族交流、社会发展提供了不可或缺的实物资料，是我国古代劳动人民智慧的结晶，也是中华民族的重要象征。2020 年 11 月 24 日，战国秦长城原州区段入选第一批国家级长城重要点段名单。

文字描述：周小凤
图片提供：殷同东

战国秦长城博物馆外景

战国秦长城博物馆瓦当展示

战国秦长城博物馆长城文化展示

战国秦长城原州区段

（3）宁夏：西吉县将台堡红军长征会师纪念园

博物馆依托的长城资源名称：将台堡
博物馆地址：固原市西吉县将台堡镇明台村
博物馆是否对公众免费开放：是
博物馆质量等级：未定级

基本信息

将台堡红军长征会师纪念园，始建于 1996 年，2006 年、2016 年和 2017 年分别进行了改建和扩建，占地面积 120 060 平方米，建筑面积 6000 平方米，由中国工农红军长征将台堡会师纪念碑、会师广场、将军翰墨碑林、三军会师纪念馆和革命旧址公园五部分组成，先后被命名为"全国爱国主义教育示范基地""国家国防教育示范基地""全国民族团结进步教育基地""全国重点文物保护单位""全国红色旅游经典景区"。

战国秦长城，经甘肃临洮、陇西、榜罗镇、通渭、静宁进入宁夏固原市西吉县，沿葫芦河东岸北行，经西吉县兴隆镇、将台堡镇后，于东南侧折而向东，进入马莲乡；又沿马莲川河东北而上，经巴都沟村再进入原州区张易镇、河川乡黄河村黄家庄，沿骆驼河进入彭阳境内；在彭阳段呈东西走向，途经古城、白阳、城阳、孟塬，进入甘肃省镇原县境内。

宁夏固原市境内战国秦长城全长 200 余千米，西吉县境内全长约 26 千米。将台堡原名西瓦亭，始建于战国秦昭襄王时期，汉、唐、宋、元、明、清等朝代均经修扩，是宁南腹地、葫芦河流域、古丝绸之路上一处重要的军事要塞和商贸集散地，因北宋时期在古堡的西侧修建了一座将帅点校军事的土台，故得名将台堡。1920 年海原大地震时，将台堡遭到严重毁坏，翌年由当地乡绅王世英组织周围"四坊五垛"乡亲集资重修。现古堡东西长 110 米，南北宽 101 米，堡墙高 10 米。

文字描述：周小凤
图片提供：将台堡红军长征会师纪念园、张睿

将台堡红军长征会师纪念园外景

三军会师纪念馆外景

三军会师纪念馆展陈

三军会师纪念馆展陈

（4）宁夏：盐池长城民俗博物馆

博物馆依托的长城资源名称：明长城盐池县头道边段
博物馆地址：吴忠市盐池县长城新村 D 区 56 号
博物馆是否对公众免费开放：是
博物馆质量等级：未定级

基本信息

盐池长城民俗博物馆由盐池长城学会会员高万东、陈静夫妇于 2020 年出资创办，2022 年正式登记注册。主体建筑为四合院，外墙由盐池古城砖包裹，正房和东西厢房被改造为展厅，占地 753 平方米，建筑面积 356 平方米，其中展厅面积 200 平方米。同时，馆长夫妇一家亦居住在四合院内，负责博物馆日常的开放和讲解接待工作。

该馆先后举办了"朔地风骨——宁夏长城风光摄影作品展"、"5·18"宁夏长城保护宣传日启动仪式、"定边长城摄影展"、"庆祝建党 100 年百部红色连环画展"、"长城两边是家乡"长城书画摄影展和长城保护志愿者保护长城系列活动。在 2022 年 5·18 国际博物馆日和宁夏长城保护宣传日，该馆策划了"万里长城百关纪念封展"，将长城沿线的 114 个关隘、城堡以纪念封的形式展示，并附有各关隘、城堡的文字简介。

该馆展厅中还陈列了盐池长城的砖瓦等建筑构件，箭镞、陶蒺藜等古代战争实物，瓷片等生活物品及两位馆长参与长城保护实践的点滴印记，如长城认领保护证书、长城保护先进个人证书和民间长城保护活动相关纪念品。

该馆利用西侧空间建成"长城书屋"，集长城文献资料室和文物库房于一体，外形仿长城墩台，书屋以高万东与陈静馆长认领保护的长城点段——"瞭马墩"命名，顶部设计为长城瞭望观光台。

文字描述：周紫晴、周小凤
图片提供：周小凤、高万东

盐池长城民俗博物馆外景

盐池长城民俗博物馆内景

盐池长城民俗博物馆展厅

长城书屋内景

（5）陕西：榆林市长城保护中心镇北台长城博物馆

博物馆依托的长城资源名称：镇北台
博物馆地址：榆林市榆阳区镇北台一层营房
博物馆是否对公众免费开放：是
博物馆质量等级：未定级

基本信息

镇北台长城博物馆位于镇北台长城景区内，是一座国有长城主题博物馆，尚未定级，管理主体为榆林市长城保护中心。镇北台一层原有营房环列，2010年在原址上恢复后设镇北台长城博物馆，并于2012年对外开放。建筑面积和展厅面积均为200平方米，展线长约80米，馆藏文物19件（套）。

镇北台长城博物馆以文物、图片、文字为依据，展示中国长城、陕西长城尤其是榆林长城的壮美雄姿，表现其在明代后期民族关系中的历史和现实意义。展览在结构上分为前言、四个单元和结语，四个单元为：

➤ 中国历代长城与延绥镇长城　展示全国历代长城的分布与延绥镇长城的详细布局。

➤ 长城的形成与构造体系　通过文物展示长城建材和建筑工具，以画作展现长城修筑场景，主要说明延绥镇长城的修建历史与时代特点。

➤ 长城在民族关系中的地位　展示不同民族在附近的生活状况和不同文化在此地的交融情况，突出反映长城附近民族交往与融合的和平关系。

➤ 长城的损坏与保护　以新老图片的对比显示长城与镇北台的过去与现在，展示长城的损坏与保护情况。

镇北台是长城沿线现存最大的要塞之一，在古代扼守南北之咽喉，见证了互市贸易、民族交融、战争烽火的过往，具有重要的历史价值。镇北台长城博物馆的面积虽不大，但其展览大纲在展览定位、展览主题、展览内容和展览结构上围绕镇北台展开，以延绥镇长城附近的民族交往和文化融合为轴心，让观众了解镇北台、陕北长城和中国长城。

文字描述：周紫晴、周小凤
图片提供：蒋钦宇、张文鼎、周小凤

镇北台长城博物馆外景

镇北台长城景区

镇北台

镇北台长城景区款贡城

（6）陕西：红石峡长城博物馆

博物馆依托的长城资源名称：易马城遗址
博物馆地址：榆林市榆阳区榆阳镇北岳庙村红石峡景区
博物馆是否对公众免费开放：是
博物馆质量等级：未定级

基本信息

红石峡长城博物馆位于红石峡遗址南、镇北台遗址西，管理主体为榆林长城保护中心。目前，博物馆正在建设当中，建筑面积达4260平方米，项目负责单位为榆林市文旅局。红石峡长城博物馆是榆林市红石峡长城国家文化公园项目（一期工程）的主要建设内容之一，于2020年10月开始建设，与游客服务中心、广泽渠（红石峡渠）优化工程和水磨坊遗址修复工程一并开展建设，是目前陕西省最大的长城主题博物馆项目，将依托红石峡深厚的历史文化及长城边塞文化，打造集长城文化传播、遗址观光于一体的长城国家文化公园。

展览内容围绕延绥的长城文化展开，计划结合声光电等科技手法，打造集光影互动及体验式文化展陈等于一体的综合型长城博物馆，展示榆林三十六营堡的长城文化资源，以及红石峡丰富的历史文化内涵。

文字描述：周紫晴、周小凤
图片提供：张文鼎、周小凤、蒋钦宇

红石峡摩崖石刻景观

红石峡景区

红石峡摩崖石刻景观

红石峡景区生态景观

（7）陕西：余子俊纪念馆

博物馆依托的长城资源名称：无依托
博物馆地址：榆林市高新区沙河公园
博物馆是否对公众免费开放：是
博物馆质量等级：未定级

基本信息

余子俊纪念馆，是一座以榆林历史人物余子俊主政延绥、兴建榆林"边墙"为主题的纪实性人文纪念馆，于2017年5月18日正式对外开放。展馆面积约800平方米。该馆采用纪实性方式，以翔实的历史文献、立体的布展，兼具诗史、影像、多媒体展示、场景模拟等功能，图文并茂地讲述了榆林这座城的历史沿革和余子俊这位能臣的功德。

▶ 重边疆防卫、御游牧侵扰　展示"土木之变"的重要政治军事意义。

▶ 锻长天铁垛、铸大漠金汤　展示余子俊四次上疏皇帝请求修筑长城的事迹。

▶ 立三边雄镇、建塞上江南　展示成化九年（1473），余子俊奏请移镇榆林的事迹，由此榆林镇城也成为全镇的军事指挥中心。镇城中设有总镇署，成为延绥镇号令四方的中心。

▶ 忧边塞防务、彰肃敏精神　展示余子俊对榆林边防和民生的贡献。

▶ 阅历史沧桑、绽文化内涵　展示榆林的长城文化。

余子俊（1429—1486），四川青神人，前后在陕西任职17年，1471年任延绥巡抚，为明朝名臣之一。在榆林任职期间，他修筑榆林长城、增兵设防、拓城戍守、招商兴屯、发展教育，对延绥边防和发展做出的重大贡献足以彪炳史册，被誉为"榆林之父"。

文字描述：张茜、周小凤
图片提供：张文鼎

余子俊纪念馆外景

余子俊人物雕像

余子俊纪念馆展厅

余子俊纪念馆展厅

（8）陕西：陕北长城博物馆

博物馆依托的长城资源名称：明长城遗址（安边堡）
博物馆地址：榆林市定边县安边镇定海路
博物馆是否对公众免费开放：是
博物馆质量等级：未定级

基本信息

陕北长城博物馆，位于安边镇安边文化站旧址，是陕西首家民营长城主题博物馆。该馆由中国长城学会、中国摄影家协会会员李生程先生出资创办，于 2014 年 12 月正式对外开放。陕北长城博物馆内共有展厅两间，展厅面积 300 多平方米。

展览内容分为两个主题：

➤ 长城专题展览 以陕西长城为展示核心，通过李生程个人拍摄的摄影作品附以文字解说，介绍榆林府谷、神木、榆阳、横山、靖边、吴堡和定边七县区的长城，还通过摄影作品和文字解说逐一呈现榆林三十六堡，展览的末尾是"中外联合万里长城行"的掠影，同时，展厅内还陈列有李生程个人收藏的历代文物数件（套）。

➤ 陕北民俗展览 主要通过"人生系列：结婚与订婚""人生系列：祝寿与葬礼""三边人物""陕北毛驴"等主题的摄影作品，展现陕北尤其是"三边"地区的民俗和生活风貌，一并展出的还有陕北的民俗工艺品、清末的服饰配件和鞋物、古籍和书画作品等。其中，有一套李生程在 1992 年独自徒步考察陕北长城时拍摄的黑白照片，向大众纪实性地呈现了 20 世纪 90 年代陕北长城的样貌，展现了陕北人与长城之间的关联。

文字描述：周紫晴、周小凤
图片提供：蒋钦宇

陕北长城博物馆外景

陕北长城博物馆展厅

陕北长城博物馆民俗展示

明长城遗址——安边堡

（9）陕西：榆林长城主题展馆

博物馆依托的长城资源名称：无依托
博物馆地址：榆林市榆阳区高新技术产业园区
博物馆是否对公众免费开放：是
博物馆质量等级：未定级

基本信息

榆林长城主题展馆位于榆林市高新技术产业园区内，系高秋燕于2014年出资创办的民营长城主题展览馆，展馆面积为700平方米。目前，展馆是榆林爱国主义教育、优秀传统文化教育基地，开馆以来接待了来自各地的多个团队举办研学教育、主题教育等活动，有3.6万多人次前来观展。同时展馆也是榆林以长城为主题的国际文化交流平台，接待了来自英国、美国、乌兹别克斯坦、哈萨克斯坦、匈牙利等26个国家和地区的国际友人进行文化交流。

榆林长城主题展馆的展览内容分为六个部分：

▶ 第一部分："万里长城·百年回望"摄影展　用新老照片对比的方式，展示西起玉门关、东到老龙头的170多处长城近百年变化。

▶ 第二部分：威廉·林赛与榆林的故事　讲述威廉·林赛与榆林30多年的不解之缘。

▶ 第三部分：长城知识知多少　探讨有关长城研究的学术问题。

▶ 第四部分：保护长城·我们在行动　为榆林长城保护志愿者协会公益活动纪实。

▶ 第五部分：中国长城·世界风景　属长城主题文创展区。

▶ 第六部分：长城达人实物展　展出罗哲文、董耀会、威廉·林赛等国内外著名长城学者、探险家的书籍、画作、探险日记、衣物等。

文字描述：周紫晴、周小凤
图片提供：李渊萌、蒋钦宇、张文鼎

榆林长城主题展馆外景

榆林长城主题展馆展厅

榆林长城主题展馆展厅

榆林长城主题展馆展厅

（10）山西：大同长城文化展馆

博物馆依托的长城资源名称：大同古城墙遗址
博物馆地址：大同市平城区大同古城永泰门
博物馆是否对公众免费开放：是
博物馆质量等级：未定级

基本信息

大同长城文化展馆位于永泰门城墙箭楼上，由大同市文旅集团公司与大同市长城文化旅游协会合作规划建设，目前尚未定级。展馆于 2022 年 5 月 28 日建成开馆，分上下两层，总面积 300 余平方米，由著名长城专家、中国长城学会副会长、大同市长城文化旅游协会名誉会长董耀会题匾。

展馆一楼内设大同长城资源展示沙盘，长 3.4 米，宽 3.2 米，面积 10 多平方米，全面反映了大同长城的风貌。展馆里还设有长城文旅示意图、长城摄影精品、长城图书期刊、长城宣传片、长城非遗文创产品、长城油画，以及城砖、礌石、火铳、瓷雷、石权等长城实物，全面展示了长城精神、长城文化和大同长城面貌。

展馆二楼是讲座和沙龙空间，可用来开展一系列长城研学相关活动。

大同长城是中国长城的重要组成部分，大同市境内长城资源丰富，历史悠久，现存战国赵、汉、北魏、北齐、明各个时期长城约 493 千米，明长城军事城堡 40 座，包括城 9 座、军堡 31 座，保存相对完整。

大同长城文化展馆建设背后的民间力量来自大同市长城文化旅游协会，该协会于 2020 年 5 月 28 日成立，以"一群人，一条心，一件事（长城保护宣传）"为宗旨，积极开展长城沿线志愿者招募培训、长城旅游线路图册设计、长城文创产品设计等活动，并承办长城体育赛事，开展长城、古堡民间故事、庙宇文化研究，运营大同市长城文化旅游协会实践基地、新荣区助马堡研究基地、李二口董耀会长城文化工作室研究基地等，目前发展会员 80 多人。该协会宣传长城文化，弘扬长城精神，赢得了大同市社会各界的高度认可和国内长城文化界的高度好评。

文字描述：焦青青、周小凤
图片提供：周小凤、蒋钦宇

大同长城文化展馆外景

大同长城文化展馆入口

大同长城资源展示沙盘

大同长城文化展馆展品

（11）山西：大同长城博物馆

博物馆依托的长城资源名称：明长城李二口段
博物馆地址：大同市天镇县逯家湾镇李二口村
博物馆是否对公众免费开放：是
博物馆质量等级：未定级

基本信息

大同长城博物馆是大同市长城国家文化公园建设的重点项目之一，于2022年3月开工建设，占地22.5亩，建筑面积8851.8平方米，于2023年6月19日正式对外开放。

展厅兼设文物馆、长城图书馆、多功能会议室等，室内布展面积6319平方米，可同时容纳2000人参展。

馆内主题展厅分为历史篇、军事篇、建筑篇、民族篇、经贸篇、风物篇、精神篇七部分，以大同境内现存历代长城为主题，从地理地形、历史人文、军事战略、长城建筑、民族交融、商贸交流、地方风物、长城精神等方面，运用多媒体、声光电、交互式等现代手段，全方位、多元化、形象生动地展示大同长城文化。

李二口长城筑于明嘉靖年间，北望二郎山和桦门堡，南临慈云寺和南洋河，东西连接镇宁堡与新平堡，以"奇、伟、雄、绝"而闻名，是山西省保存最完整、建造最奇伟、最具观赏价值的一段土长城，于2020年列入第一批国家级长城重要点段名单。

文字描述：周小凤
图片提供：周小凤

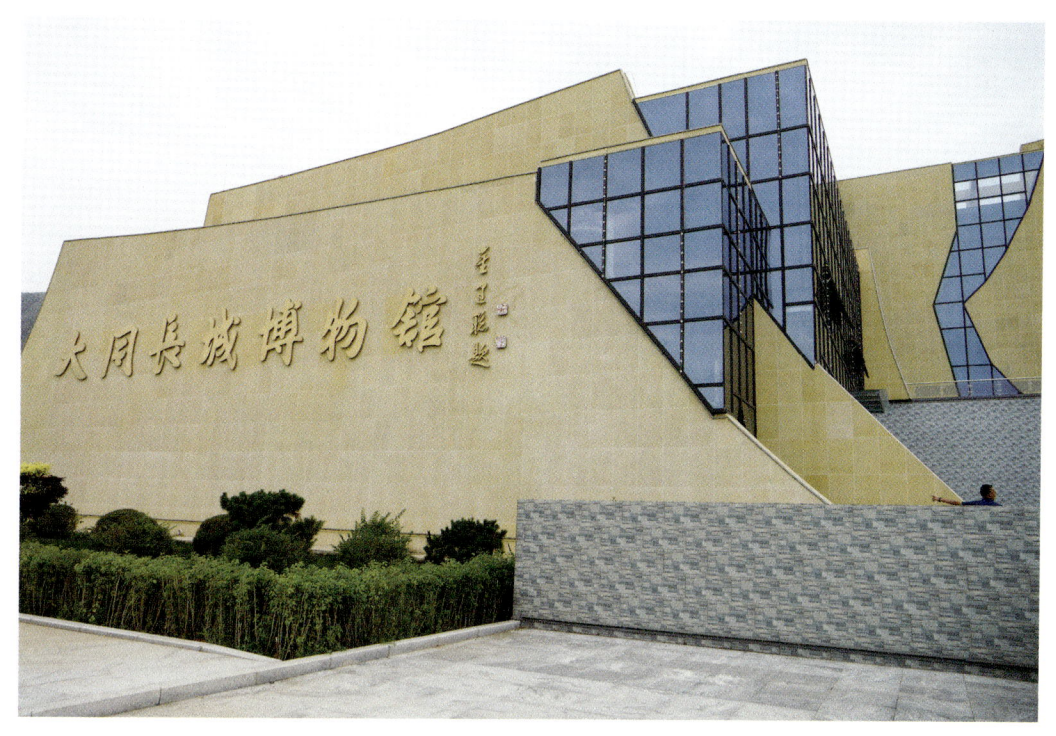

大同长城博物馆外景

大同长城博物馆展厅

李二口村全景

李二口长城

（12）山西：平型关大捷纪念馆

博物馆依托的长城资源名称：平型关段长城
博物馆地址：大同市灵丘县白崖台乡平型关景区内
博物馆是否对公众免费开放：是
博物馆质量等级：未定级

基本信息

平型关大捷纪念馆于 2007 年扩建和重新布展，由序厅、三个独立单元的主展厅和半景画馆组成。展厅内系统地展示了中国共产党领导的八路军115师平型关大捷的历史背景、战前形势、战斗过程和政治军事影响。半景画馆运用现代科技和艺术手段，生动形象地反映了八路军平型关大捷的历史，是较为全面系统展示平型关大捷这一经典战斗的专题展馆。目前展厅内藏有实物展品 240 件（套），为平型关大捷战利品、革命烈士使用过的物品和部分将帅子女向纪念馆捐赠的文物藏品。

展陈内容分为三大部分：

▶ 国难当头，团结御侮　包括四个单元：七七事变爆发，日军全面侵华战争和中国全面抗战开始；国共合作，抗日民族统一战线正式形成；洛川会议，红军主力改编为八路军；日军侵占晋北，骇人惨案迭起。

▶ 八路军平型关首战大捷　包括七个单元：周恩来、朱德与阎锡山晤商抗战方略；第二战区组织平型关作战；八路军战前组织与部署；八路军平型关大捷；不畏强敌、敢于胜利的英勇战士；战地群众的大力配合；首战大捷战果辉煌。

▶ 平型关大捷的意义、影响和将帅对平型关大捷的评价等　包括三个单元：举国欢庆，军民振奋；将帅盛赞平型关大捷；永垂青史的丰碑。

文字描述：张茜
图片提供：周小凤、张文鼎

平型关大捷纪念馆外景

平型关大捷纪念馆外景

平型关大捷纪念馆展厅

平型关大捷纪念馆展品

（13）河北：山海关中国长城博物馆

博物馆依托的长城资源名称：角山长城
博物馆地址：秦皇岛市山海关区角山长城景区
博物馆是否对公众免费开放：是
博物馆质量等级：国家一级（2024年最新评定）

基本信息

山海关中国长城博物馆位于山海关角山山麓、长城脚下，作为长城国家文化公园河北段建设重大标志性项目，于2021年12月6日正式开工建设，2024年正式对外开放。占地106亩，主体建筑地上三层、地下一层，总建筑面积约3万平方米，展陈面积1万平方米。包括中国长城文化陈列展厅、长城国家文化公园规划展厅、长城非物质文化遗产展厅、国际学术报告厅、长城研究室、长城志愿者活动室、库房及公共配套用房等功能性区域。

该博物馆定位为全国最具影响力的长城文化保护传承利用现代化综合性博物馆，将全方位展示中国长城产生和发展、长城建筑结构与布局、长城历史文化传说、重大战役，以及沿线15省（自治区、直辖市）的长城文化、长城文物保护利用、遗产保护传承、文化带建设发展、文化公园建设带来的美好生活等，并对长城国家文化公园进行全面宣传展示推介。

文字描述：周小凤
图片提供：秦皇岛市女摄影家协会周红、山海关中国长城博物馆郑鹏鲲、周小凤

山海关中国长城博物馆外景

角山长城

山海关关城

山海关关城

（14）河北：秦皇岛市山海关古城历史博物馆

博物馆依托的长城资源名称：山海关关城
博物馆地址：秦皇岛市山海关古城西大街 16 号
博物馆是否对公众免费开放：是
博物馆质量等级：未定级

基本信息

山海关古城历史博物馆是河北省备案确认的非国有博物馆，位于山海关古城西大街 16 号山海镇督师府，2017 年开馆，占地面积 1200 平方米，分为五个展厅：揽古堂、明朝厅、清朝厅、民国厅和现代厅。另外，院内还建有山海关督师、经略、总督长廊和古石园等，讲述山海关 600 多年的历史。

- 揽古堂　通过出土的各个时期的历史文物介绍山海关的历史沿革。
- 明朝厅　陈列了明朝文物 200 余件，辅以详细的文字说明，再现了明朝山海关的辉煌历史。
- 清朝厅　陈列了清朝文物 300 余件。全厅分为清朝纪事、著名人物、洋务运动和庚子事变四个展室。
- 民国厅　陈列了民国文物 400 余件。全厅分为民国纪事、民俗人物、著名人物三个展室。
- 现代厅　主要以文物展品和图文并茂的展板来展示古城山海关 1949 年至改革开放各个时期的历史大事件。
- 山海关督师长廊　展示 13 位山海关督师、经略、总督的事迹。
- 古石园　展示山海关三清观大小石碑、拴马石、老门石等 50 余块。另外在东北角还有山海关八里堡村的文物展示及故事说明。

山海镇督师府位于山海关古城西街。明万历四十六年（1618），因战事需要，原山海卫升格为山海镇，卫衙署升格为总兵府，至此山海镇始设"蓟辽总督府"。天启二年（1622），孙承宗坐镇山海，督师辽东，总督府改设"山海镇督师府"。从明万历四十六年至崇祯十七年（1644），先后有 13 位督师驻守过山海关。

文字描述：周小凤
图片提供：张玉华、周小凤

山海关古城历史博物馆外景

山海关古城街景

山海关古城历史博物馆外景

民国厅外景

山海关古城历史博物馆院景

（15）河北：张家口长城博物馆

博物馆依托的长城资源名称：明长城大境门段
博物馆地址：张家口市桥西区大境门长城景区
博物馆是否对公众免费开放：是
博物馆质量等级：未定级

基本信息

张家口长城博物馆位于大境门来远堡城堡东部，由张家口市长城保护管理处管理，目前尚未定级，于2020年8月完成主体建筑改造工程，2021年11月完成展陈布展工程，计划于2024年9月开馆。建筑面积4360平方米，展陈面积2860平方米。

该馆的展陈内容分为五个篇章，全面展示了张家口长城建筑形制、防御体系、历代长城、长城民生文化和长城抗战等内容。

▶ 第一章：边墙形胜——长城风采篇　展示张家口境内砖石长城、干插石垒长城、土夯长城、连墩列成长城和条石长城等多种长城建筑形制。

▶ 第二章：京畿屏翰——长城防御篇　展示张家口在历史上重要的军事战略地位。

▶ 第三章：烽火千年——历代长城篇　展示张家口地区八个朝代修筑长城、抵御外敌的历史。

▶ 第四章：长城人家——长城民生篇　展示张家口长城两边各民族交流融合的历史。

▶ 第五章：长城号角——长城革命篇　展示抗战时期察哈尔长城儿女救亡图存、追求民族解放的历史。

张家口市被称为"历代长城博物馆"，境内汇聚了战国（燕、赵）、秦、汉、北魏、北齐、唐、金、明等各个时期，在2000余年时间里修筑的各种长城，全长1800余千米，是全国长城保存长度最长、修筑最为集中、建筑结构最为多样的省辖市。大境门是明长城著名关口之一，也是万里长城唯一一个以"门"命名的关隘，与山海关、嘉峪关、居庸关并称为"万里长城四大雄关"，有"万里长城第一门"的美誉。

文字描述：周紫晴、周小凤
图片提供：周小凤

张家口长城博物馆展厅

修建干插石垒长城展示

张家口长城博物馆外景

明长城大境门段

（16）河北：万全长城卫所博物馆

博物馆依托的长城资源名称：万全卫城
博物馆地址：张家口市万全区万全镇万全卫城内
博物馆是否对公众免费开放：是
博物馆质量等级：未定级

基本信息

万全长城卫所博物馆位于万全区卫城东粮库旧址，是万全右卫城长城主题展示区的核心组成部分。该馆于 2015 年启动建设，2018 年完成建设，建筑面积 6600 平方米，包括序厅、主题展厅、临展厅、小剧场、休闲区和文创购物中心等六个区域，有明代火器、旗帜、生活工具等卫所文化藏品 128 件（套）。该馆以明长城文化为主题，是全国唯一一座全面反映明代卫所制的专题性博物馆，立体呈现明代长城卫所文化和万全右卫城 600 年来政治、经济、文化和社会生活的变迁。

展示区域主要分为序厅和三大主题展厅：

▶ 序厅　设立别具一格的"万全之策"文化组成建筑。由空中悬挂的主题金色大字、中间陈列的雄伟地形沙盘和地下铺展的"一城五堡"古图三部分内容组成。

▶ 第一展厅：设策万全——国之藩篱　设立长城雄踞、明长城防御体系、九边重镇、九边冲要、宣府长城、万全右卫防御体系六个板块。

▶ 第二展厅：拱卫京畿——国之坚盾　设立军事体系、军队兵制、烽火传递、军事装备、军队训练、马政、当年烽火七个板块。

▶ 第三展厅：重商倡文——国之干城　设立城市格局、生活百态、后勤供应、教育科考、万全风味小吃、多元文化、万全庙宇、贸易重镇八个板块。

万全右卫城始建于明洪武二十六年（1393），是我国北方明代长城军事防御体系的重要组成部分，也是长城沿线迄今保护最为完好的明代卫城和古城址，有"京西第一卫"和明代卫所制"活化石"之称。

文字描述：周小凤
图片提供：周小凤

万全长城卫所博物馆外景

万全长城卫所博物馆展厅

万全长城卫所博物馆展厅

万全卫城

（17）河北：迁西县喜峰口长城抗战博物馆

博物馆依托的长城资源名称：明长城喜峰口段
博物馆地址：唐山市迁西县滦阳镇石梯子村
博物馆是否对公众免费开放：是
博物馆质量等级：未定级

基本信息

喜峰口长城抗战博物馆（也称"喜峰口长城抗战纪念馆"）依托喜峰口长城抗战遗址而建，建筑面积 3800 平方米，展陈面积 2800 平方米，2005 年正式对外开放。展陈由冀东抗战、喜峰口长城抗战、戚继光生平展示三部分组成，通过长城抗战原始照片、手迹文字、报刊文章、战场地图等讲述喜峰口长城战役的故事，展示中华民族团结统一、无畏强敌、奋勇拼搏的大刀精神。

喜峰口长城抗战遗址包括喜峰口长城抗战纪念碑、长城抗战主题雕塑、钢铁长城艺术雕塑、喜峰口长城抗战博物馆、冀东抗战主题展览馆、国防教育展示厅、研学拓展基地、国防教育训练基地等设施，建筑面积 1.5 万平方米，年接待游客 30 万人次。2015 年被国务院确定为第二批国家级抗战纪念设施遗址名录，2018 年被教育部命名为全国中小学生研学实践教育基地，2021 年被中宣部评选为全国爱国主义教育示范基地，被列入国家长城文化公园重大工程项目。

喜峰口长城在河北迁西县与宽城满族自治县接壤处，长约 50 千米，是明代中原通往北疆和东北边陲的咽喉要道，因历史久远且从未进行过人工修复的长城原貌而闻名。由于位置险要，这一重要关口曾是历史上的兵家必争之地，抗日战争时期这里曾爆发喜峰口战役，《大刀进行曲》也由此诞生。

文字描述：周紫晴、周小凤
图片提供：云长城河北微信公众平台、云游中国长城微信公众平台

喜峰口长城抗战博物馆外景

喜峰口长城抗战博物馆展厅

喜峰口长城抗战博物馆展厅

喜峰口长城景观

喜峰口长城景观

（18）河北：罗文峪长城抗战陈列馆

博物馆依托的长城资源名称：明长城罗文峪关城
博物馆地址：唐山市遵化市侯家寨乡罗文峪长城
博物馆是否对公众免费开放：是
博物馆质量等级：未定级

基本信息

为纪念长城抗战85周年、弘扬罗文峪长城抗战精神，罗文峪长城抗战陈列馆于2018年10月24日成立，依托罗文峪长城抗战遗址，建设了以罗文峪长城抗战陈列馆为核心的长城抗战文化公园，是集收藏、展示、教育、服务等功能于一体的公益性机构。长城脚下，是巨大的罗文峪长城抗战遗址石碑，长2.9米，厚0.3米，底座高3.3米，代表着1933年3月二十九军在此奋勇抗敌的长城抗战。该馆分四个展室，通过200多张图片、万余字的说明和多处实物景观，全方位展示长城抗战文化及其深远影响。

侯家寨乡境内长城蜿蜒盘旋于北部崇山峻岭之上，全长18556米，设有甘查峪、罗文峪、猫儿峪、秋科峪（2座）、蔡家峪、马蹄峪、山寨峪等关城8座、敌楼55座、烽火台32座。有"遵化第一楼""一步越千年""万里无双""世界最窄长城"等景观，堪称"四最"（历史最久远、保存最完整、建筑最奇特、地势最险峻），极具参观、考察和观赏价值。其中，罗文峪关地势险要，堪称遵化北大门，自古便是易守难攻的重要关隘，下设4寨1营（秋科峪寨、甘查峪寨、猫儿峪寨、山寨峪寨、罗文峪营），烽火台4座、敌台22座。相传隋朝名将罗文曾在此驻守，由此得名"罗文峪"。

文字描述：周小凤
图片提供：云游中国长城微信公众平台、唐山文旅微信公众平台

罗文峪长城抗战陈列馆展厅

罗文峪长城抗战陈列馆图片展

罗文峪长城景观

罗文峪长城景观

罗文峪长城抗战陈列馆外景

（19）河北：羊儿岭长城乡村活态博物馆

博物馆依托的长城资源名称：羊儿岭营城遗址
博物馆地址：张家口市怀来县东花园镇羊儿岭村
博物馆是否对公众免费开放：是
博物馆质量等级：未定级

基本信息

羊儿岭村占地面积 195 亩，是中国人类学民族学研究会博物馆文化专业委员会韦荣慧团队和当地村委党委政府合作打造的乡村活态博物馆，以期能够带动村民增收致富，促进当地经济发展和乡村振兴。

羊儿岭村"故事汇"是羊儿岭长城乡村活态博物馆核心价值的有形集中载体，主题为"故事汇·集体记忆"，于 2021 年 9 月 24 日启用。

"故事汇"院子大约 300 平方米，一共有六间房子，每个房间约 12 平方米，留出一个房间作为茶水间后，团队设计了五个主题展。第一展厅为"长城内外一家亲"、第二展厅为"羊儿岭村史"、第三展厅为"怀来长城奇观"、第四展厅为"云游长城"、第五展厅为"长城沿线田野观访"。

羊儿岭村境内明代长城形制严整，拥有望京楼、勺子城、将军楼、鸳鸯楼、罗锅城等著名景观和建于明代、占地 15 亩的省级保护文物"明代古城堡遗址"，见证了千百年来长城两边农耕民族和游牧民族交融发展的历史。

羊儿岭"故事汇"在活动开展期间常邀请各界学术专家以及本村原居民、老党员探寻集体记忆，组织专家领导、镇村干部、党员群众开展课题报告，采取"讲故事、观古树、访古宅"的形式，在回顾历史中研究探讨新时代农村未来的发展方向和可行道路，提升村民的主人翁意识，调动村民主动参与乡村建设的积极性，促进羊儿岭长城乡村活态博物馆可持续发展。

文字描述：焦青青、周小凤
图片提供：周小凤

羊儿岭村"故事汇"外景

羊儿岭村"故事汇"展板

长城内外村落展示

羊儿岭营城遗址

（20）北京：古北口长城抗战纪念馆

博物馆依托的长城资源名称：古北口镇城
博物馆地址：密云区古北口镇古北口村
博物馆是否对公众免费开放：是
博物馆质量等级：未定级

基本信息

古北口长城抗战纪念馆位于古北口村南关，属于国家级抗战纪念设施。2009年3月，在民革中央、民革北京市委呼吁下，在北京市政府的支持下，为纪念抗战民族先烈、弘扬抗战精神，古北口长城抗战纪念馆在北京密云县古北口镇竣工落成。2010年4月8日，经过重新布置后的北京古北口抗战纪念馆开馆。2017年拆除配房扩建纪念馆，2019年竣工验收后，纪念馆布展项目开始施工，至2020年10月验收。建筑面积1304平方米，影视报告厅200平方米。

该馆主题定位为"长城抗战丰碑·铁血精神圣地"，旨在全面展现1933年3至5月古北口长城抗战历史，同时注重介绍古北口战役之后，中共领导的丰滦密、承兴密两个联合县以及八路军十团在密云长城沿线的抗战事迹、苏联军队与承兴密联合县接受驻古北口日军投降等重要内容。

展陈内容分为"京师锁钥·虎踞龙盘""民族危急·救亡兴起""浴血长城·光昭日月""全民抗战·中流砥柱""铭记历史·开创未来"五部分，主要通过实物展、文字图片展、浮雕、大型场景复原（道具加声光电）等形式介绍古北口长城抗战核心内容。

文字描述：张文鼎、周小凤
图片提供：周小凤、张文鼎

古北口长城抗战纪念馆外景

古北口长城抗战纪念馆展厅

古北口长城抗战纪念馆展陈内容

古北口战役阵亡将士公墓

（21）北京：柳沟乡情村史陈列馆

博物馆依托的长城资源名称：柳沟城
博物馆地址：延庆区井庄镇柳沟村新区东侧
博物馆是否对公众免费开放：是
博物馆质量等级：未定级

基本信息

柳沟乡情村史陈列馆于 2013 年 12 月 11 日揭牌开放。陈列馆占地面积 180 平方米，共搜集整理文字资料 1 万余字，图片 52 张，展品 48 件，大部分展品从柳沟村民间收集而来。

整个陈列馆分为扼敌护京驻军镇、人杰地灵话柳沟、古镇美食迎宾朋、柳沟村大事记年表四个部分。

- 扼敌护京驻军镇　突出展示柳沟村的兵城文化。
- 人杰地灵话柳沟　主要以展板形式讲述柳沟历史上的英雄名人事迹。
- 古镇美食迎宾朋　主要介绍柳沟村饮食与节庆等民俗文化。
- 柳沟村大事记年表　主要以展板形式介绍柳沟村近现代发展历程中的一些重大历史事件。

柳沟乡情村史陈列馆的展览形式包括文字介绍、图片、实物、视频专题片、音频等，展示了柳沟村的历史沿革、军城文化，以及在经济社会发展、精神文明建设、乡村旅游等方面取得的成果。

文字描述：周紫晴、周小凤
图片提供：张文鼎、周小凤、蒋钦宇

柳沟乡情村史陈列馆展厅

柳沟城历史英雄人物故事展示

柳沟城街景

柳沟城遗址

（22）北京：中国长城博物馆

博物馆依托的长城资源名称：明长城八达岭段
博物馆地址：延庆区八达岭镇八达岭长城旅游景区
博物馆是否对公众免费开放：是
博物馆质量等级：国家三级

基本信息

中国长城博物馆位于八达岭长城景区内，于1994年9月建成开馆，于2007年进行全面改陈，主题为"世界奇迹·历史丰碑"，是一座以万里长城为主题，全面反映长城历史、军事、建筑、经济、文化艺术及现状的专题性博物馆，也是国家三级博物馆。截至2019年，馆藏文物2500余件（套），以铁器、砖石、陶瓷和钱币为主。代表性藏品有捷胜飞空灭虏安边发熕神炮、关门锁、铜火铳、万历十一年题名碑、世界文化遗产证书等。

2021年，中国长城博物馆改造提升工程成为长城国家文化公园（北京段）的头号建设工程，项目计划总用地面积约2.7万平方米，总建筑面积将由原来的4000平方米增加至1.6万平方米。改造提升计划历时三年，提升后，将由展览中心、游客中心、长城国际研究与交流中心三大区域组成，将成为全面展示阐释中国长城历史脉络和长城文化的国家一级博物馆、长城精神的传播高地。

中国长城博物馆所在的八达岭段长城既是世界文化遗产核心区域，也是接待国内外游客量最多的长城旅游景区。周边还有岔道古城传统古村落、万人坑遗址革命文物、水关长城等丰富多元的历史文化资源。

文字描述：周小凤
图片提供：周小凤

中国长城博物馆现状

中国长城博物馆（改造前）展厅

八达岭长城

岔道村

（23）北京：居庸关长城博物馆

博物馆依托的长城资源名称：明长城居庸关段
博物馆地址：昌平区南口镇居庸关村居庸关长城景区
博物馆是否对公众免费开放：是
博物馆质量等级：未定级

基本信息

居庸关长城博物馆位于居庸关长城户曹行署的古建筑内，于 2023 年 9 月 23 日完成提质升级对外开放。基本陈列的主题为"京师之枕·居庸雄关"，共设置了六个展厅，分为"关城沧桑·千年鼓角""居庸生息·绵延长歌""雄关漫道·精神永续"三个部分，通过图片、实物、资料、模型、场景、沉浸式视听体验空间、数字互动等丰富的展陈语言，展示居庸关长城在中华文明中的历史演进。其以"关城"独有的特征、历史家园"活"的载体，以及所折射出巨大的精神力量为主线，突出居庸关长城的历史文化、精神文脉和时代价值。

居庸关是中国万里长城上著名的古关城，也是国家级风景名胜区和全国重点文物保护单位。居庸关自古以险要著称，在春秋战国时期，便被称为"居庸塞"，此后辽、金、元、明、清各个时期都将此地作为防守重镇。这里山峦重叠，溪水长流，植被繁茂，景色宜人，金代"燕山八景"、明代"北京八景"、清代"燕京八景"中，"居庸叠翠"的誉称流传至今。

文字描述：周小凤
图片提供：周小凤

居庸关长城博物馆外景

居庸关长城博物馆展陈大厅

居庸关长城

居庸关长城

（24）北京：慕田峪长城精神传承馆

博物馆依托的长城资源名称：明长城慕田峪段
博物馆地址：怀柔区渤海镇慕田峪长城
博物馆是否对公众免费开放：是
博物馆质量等级：未定级

基本信息

慕田峪长城精神传承馆位于慕田峪长城景区游客服务中心，于2021年正式对外开放。占地面积1200余平方米，共两层，集爱国主义教育基地、党员教育培训基地、长城历史博物馆等功能于一体，以"长城精神、和平纽带、世界桥梁"为主题，包括守望和平、百年辉煌、红色记忆、新中国和平友谊篇章、新北京·新怀柔、世界的长城·长城的世界、不忘初心·扬帆起航、红色课堂、党建风采九大主题板块。

一层通过匾额拓片、地理图示等长城展品，解读古代中国长城抵御侵略的重要作用以及形成中华民族强大凝聚力的伟大意义；慕田峪长城修复图片展示了"爱我中华，修我长城"活动的历史进程；中国古代兵器和长城出土文物及石碑，细致阐释了明朝谭纶和戚继光组织人员参与修筑慕田峪长城的历史；宏伟的长城画卷涵盖了明长城的起止点和重要段落，也是长城的三大精神的壮阔写照。

二层是党建教育区，通过回顾中国共产党的百年奋斗之路，深刻铭记中国共产党百年奋斗的光辉历程，学习传承中国共产党在长期奋斗中铸就的伟大精神，大力弘扬"不到长城非好汉"的革命精神，传承红色基因，延续精神血脉。

文字描述：周小凤
图片提供：慕田峪长城精神传承馆馆长王峰、周小凤

慕田峪长城精神传承馆外景

慕田峪长城

慕田峪长城精神传承馆党建教育区

慕田峪长城精神传承馆展厅

（25）北京：九眼楼长城文化展厅

博物馆依托的长城资源名称：九眼楼长城
博物馆地址：延庆区四海镇九眼楼生态长城旅游景区
博物馆是否对公众免费开放：是
博物馆质量等级：未定级

基本信息

　　九眼楼长城文化展厅位于九眼楼长城景区办公区，由八达岭旅游总公司出资、四海镇政府配合建设而成，并由北京九眼楼长城旅游开发有限公司管理运营，目前尚未定级，2020年9月12日随改造升级后的九眼楼长城生态景区一同开放，面积61.59平方米。

　　该展厅着重展示九眼楼的地理、历史、生态文化内涵，展陈内容主要包括九眼楼沿革、火焰山营城城堡、"九边十一镇"防御体系、生态禀赋等板块。

　　九眼楼长城文化展厅除展陈九眼楼周边考古发现的实物外，还通过多种科技手段来实现景区展览特色化升级。展厅内安装了互动一体机，以沉浸式互动为核心，全面呈现从"楚方城"到长城、民族融合的历史见证、民间传说中的长城等不同内容的长城故事，弘扬长城精神。滑轨屏多角度展现九眼楼周边考古发现、九眼楼航拍以及九眼楼风光，给予游客不同的视觉体验，增添游览的互动体验性、趣味性。

　　该展厅位于九眼楼长城生态景区中，景区森林覆盖率高，生物与景观多样性显著。九眼楼是万里长城中规模最大、规格最高的敌楼，是明代蓟镇、昌镇、宣镇三镇长城的结合点，是明长城内外长城的交会处，具有重要的军事战略意义。九眼楼长城南端建有营盘和庙宇，营盘遗址平面为不规则长方形。

文字描述：焦青青、周小凤
图片提供：周小凤

九眼楼长城文化展厅外景

九眼楼长城文化展厅内景

九眼楼

火焰山营盘遗址

（26）甘肃：嘉峪关长城博物馆

博物馆依托的长城资源名称：嘉峪关
博物馆地址：嘉峪关市峪泉镇嘉峪关长城文化旅游景区
博物馆是否对公众免费开放：是
博物馆质量等级：国家三级

基本信息

嘉峪关长城博物馆建成于 1989 年 10 月。1998 年搬迁至嘉峪关文物景区内，于 2003 年 5 月 1 日正式建成新馆。新馆占地面积 4523 平方米，主体建筑外形呈烽火台式，建筑面积 3499 平方米，展览面积 2700 平方米。现有藏品 2252 件（套），其中珍贵文物 297 件。

展览主题为"中华之魂——长城历史文化陈列"，基本陈列包括四个单元：

▶ 第一单元：纵横万里　雄峙千年　展示"长城历史沿革"，以各朝各代长城的空间分布以及修建沿革情况为主题，着重介绍河西长城历史沿革。

▶ 第二单元：金戈铁马　边塞烽烟　展示"古代长城战争"，介绍古代长城军备情况、士卒生活、军事技术，以及古代军事建制、作战手段和技术的发展情况等。

▶ 第三单元：长河落日　丝路花雨　以"河西长城"和"丝绸之路"为两大展览主题，展示长城护卫下的河西地区丰富多彩的社会生活，如交通、屯田、边关行政、出入境制度、丝绸生产、丝路贸易、各民族社会生活、文化交流与民族融合等。

▶ 第四单元：北漠尘清　山河形胜　以"古代嘉峪关"和"嘉峪关盛景"为两大展览主题，重点以图片的形式展示嘉峪关悠久的社会历史文化及其周边丰富的文物古迹和自然资源。

嘉峪关长城博物馆依托的明代长城西端起点"天下第一雄关——嘉峪关"，是甘肃段长城国家文化公园建设"明代雄关"核心展示园与明长城集中展示带的核心组成部分。

文字描述：周小凤
图片提供：周小凤

嘉峪关长城博物馆外景

嘉峪关长城博物馆展厅

嘉峪关关城展示沙盘

嘉峪关关城

（27）甘肃：山丹汉明长城博物馆

博物馆依托的长城资源名称：明长城新河驿段
博物馆地址：张掖市山丹县陈户镇新河驿
博物馆是否对公众免费开放：是
博物馆质量等级：未定级

基本信息

山丹汉明长城博物馆前身为1993年设立的长城文物陈列馆，1998年改造扩建并由县博物馆调运文物300余件（套）进行布展。2019年进行改造升级，占地面积4600平方米，建筑面积1000平方米。2020年10月正式对外开放。

展览主题为"万里长城今犹在"，深入发掘并铭记长城所蕴含的丰厚历史文化内涵，深度揭示长城所代表的民族性格与民族精神。讲述汉明风华、边塞岁月，走进血火攻伐、博采融汇的中国故事。

展览内容共分为序厅和"营造奇观·雄峙千年""甘凉咽喉·汉明风华""戍守经略·博采熔融"三个单元。

山丹境内汉、明长城总长365千米，其中汉长城94千米、明长城271千米，被国内外长城专家誉为"露天长城博物馆"，是目前国内保存最完整的一段黄土夯筑长城。

文字描述：周小凤
图片提供：周小凤

山丹汉明长城博物馆外景

山丹汉明长城博物馆展陈

山丹汉明长城博物馆展陈

明长城新河驿段

（28）甘肃：玉门关遗址陈列展览馆

博物馆依托的长城资源名称：汉长城玉门关及烽燧
博物馆地址：酒泉市敦煌市玉门关景区
博物馆是否对公众免费开放：是
博物馆质量等级：未定级

基本信息

玉门关遗址陈列展览馆依托玉门关遗址而建，位于玉门关景区游客服务中心内，归属敦煌市玉门关文物管理所，现有藏品58件（套）。2014年6月22日列入"丝绸之路：长安—天山廊道的路网"世界文化遗产清单。申遗成功后，玉门关游客中心改造工程开始实施，包括玉门关游客中心绿化、沉浸式影院建设、语音导览系统、遗址博物馆陈列布展、消防、安防等工程。2017年，该馆竣工并正式对外开放。

该展览馆主要展示玉门关汉长城历史文化与丝绸之路文化的交融，是汉长城集中展示带的重要展示节点。展览内容分为六部分，分别是前言，丝路前奏——三危神话与东西方交通，丝路开通——张骞凿空之旅，丝路屏障——"列四郡、据两关、筑长城"，丝路文明——中西交往的历史见证，玉门关遗址的管理和保护。

该馆所依托的汉长城玉门关及烽燧资源是甘肃打造"河西汉塞"核心展示园的重要内容。目前，玉门关遗址遗存包括小方盘城遗址、大方盘城遗址、汉长城边墙及烽燧遗址（包括20座烽燧、18段长城边墙遗址）。

文字描述：曾晓茵、周小凤
图片提供：周小凤

玉门关遗址陈列展览馆展陈

小方盘城遗址

大方盘城遗址

汉长城边墙遗址

（29）甘肃：阳关博物馆

博物馆依托的长城资源名称：墩墩山烽燧
博物馆地址：敦煌市阳关镇阳关景区
博物馆是否对公众免费开放：是
博物馆质量等级：未定级

基本信息

阳关博物馆位于敦煌市区西南70千米处，是阳关景区的核心组成部分，是一座依托于历史遗迹、馆园结合的景点式博物馆，入选甘肃省首批文化遗产"历史再现"示范性博物馆名单。2003年8月28日正式开馆，占地面积10万平方米，馆内面积7.8万平方米，是在各级政府支持下由敦煌书画院投资兴建的大型民营博物馆。

现存馆藏文物近4000件（套），包括青铜器、铁器、陶器、玉器、石器、骨器、毛麻丝织品等，其中一级文物21件（套），二级文物142件（套），三级文物487件（套），九成以上为冷兵器，主要有弓、箭镞、弩机、钺、戈、矛、戟、啄、斧、剑、刀、短剑、鞭、锤、叉、削刀、匕首等，基本反映了春秋、秦汉、魏晋、唐宋等历史时期的兵器演变过程。该馆有两个核心展厅：

➤ 两关汉塞厅　展示阳关、玉门关和河西汉长城的历史和文化，包括两关长城的设置与修建、历史沿革、在经济社会发展中的作用和历史地位、历史文化内涵等。

➤ 丝绸之路厅　展示丝绸之路的历史和文化，包括丝绸之路的形成背景、开发过程、在经济社会发展的作用和历史地位、历史文化内涵等。

阳关博物馆依托的阳关文物旅游景区现存有古阳关遗址、阳关烽燧、阳关古道等汉代时期的文物遗迹。作为丝路要塞的阳关遗址是甘肃段长城国家文化公园建设"河西汉塞"核心展示园的重要组成部分。阳关博物馆的两关汉塞厅是展示"河西汉塞"长城资源遗产价值的重要节点。

文字描述：曾晓茵、周小凤
图片提供：周小凤

阳关博物馆外景

阳关博物馆展厅

阳关大道景观

墩墩山烽燧遗址

（30）新疆：乌什别迭里烽燧长城国家文化馆

博物馆依托的长城资源名称：无依托
博物馆地址：阿克苏地区乌什县
博物馆是否对公众免费开放：是
博物馆质量等级：未定级

基本信息

  乌什别迭里烽燧长城国家文化馆位于乌什别迭里烽燧长城国家文化公园内，于2023年4月28日正式对外开放。

  展厅的主体部分是中国万里长城最西端的尾烽——别迭里烽燧，展厅分为上下两层，展陈内容分为"第一部分：万里长城最西峰，别迭里烽燧""第二部分：历史的辉煌——乌什历史名人""第三部分：诗歌忆往昔——历史上的边塞诗词""第四部分：新时代戍边人——不朽的长城，不灭的精神""第五部分：乌什风采——开创乌什新局面"五部分，记述了自西汉张骞出使西域以来绵延2000多年的长城故事，见证了中华儿女可歌可泣的光辉历程以及丝绸之路的繁荣发展，展示了乌什县自近现代以来在中国共产党的领导下取得的历史性成就。

  别迭里烽燧位于阿克苏地区乌什县亚曼苏柯尔克孜族乡窝依塔勒村西约20千米，始建于东汉，第二次修筑为唐代年间，西邻别迭里河，是通往别迭里山口的要冲。

文字描述：周小凤
图片提供：周小凤

乌什别迭里烽燧长城国家文化馆外景

乌什别迭里烽燧长城国家文化馆"烽燧"展陈内容

338

乌什别迭里烽燧长城国家文化公园

别迭里烽燧

（31）新疆：丝绸之路·长城文化博物馆

博物馆依托的长城资源名称：无依托
博物馆地址：巴音郭楞蒙古自治州尉犁县孔雀路 5 号
博物馆是否对公众免费开放：是
博物馆质量等级：未定级

基本信息

丝绸之路·长城文化博物馆位于孔雀河烽燧群长城国家文化公园内。该公园由丝绸之路·长城文化博物馆、图书馆、文化中心、游乐场组成。丝绸之路·长城文化博物馆于 2023 年 12 月 29 日对外开放。博物馆主体建筑形似"连体烽燧"，总建筑面积 5000 平方米，展陈面积 2520 平方米，目前馆藏文物 600 余件（套），内设 5 个部分 17 个展厅，以文物展示、场景再现、沉浸式体验等方式，生动讲述了伟大长城的历史文脉，充分展现了以烽燧为代表的新疆长城的独特魅力，搭建起感悟中华文化多元一体、兼容并蓄的重要实体平台。

▶ 第一部分：众志成城　通过古代长城相关历史，展示其中承载的文化内涵和文化精神，以及长城保护工作所承载的对历史的敬意和中华文化自信。其中特别强调长城新疆段尤其尉犁段，展示自古以来国家对新疆的有效治理。

▶ 第二部分：同心共筑　通过长城内外、古往今来的民族交流交融，展示各民族共同建设中华大地，共同构筑中华民族大家庭，以及凝聚成中华文化的历程。

▶ 第三部分：传承文明　展示长城对于中华文明的意义、国家对文化遗产的保护。

▶ 第四部分：伟大复兴　通过百年来党领导下的中国发展，展现中华民族繁荣富强的中国梦和中华民族伟大复兴的伟大奋斗，突出长城精神在现代的延续，特别是新时代中国特色社会主义内涵中的长城精神。其中突出展示新疆以及巴州、尉犁县境内与中华民族伟大复兴密切相关的重大事件。

▶ 第五部分：命运与共　从古代丝绸之路到"一带一路"，展示长城新疆段所维系的丝绸之路以及现在"一带一路"倡议对人类文明发展的贡献。

孔雀河烽燧群位于尉犁县境内孔雀河北岸的荒漠地带，始建于公元前 1 世纪。是唐代时期丝绸之路楼兰道上的重要军事设施，现存 11 处烽燧遗迹，分布于丝绸之路西域东段的楼兰道上，东连玉门关、阳关，西接西域都护府治所乌垒城，是最具代表性的军事通信、交通安全设施，在维护丝绸之路的安全和祖国统一的过程中发挥过不可替代的作用。

文字描述：周小凤
图片提供：樊志鑫、周小凤

孔雀河烽燧群长城国家文化公园外景

丝绸之路·长城文化博物馆展陈大厅

孔雀河烽燧群克亚克库都克烽火台

（32）新疆：克孜尔尕哈烽燧文化展厅

博物馆依托的长城资源名称：克孜尔尕哈烽燧
博物馆地址：阿克苏地区库车市依西哈拉乡境内
博物馆是否对公众免费开放：是
博物馆质量等级：未定级

基本信息

克孜尔尕哈烽燧文化展厅位于克孜尔尕哈烽燧世界文化遗产景区内。以"古道烽燧·丝路哨兵"为主题，主要展示西部长城资源、屯戍历史、丝绸之路申遗历程，以及克孜尔尕哈烽燧在当代的遗产保护、考古研究与展示利用等内容。

克孜尔尕哈，在维吾尔语中为"红嘴老鸹"或"红色哨卡"之意，烽燧背倚却勒塔格山，面朝库车绿洲，深居盐水沟谷。2001年，克孜尔尕哈烽燧被列为全国重点文物保护单位，2013年，被列入中国与哈萨克斯坦、吉尔吉斯斯坦三国联合申报世界文化遗产的"丝绸之路：起始段与天山廊道的路网"名单中，是目前丝绸之路上最古老、保存最完好的烽燧遗址，也是新疆境内最高的古代烽燧。据考证，这座烽燧为汉代所建，是古代军事建筑，高约16米，用黄土夯筑，以胡杨木柱为骨架。

文字描述：周小凤
图片提供：周小凤

克孜尔尕哈烽燧文化展厅外景

克孜尔尕哈烽燧

克孜尔尕哈烽燧文化展厅展陈内容

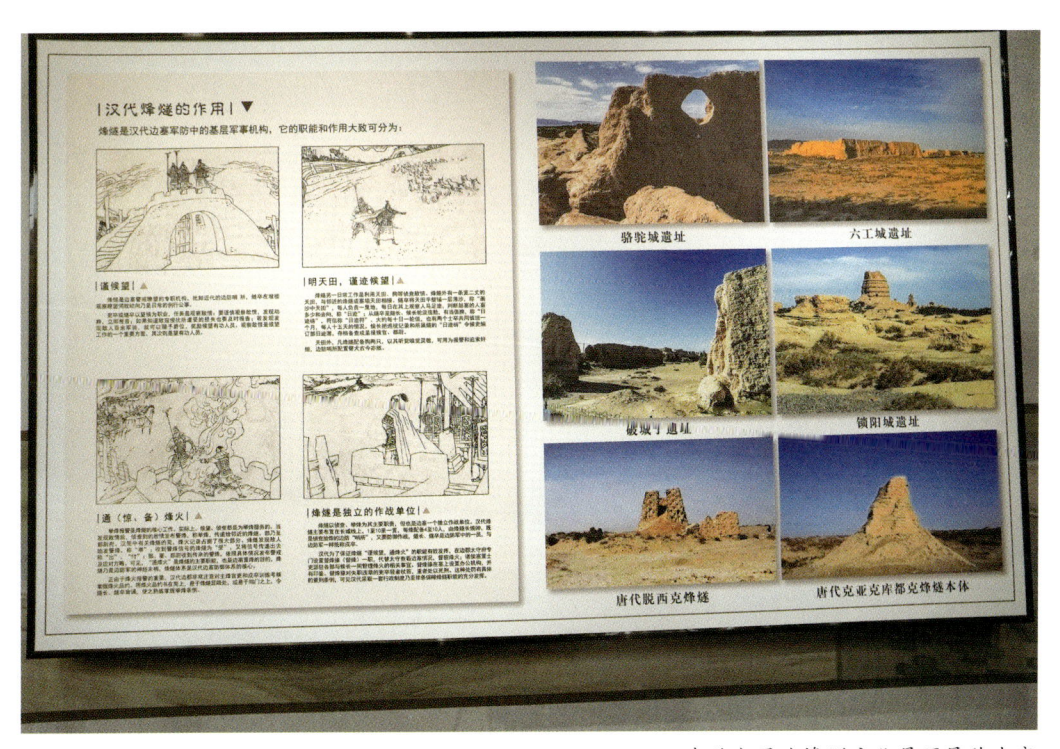

克孜尔尕哈烽燧文化展厅展陈内容

345

（33）山东：山东黄石关孟姜女文化民俗博物馆

博物馆依托的长城资源名称：齐长城遗址黄石关
博物馆地址：济南市莱芜区茶叶口镇上王庄村
博物馆是否对公众免费开放：是
博物馆质量等级：未定级

基本信息

黄石关孟姜女文化民俗博物馆，2015年11月由山东省文物局批复设立，2019年由国家级非物质文化遗产孟姜女传说传承人范玉祥筹建开放，占地面积900平方米，高7米，外表全部用黄石建成。

博物馆展陈共分五部分：一是介绍全国各地孟姜女传说的分布区域；二是全国各地孟姜女传说基本内容、历史渊源的展示；三是莱芜孟姜女传说出版物及与其相关的碑刻、文书、陶器、瓷器、铜器、木制工具等；四是莱芜孟姜女传说的视频资料；五是莱芜孟姜女传说的申遗资料及传承人相关情况的展示。

齐长城始建于春秋时期，完成于战国时期，历时170多年筑成，迄今已有2600多年的历史。莱芜段齐长城，西起莱城区大王庄镇芭麻峪村的东山，经大王庄镇、雪野镇、茶业口镇、和庄镇，最后自和庄镇平州村出境，共跨越200余个山头，35个村庄，全长64.16千米。齐长城有著名的三大关：锦阳关、黄石关和青石关。

其中，黄石关位于上王庄村北，因关西有黄石悬崖而得名。关楼在20世纪70年代拆除。关东横亘长城岭，岭上城墙保存尚好。关前原有孟姜女坟、石亭，出土过铜箭镞。上王庄村还拥有以嬴汶河、嬴政沟、嬴政湾等为代表的嬴秦文化，以齐长城、黄石关等为代表的关隘文化，它们与孟姜女文化共同构成长城文化。

文字描述：周小凤
图片提供：王平、莱芜文旅微信公众平台

黄石关孟姜女文化民俗博物馆外景

孟姜女之墓

上王庄村景观

黄石关孟姜女文化民俗博物馆展厅

孟姜女塑像

齐长城遗址黄石关

（34）山东：诸城茁山齐长城民俗文化馆

博物馆依托的长城资源名称：齐长城遗址茁山口
博物馆地址：诸城市皇华镇下茁山村
博物馆是否对公众免费开放：是
博物馆质量等级：未定级

基本信息

诸城茁山齐长城民俗文化馆位于茁山社区服务中心，建筑面积1000平方米，建成于2022年秋季，内设"齐长城史话""齐长城故事""齐长城民俗""齐长城风物"等展厅，以展板、实物等方式，集中展示了诸城段齐长城文化和沿线民俗文化，成为备受关注的中小学生研学旅行目的地。

下茁山村位于诸城市皇华镇南部，南接五莲县，西临马耳山。茁山既是渤海和黄海的分水岭，又是扶淇河的发源地、皇华镇观光大道与齐长城交会处。

齐长城遗址位于村南1000米的山岭之巅，自西向东长达1000多米，具有鲜明的垒石、夯筑特点，属于全国重点文物保护单位。除齐长城遗址外，另有老母阁、皇姑殿等遗址，石瓮、石洞、千年古槐等景点，当地还流传着茁山老母让路修长城等传说。

文字描述：周小凤
图片提供：潍坊三农发布微信公众平台

下茁山村全景

茁山齐长城民俗文化馆外景

茁山齐长城民俗文化馆展厅

茁山齐长城民俗文化馆展厅

茁山社区齐长城人造景观

（35）山东（青岛市）：齐长城文化馆

博物馆依托的长城资源名称：齐长城遗址月季山段
博物馆地址：青岛市西海岸新区铁山街道大下庄村
博物馆是否对公众免费开放：是
博物馆质量等级：未定级

基本信息

齐长城文化馆位于月季山段齐长城遗址处，对齐长城修筑原因、修筑经过、历史文化意义等进行了全面展示。馆内展陈深入挖掘齐长城文化内涵，展现齐长城文化、历史、军事、经济价值，对齐长城历史文化进行了全面科学的展示。

齐长城遗址月季山段是齐长城青岛段的重要组成部分。齐长城青岛段从诸城市史家夼村进入青岛西海岸新区境内，先后经过六汪镇、铁山街道、王台街道、胶南街道、灵山卫街道、辛安街道、灵珠山街道、长江路街道等8个镇街，最后从于家河村东北入海，由西到东贯穿全境，全长56.077千米，墙体分为土墙、石墙和山险三种类型。齐长城青岛段共认定遗产22处，包括墙体19处、山险2处、烽火台1处。

铁山街道境内齐长城全长约13759米，分为月季山段、葫芦山段等5段，现存墙体连续性好，地表遗迹丰富。其中，齐长城月季山东坡段始于月季山东岭，止于大下庄北山，总体呈西东走向，墙体为土（砂）石混筑，内部用夯土筑成，两侧用石块垒砌，充分体现了齐长城"就地取材、因地制宜"的砌筑特点。墙体现存状况较好，地势变换多样，系黄岛段土石混筑墙体的代表。

文字描述：周小凤
图片提供：青岛市城市文化遗产保护中心

齐长城文化馆展厅

齐长城文化馆外景

齐长城遗址月季山段

齐长城遗址月季山段

（36）辽宁：九门口长城博物馆

博物馆依托的长城资源名称：明长城九门口段
博物馆地址：葫芦岛市绥中县李家乡新台子村
博物馆是否对公众免费开放：是
博物馆质量等级：未定级

基本信息

九门口长城博物馆位于九门口长城景区内，是长城国家文化公园（辽宁段）重点项目之一，于2022年5月正式开始施工建设。占地面积9835平方米，包括博物馆广场景观区和博物馆展览区。博物馆建筑面积2472平方米，展览面积2252平方米，以"京东首关 辽西锁钥"为主题，由序厅、长城历史、长城营造、长城功能、一片石大战三维影像、长城故事、长城余晖、长城保护、九门口长城发掘现场景观复原、史迹昭然、穿越时空、摄影书画展12个部分组成。整个展览集中展示长城文化，集科技、历史、互动等旅游体验于一体，不仅可以立体呈现九门口长城的"前世今生"，而且能对全国长城历史进行全景式介绍。

葫芦岛市辖区内拥有丰富的长城文化资源，在长达265.2千米的长城沿线上，分布着321座敌台、151座烽火台、23座堡城、22处采石场遗址等，同时有7处全国重点文物保护单位。

九门口长城是长城国家文化公园（辽宁段）的重点建设区，全长1704米，有中国万里长城中唯一的一段水上长城，其跨河墙长达100多米。河水从九门口水上长城下的九道水门直流而过，"城在山上走，水在城下流"，景色壮观。

文字描述：周小凤
图片提供：新华社记者于也童、周小凤

九门口长城博物馆外景　　　　　　　　　　九门口长城博物馆展厅

九门口水上长城

九门口长城景区内景

九门口长城景区内景

（37）天津：天津黄崖关长城博物馆

博物馆依托的长城资源名称：黄崖关长城
博物馆地址：蓟州区下营镇黄崖关村黄崖关长城风景区
博物馆是否对公众免费开放：是
博物馆质量等级：未定级

基本信息

天津黄崖关长城博物馆于 1986 年 10 月在黄崖关长城八卦关城东瓮城修建，1988 年 10 月，迁入八卦城中心提调公署院内。建筑布局为仿古式四合院，由前殿、东西配殿和正殿组成，占地 1805.37 平方米，建筑面积 332.26 平方米，其中展厅面积 135.64 平方米，展室平面呈工字形。

博物馆展出了万里长城的历史回顾资料、蓟镇长城史料、出土文物和修复黄崖关长城的有关资料。共有各种展品 338 件（套），分为三大类：一是古代兵器，有枪、刀、矛、箭等各种冷兵器和铁炮、石炮、陶蒺藜等火器；二是反映戍卒生活的文物，有杯、碗、油灯、顶针、象棋等；三是明清两代关于修建黄崖关长城的碑刻。

黄崖关长城是万里长城的重要组成部分，全长 40.28 千米，始建于北齐天保七年（556），明朝 270 余年间，先后进行了 20 余次大规模的修筑。黄崖关长城东达河北省遵化市的马兰关，西接北京平谷的将军关，有楼台 66 座、敌楼 52 座、烽火台 14 座，是京东军事险要之地。

文字描述：周小凤
图片提供：黄崖关长城景区

天津黄崖关长城博物馆外景

黄崖关长城

天津黄崖关长城博物馆展厅

黄崖关长城

（38）内蒙古：包头长城历史文化展厅

博物馆依托的长城资源名称：无依托
博物馆地址：包头市青山区兴胜镇东达山度假村艺术区内
博物馆是否对公众免费开放：是
博物馆质量等级：未定级

基本信息

包头长城历史文化展厅是东达山度假村重要的标志性工程，总面积 252.5 平方米，于 2024 年 5 月 18 日正式对外开放。展厅分为二区五部分七个板块：

► 二区　序厅和展区两个区域，序厅设于一楼入口处，展区设于二楼。

► 五部分　序厅、综述、长城展区、尾声、阅读区。

► 七个板块　序厅、第一单元：长城综述，第二单元：赵长城，第三单元：秦长城，第四单元：汉长城，第五单元：北魏长城，第六单元：金长城，第七单元：尾声。

包头长城历史文化展厅通过文字展板、照片、文物、仿赵北长城不同历史时期模型等形式，全方位介绍和展示中国长城的产生与发展、长城建筑与营造、长城军事与防御等中国历史文化知识，同时将长城文物保护利用、遗产保护传承等精神融入其中。

赵长城是我国现存最古老的长城。赵北长城横亘于包头市辖区的中部，在青山区境内从东到西经二相公村、东边墙村、西边墙村、笸箩铺村、王老大村、银匠窑村、二海壕村、色气湾村，全长共计 19.6 千米。

文字描述：周小凤
图片提供：任俊、包头博物馆张岩、包头市文联微信公众平台

包头长城文化展厅展陈内容

包头长城文化展厅展陈内容

包头赵北长城遗址 　　　　　　　　　包头赵北长城遗址

▲ 包头赵北长城遗址保护碑 　　　　　　　　　▲ 包头赵北长城遗址九原区梅力更障城　▲ 包头赵北长城遗址石拐区边墙塔2段墙体
　　　　　　　　　　　　　　　　　　　　　　遗址（东北－西南）　　　　　　　　（西－东）

▲ 包头赵北长城遗址石拐区后坝障城遗址（东－西） 　　▲ 包头赵北长城遗址墙体

包头赵北长城遗址

包头赵北长城遗址 　　　　　　　　包头长城文化展厅展陈内容

363

2023年长城主题博物馆名录

序号	博物馆名称	区域	博物馆建设情况
1	中国长城博物馆	北京	备案
2	九眼楼长城文化展厅	北京	未备案
3	柳沟乡情村史陈列馆	北京	未备案
4	古北口长城抗战纪念馆	北京	未备案
5	古北口村历史文化馆	北京	未备案
6	河西村乡情村史陈列室	北京	未备案
7	慕田峪长城精神传承馆	北京	未备案
8	响水湖长城红馆	北京	未备案
9	田凤银长城美术馆	北京	未备案
10	居庸关长城博物馆	北京	备案
11	南口抗战纪念馆	北京	未备案
12	"山水镇罗营·故事汇"红色山河记忆主题展厅	北京	未备案
13	古北口长城文化博物馆	北京	规划
14	沿河城长城陈列馆	北京	在建
15	天津黄崖关长城博物馆	天津	备案
16	黄崖关民俗博物馆	天津	未备案
17	秦皇岛市山海关古城历史博物馆	河北	备案
18	秦皇岛市山海关长城博物馆	河北	备案
19	迁西县喜峰口长城抗战博物馆	河北	备案
20	板厂峪长城文化展馆	河北	未备案
21	羊儿岭长城乡村活态博物馆	河北	未备案
22	长城乌字号陈列馆	河北	未备案
23	花厂峪抗日纪念馆	河北	未备案
24	观方长城民俗文化展览馆	河北	未备案

续表

序号	博物馆名称	区域	博物馆建设情况
25	冷口关长城抗战纪念馆	河北	未备案
26	罗文峪长城抗战陈列馆	河北	未备案
27	中国长城数字博物馆	河北	未备案
28	张家口长城博物馆	河北	未备案
29	万全长城卫所博物馆	河北	未备案
30	金山岭长城自然博物馆	河北	在建
31	山海关中国长城博物馆	河北	在建
32	涞源明长城博物馆	河北	规划
33	怀来长城文化展馆	河北	未备案
34	南口战役纪念馆	河北	未备案
35	百团大战纪念馆	山西	备案
36	平型关大捷纪念馆	山西	备案
37	红门口地下长城红色教育基地陈列馆	山西	未备案
38	助马堡民俗馆	山西	未备案
39	大同长城文化展馆	山西	未备案
40	大同长城博物馆	山西	未备案
41	山阴县广武长城博物馆	山西	在建
42	忻州长城博物馆	山西	在建
43	阳泉·固关长城文化展示馆	山西	规划
44	宋长城文化主题陈列馆	山西	规划
45	口子上明代长城文化展馆	内蒙古	未备案
46	包头长城历史文化展厅	内蒙古	未备案
47	呼和浩特市长城文化博物馆	内蒙古	规划
48	固阳秦长城博物馆	内蒙古	在建
49	秦长城历史文化主题馆	内蒙古	未备案
50	虎山长城历史博物馆	辽宁	备案

续表

序号	博物馆名称	区域	博物馆建设情况
51	九门口长城博物馆	辽宁	在建
52	东北亚边疆历史文化博物馆	辽宁	在建
53	"宽甸六堡"展览馆	辽宁	在建
54	叆阳城历史文化展览馆	辽宁	在建
55	本溪市明长城文化博物馆	辽宁	规划
56	延边州长城博物馆	吉林	规划
57	通化市汉长城非遗传承展示中心	吉林	规划
58	四平市长城博物馆	吉林	规划
59	黑龙江省甘南县金代长城博物馆	黑龙江	备案
60	牡丹江市唐长城博物馆	黑龙江	规划
61	山东黄石关孟姜女文化民俗博物馆	山东	备案
62	诸城茁山齐长城民俗文化馆	山东	未备案
63	齐长城潍坊非遗展厅	山东	未备案
64	齐长城文化馆	山东	未备案
65	锦阳关齐长城遗址博物馆	山东	在建
66	齐长城涌泉博物馆	山东	在建
67	叶县楚长城数字化展示体验馆	河南	在建
68	中原长城数字化展示体验馆	河南	在建
69	泌阳县楚长城文化展示馆	河南	在建
70	余子俊纪念馆	陕西	备案
71	榆林市长城保护中心镇北台长城博物馆	陕西	备案
72	榆林长城主题展馆	陕西	未备案
73	高家堡长城主题展馆	陕西	未备案
74	陕北长城博物馆	陕西	未备案
75	定边长城文化主题陈列展示馆	陕西	在建
76	红石峡长城博物馆	陕西	在建

续表

序号	博物馆名称	区域	博物馆建设情况
77	嘉峪关长城博物馆	甘肃	备案
78	玉门关遗址陈列展览馆	甘肃	备案
79	敦煌市阳关博物馆	甘肃	备案
80	山丹汉明长城博物馆	甘肃	未备案
81	长城第一墩历史文化体验馆	甘肃	未备案
82	古浪长城历史博物馆	甘肃	在建
83	临洮长城数字展示馆	甘肃	规划
84	金塔居延遗址"三城一关"长城博物馆	甘肃	规划
85	永昌长城博物馆	甘肃	规划
86	天祝长城博物馆	甘肃	规划
87	环县战国秦长城文化博物馆	甘肃	规划
88	敦煌汉长城博物馆	甘肃	规划
89	长城国家文化公园（大通段）文化科普教育馆	青海	在建
90	宁夏长城博物馆	宁夏	备案
91	西吉县将台堡红军长征会师纪念园	宁夏	备案
92	水洞沟宁夏长城博物馆	宁夏	未备案
93	盐池长城民俗博物馆	宁夏	未备案
94	战国秦长城博物馆	宁夏	未备案
95	宁夏长城非物质文化遗产展览馆	宁夏	在建
96	乌什别迭里烽燧长城国家文化馆	新疆	未备案
97	丝绸之路·长城文化博物馆	新疆	未备案
98	拉依苏烽燧长城博物馆	新疆	在建
99	克孜尔尕哈烽燧文化展厅	新疆	未备案
100	米兰长城遗址博物馆	新疆	在建

2021年长城沿线备案博物馆名录

序号	博物馆名称	区域	性质	质量等级	题材类型
1	永定河文化博物馆	北京市	文物系统国有博物馆	未定级	综合地志
2	北京市姜杰钢琴手风琴博物馆	北京市	非国有博物馆	未定级	其他
3	中国航空博物馆	北京市	其他行业国有博物馆	一级	自然科技
4	北京御生堂中医中药博物馆	北京市	非国有博物馆	未定级	历史文化
5	老甲艺术馆	北京市	非国有博物馆	未定级	艺术
6	明十三陵博物馆	北京市	文物系统国有博物馆	二级	考古遗址
7	北京劲飞京作红木文化博物馆	北京市	非国有博物馆	未定级	历史文化
8	居庸关长城博物馆	北京市	文物系统国有博物馆	未定级	考古遗址
9	昌平区博物馆	北京市	文物系统国有博物馆	未定级	历史文化
10	北京老爷车博物馆	北京市	非国有博物馆	未定级	历史文化
11	北京二锅头酒博物馆	北京市	其他行业国有博物馆	未定级	其他
12	北京怀柔喇叭沟门满族民俗博物馆	北京市	文物系统国有博物馆	未定级	历史文化
13	北京市怀柔区博物馆	北京市	文物系统国有博物馆	未定级	综合地志
14	北京市平谷区博物馆	北京市	文物系统国有博物馆	未定级	历史文化
15	上宅文化陈列馆	北京市	文物系统国有博物馆	未定级	历史文化
16	中国长城博物馆	北京市	文物系统国有博物馆	三级	历史文化
17	平北抗日战争纪念馆	北京市	其他行业国有博物馆	未定级	革命纪念

续表

序号	博物馆名称	区域	性质	质量等级	题材类型
18	延庆博物馆	北京市	文物系统国有博物馆	未定级	综合地志
19	延庆区地质博物馆	北京市	其他行业国有博物馆	未定级	自然科技
20	中国马文化博物馆	北京市	其他行业国有博物馆	未定级	历史文化
21	天津市蓟州区文物博物馆	天津市	文物系统国有博物馆	未定级	历史文化
22	天津黄崖关长城博物馆	天津市	其他行业国有博物馆	未定级	其他
23	天津蓟州中上元古界地质陈列馆	天津市	其他行业国有博物馆	未定级	自然科技
24	天津市盘山烈士陵园（盘山革命纪念馆）	天津市	其他行业国有博物馆	未定级	革命纪念
25	天津市蓟州区地质博物馆	天津市	其他行业国有博物馆	未定级	其他
26	石家庄市子元徽派古建博物馆	河北省	非国有博物馆	未定级	艺术
27	井陉窑文化博物馆	河北省	非国有博物馆	未定级	历史文化
28	灵寿县王三妮当代青铜艺术博物馆	河北省	非国有博物馆	未定级	艺术
29	灵寿县博物馆	河北省	文物系统国有博物馆	未定级	历史文化
30	灵寿县慈河谷三线文化博物馆	河北省	非国有博物馆	未定级	历史文化
31	灵寿县国勤民俗文化博物馆	河北省	非国有博物馆	未定级	历史文化
32	赞皇原村土布博物馆	河北省	非国有博物馆	未定级	其他
33	石家庄市蕊源蜜蜂博物馆	河北省	非国有博物馆	未定级	自然科技
34	平山县博物馆	河北省	文物系统国有博物馆	未定级	其他

续表

序号	博物馆名称	区域	性质	质量等级	题材类型
35	平山县西柏坡博物馆	河北省	非国有博物馆	未定级	历史文化
36	西柏坡纪念馆	河北省	其他行业国有博物馆	一级	革命纪念
37	河北省英烈纪念园	河北省	其他行业国有博物馆	未定级	其他
38	迁西县喜峰口长城抗战博物馆	河北省	非国有博物馆	未定级	革命纪念
39	迁安市博物馆	河北省	文物系统国有博物馆	未定级	历史文化
40	迁安市向东博物馆	河北省	非国有博物馆	未定级	艺术
41	迁安市贯头山酒文化博物馆	河北省	非国有博物馆	未定级	历史文化
42	秦皇岛市山海关区兴儒博物馆	河北省	非国有博物馆	未定级	历史文化
43	秦皇岛市山海关古城历史博物馆	河北省	非国有博物馆	未定级	历史文化
44	秦皇岛市山海关长城博物馆	河北省	文物系统国有博物馆	二级	历史文化
45	八路军一二九师纪念馆	河北省	其他行业国有博物馆	二级	革命纪念
46	磁县八路军129师兵工厂博物馆	河北省	其他行业国有博物馆	未定级	革命纪念
47	磁州窑博物馆	河北省	文物系统国有博物馆	二级	其他
48	磁县北朝考古博物馆	河北省	文物系统国有博物馆	未定级	历史文化
49	武安市磁山文化博物馆	河北省	文物系统国有博物馆	未定级	历史文化
50	邢窑遗址博物馆	河北省	文物系统国有博物馆	未定级	考古遗址
51	晋察冀边区革命纪念馆	河北省	其他行业国有博物馆	未定级	革命纪念

续表

序号	博物馆名称	区域	性质	质量等级	题材类型
52	唐县白求恩柯棣华纪念馆	河北省	其他行业国有博物馆	未定级	革命纪念
53	容城县华实博物馆	河北省	非国有博物馆	未定级	历史文化
54	易县易砚博物馆	河北省	非国有博物馆	未定级	其他
55	易县狼牙山文化博物馆	河北省	非国有博物馆	未定级	综合地志
56	易县博物馆	河北省	文物系统国有博物馆	二级	历史文化
57	曲阳县博物馆	河北省	文物系统国有博物馆	未定级	历史文化
58	曲阳北岳庙博物馆	河北省	文物系统国有博物馆	三级	历史文化
59	雄县雄韵博物馆	河北省	非国有博物馆	未定级	其他
60	张家口市博物馆	河北省	文物系统国有博物馆	二级	综合地志
61	张家口北北源博物馆	河北省	非国有博物馆	未定级	其他
62	张家口张库大道历史博物馆	河北省	非国有博物馆	未定级	历史文化
63	宣化上谷民俗博物馆	河北省	非国有博物馆	未定级	其他
64	张家口市宣化博物馆	河北省	文物系统国有博物馆	未定级	历史文化
65	元中都博物馆	河北省	文物系统国有博物馆	二级	考古遗址
66	沽源县博物馆	河北省	文物系统国有博物馆	未定级	历史文化
67	蔚县博物馆	河北省	文物系统国有博物馆	二级	综合地志
68	泥河湾博物馆	河北省	文物系统国有博物馆	三级	考古遗址

续表

序号	博物馆名称	区域	性质	质量等级	题材类型
69	怀来县博物馆	河北省	文物系统国有博物馆	未定级	综合地志
70	赤城县博物馆	河北省	文物系统国有博物馆	未定级	综合地志
71	热河革命烈士纪念馆	河北省	其他行业国有博物馆	未定级	革命纪念
72	承德博物馆	河北省	文物系统国有博物馆	未定级	综合地志
73	承德市避暑山庄博物馆	河北省	文物系统国有博物馆	二级	历史文化
74	承德县博物馆	河北省	文物系统国有博物馆	三级	历史文化
75	兴隆县博物馆	河北省	文物系统国有博物馆	未定级	历史文化
76	承德避暑山庄酒文化博物馆	河北省	非国有博物馆	未定级	历史文化
77	平泉市博物馆	河北省	文物系统国有博物馆	三级	历史文化
78	滦平县博物馆	河北省	文物系统国有博物馆	三级	历史文化
79	隆化民族博物馆	河北省	文物系统国有博物馆	三级	综合地志
80	隆化县董存瑞烈士陵园管理处	河北省	其他行业国有博物馆	未定级	革命纪念
81	丰宁满族自治县满族博物馆	河北省	文物系统国有博物馆	三级	历史文化
82	丰宁古生物化石博物馆	河北省	非国有博物馆	未定级	其他
83	宽城满族自治县历史博物馆	河北省	文物系统国有博物馆	未定级	历史文化
84	围场满族蒙古族自治县博物馆	河北省	文物系统国有博物馆	未定级	历史文化
85	大同古城地质博物馆	山西省	非国有博物馆	未定级	自然科技

续表

序号	博物馆名称	区域	性质	质量等级	题材类型
86	梁忠成纪念馆（大同市博物馆分馆）	山西省	文物系统国有博物馆	未定级	革命纪念
87	大同市北朝艺术博物馆	山西省	非国有博物馆	未定级	历史文化
88	大同市博物馆	山西省	文物系统国有博物馆	一级	综合地志
89	大同市陨石博物馆	山西省	非国有博物馆	未定级	其他
90	魏碑书法家张蕣堂故居纪念馆（大同市博物馆分馆）	山西省	文物系统国有博物馆	未定级	革命纪念
91	大同市大同服饰文化历史博物馆	山西省	非国有博物馆	未定级	历史文化
92	平城记忆馆（大同市博物馆分馆）	山西省	文物系统国有博物馆	未定级	历史文化
93	大同市德聚老酒博物馆	山西省	非国有博物馆	未定级	其他
94	明堂遗址博物馆（大同市博物馆分馆）	山西省	文物系统国有博物馆	未定级	考古遗址
95	大同红色记忆馆（大同市博物馆分馆）	山西省	文物系统国有博物馆	未定级	革命纪念
96	大同市雕塑博物馆	山西省	文物系统国有博物馆	二级	艺术
97	古代铜造艺术博物馆（大同市博物馆分馆）	山西省	文物系统国有博物馆	未定级	历史文化
98	北朝博物馆（大同市博物馆分馆）	山西省	文物系统国有博物馆	未定级	历史文化
99	魁星文化博物馆（大同市博物馆分馆）	山西省	文物系统国有博物馆	未定级	历史文化
100	辽金元民族融合博物馆（大同市博物馆分馆）	山西省	文物系统国有博物馆	未定级	历史文化
101	广灵平舒民俗博物馆	山西省	非国有博物馆	未定级	历史文化
102	广灵剪纸艺术博物馆	山西省	非国有博物馆	未定级	艺术

续表

序号	博物馆名称	区域	性质	质量等级	题材类型
103	浑源县锦茂博物馆	山西省	非国有博物馆	未定级	其他
104	平型关大捷纪念馆	山西省	文物系统国有博物馆	未定级	革命纪念
105	灵丘县博物馆	山西省	文物系统国有博物馆	未定级	历史文化
106	大同煤矿"万人坑"遗址纪念馆	山西省	其他行业国有博物馆	未定级	其他
107	云冈石窟博物馆	山西省	文物系统国有博物馆	未定级	历史文化
108	百团大战纪念馆	山西省	其他行业国有博物馆	未定级	革命纪念
109	黎城县文博馆	山西省	文物系统国有博物馆	未定级	综合地志
110	壶关县文物博物馆	山西省	文物系统国有博物馆	未定级	历史文化
111	沁水县文史博物馆	山西省	文物系统国有博物馆	未定级	历史文化
112	沁水县沁河民俗文化博物馆	山西省	非国有博物馆	未定级	历史文化
113	陵川县博物馆	山西省	文物系统国有博物馆	未定级	历史文化
114	高平市博物馆	山西省	文物系统国有博物馆	未定级	综合地志
115	朔州市朔城区马邑博物馆	山西省	文物系统国有博物馆	三级	历史文化
116	朔州市汉墓博物馆	山西省	文物系统国有博物馆	三级	历史文化
117	朔州市平鲁区博物馆	山西省	文物系统国有博物馆	未定级	革命纪念
118	山西云杉西口文化博物馆	山西省	非国有博物馆	未定级	历史文化
119	右玉县博物馆	山西省	文物系统国有博物馆	未定级	历史文化

续表

序号	博物馆名称	区域	性质	质量等级	题材类型
120	左权县东方酒器博物馆	山西省	非国有博物馆	未定级	历史文化
121	左权县文史博物馆	山西省	非国有博物馆	未定级	历史文化
122	左权县苗世明藏报博物馆	山西省	非国有博物馆	未定级	其他
123	麻田八路军总部纪念馆	山西省	文物系统国有博物馆	三级	革命纪念
124	昔阳县博物馆	山西省	文物系统国有博物馆	未定级	历史文化
125	昔阳禾金文化博物馆	山西省	文物系统国有博物馆	未定级	历史文化
126	徐向前元帅纪念馆	山西省	文物系统国有博物馆	未定级	革命纪念
127	五台县博物馆	山西省	文物系统国有博物馆	未定级	综合地志
128	五台县纪念白求恩展览馆	山西省	文物系统国有博物馆	未定级	革命纪念
129	代县文物保护所	山西省	文物系统国有博物馆	未定级	历史文化
130	繁峙县博物馆	山西省	文物系统国有博物馆	未定级	综合地志
131	宁武冰洞地质博物馆	山西省	其他行业国有博物馆	未定级	自然科技
132	宁武县博物馆	山西省	文物系统国有博物馆	未定级	综合地志
133	岢岚县博物馆	山西省	文物系统国有博物馆	未定级	革命纪念
134	河曲县阿庆博物馆	山西省	非国有博物馆	未定级	历史文化
135	河曲县博物馆	山西省	文物系统国有博物馆	未定级	历史文化
136	偏关县博物馆	山西省	文物系统国有博物馆	未定级	综合地志

续表

序号	博物馆名称	区域	性质	质量等级	题材类型
137	原平市博物馆	山西省	文物系统国有博物馆	未定级	历史文化
138	吕梁市晋绥边区革命纪念馆	山西省	文物系统国有博物馆	未定级	革命纪念
139	兴县四·八烈士纪念馆	山西省	文物系统国有博物馆	未定级	革命纪念
140	内蒙古草原文化博物馆	内蒙古自治区	非国有博物馆	未定级	历史文化
141	呼和浩特博物馆	内蒙古自治区	文物系统国有博物馆	二级	历史文化
142	内蒙古电影博物馆	内蒙古自治区	非国有博物馆	未定级	其他
143	呼和浩特市多松年烈士纪念馆	内蒙古自治区	文物系统国有博物馆	未定级	革命纪念
144	内蒙古博物院	内蒙古自治区	文物系统国有博物馆	一级	综合地志
145	内蒙古自治区将军衙署博物院	内蒙古自治区	文物系统国有博物馆	二级	历史文化
146	内蒙古警察博物馆	内蒙古自治区	其他行业国有博物馆	未定级	其他
147	内蒙古兴光博物馆	内蒙古自治区	非国有博物馆	未定级	历史文化
148	内蒙古陶瓷博物馆	内蒙古自治区	非国有博物馆	未定级	历史文化
149	乌兰夫纪念馆	内蒙古自治区	其他行业国有博物馆	未定级	革命纪念
150	内蒙古国际蒙医蒙药博物馆	内蒙古自治区	非国有博物馆	未定级	其他
151	内蒙古盛元博物馆	内蒙古自治区	非国有博物馆	未定级	其他
152	内蒙古明博草原文化博物馆	内蒙古自治区	非国有博物馆	未定级	历史文化
153	内蒙古羊绒博物馆	内蒙古自治区	非国有博物馆	未定级	其他

续表

序号	博物馆名称	区域	性质	质量等级	题材类型
154	内蒙古大学民族博物馆	内蒙古自治区	其他行业国有博物馆	未定级	其他
155	斯琴塔娜艺术博物馆	内蒙古自治区	非国有博物馆	三级	艺术
156	内蒙古民族商贸文化博物馆	内蒙古自治区	非国有博物馆	未定级	历史文化
157	内蒙古师范大学博物馆	内蒙古自治区	其他行业国有博物馆	未定级	历史文化
158	内蒙古自然博物馆	内蒙古自治区	其他行业国有博物馆	未定级	自然科技
159	内蒙古圣桦博物馆	内蒙古自治区	非国有博物馆	未定级	其他
160	伊利草原质乳文化博物馆	内蒙古自治区	其他行业国有博物馆	未定级	其他
161	内蒙古土默特博物馆	内蒙古自治区	非国有博物馆	未定级	革命纪念
162	和林格尔县盛乐博物馆	内蒙古自治区	文物系统国有博物馆	未定级	综合地志
163	和林格尔蒙古文字文献博物馆	内蒙古自治区	非国有博物馆	未定级	其他
164	敕勒川博物馆	内蒙古自治区	文物系统国有博物馆	三级	综合地志
165	包头博物馆（包头市文物保护中心）	内蒙古自治区	文物系统国有博物馆	二级	综合地志
166	达茂旗博物馆	内蒙古自治区	文物系统国有博物馆	未定级	综合地志
167	乌海市民俗博物馆	内蒙古自治区	非国有博物馆	未定级	历史文化
168	乌海市海勃湾区博物馆	内蒙古自治区	文物系统国有博物馆	未定级	其他
169	乌海市博物馆	内蒙古自治区	文物系统国有博物馆	三级	历史文化
170	阿鲁科尔沁旗博物馆	内蒙古自治区	文物系统国有博物馆	未定级	综合地志

续表

序号	博物馆名称	区域	性质	质量等级	题材类型
171	赤峰市松山区玉源博物馆	内蒙古自治区	非国有博物馆	未定级	其他
172	赤峰博物馆	内蒙古自治区	文物系统国有博物馆	一级	历史文化
173	巴林左旗辽上京博物馆	内蒙古自治区	文物系统国有博物馆	二级	历史文化
174	巴林左旗契丹博物馆	内蒙古自治区	非国有博物馆	未定级	历史文化
175	巴林右旗博物馆	内蒙古自治区	文物系统国有博物馆	二级	综合地志
176	巴林古韵博物馆	内蒙古自治区	非国有博物馆	未定级	历史文化
177	西拉沐沧民俗博物馆	内蒙古自治区	非国有博物馆	未定级	其他
178	巴林右旗民俗博物馆	内蒙古自治区	文物系统国有博物馆	三级	历史文化
179	林西县博物馆	内蒙古自治区	文物系统国有博物馆	未定级	综合地志
180	克什克腾旗博物馆	内蒙古自治区	文物系统国有博物馆	三级	历史文化
181	翁牛特旗博物馆	内蒙古自治区	文物系统国有博物馆	三级	历史文化
182	翁牛特古代艺术博物馆	内蒙古自治区	非国有博物馆	未定级	历史文化
183	赤峰毛泽东造像博物馆	内蒙古自治区	非国有博物馆	未定级	其他
184	喀喇沁旗文物保护中心	内蒙古自治区	文物系统国有博物馆	三级	历史文化
185	宁城县文物保护中心（宁城县辽中京博物馆）	内蒙古自治区	文物系统国有博物馆	三级	历史文化
186	敖汉旗新州博物馆	内蒙古自治区	非国有博物馆	三级	历史文化
187	敖汉第一村民俗博物馆	内蒙古自治区	非国有博物馆	未定级	历史文化

续表

序号	博物馆名称	区域	性质	质量等级	题材类型
188	敖汉博物馆（敖汉旗文物保护中心）	内蒙古自治区	文物系统国有博物馆	二级	历史文化
189	库伦旗宗教博物馆（库伦旗安代博物馆）	内蒙古自治区	文物系统国有博物馆	三级	历史文化
190	奈曼旗王府博物馆	内蒙古自治区	文物系统国有博物馆	三级	历史文化
191	扎鲁特旗南宝力皋吐博物馆	内蒙古自治区	文物系统国有博物馆	未定级	考古遗址
192	扎鲁特旗乌力格尔博物馆	内蒙古自治区	文物系统国有博物馆	未定级	历史文化
193	霍林郭勒市博物馆	内蒙古自治区	文物系统国有博物馆	未定级	其他
194	鄂尔多斯市雍贵艺术博物馆	内蒙古自治区	非国有博物馆	未定级	艺术
195	鄂尔多斯市广棪火耕博物馆	内蒙古自治区	其他行业国有博物馆	未定级	其他
196	鄂尔多斯市生态文化博物馆	内蒙古自治区	其他行业国有博物馆	未定级	其他
197	鄂尔多斯市东胜博物馆	内蒙古自治区	文物系统国有博物馆	未定级	综合地志
198	内蒙古赵大剪乡村记事剪纸艺术博物馆	内蒙古自治区	非国有博物馆	未定级	艺术
199	达拉特博物馆	内蒙古自治区	文物系统国有博物馆	未定级	综合地志
200	鄂尔多斯市恩格贝沙漠科学馆（内蒙古恩格贝沙漠博物馆）	内蒙古自治区	其他行业国有博物馆	三级	自然科技
201	准格尔旗博物馆	内蒙古自治区	文物系统国有博物馆	未定级	历史文化
202	延安民族学院城川纪念馆	内蒙古自治区	文物系统国有博物馆	未定级	革命纪念
203	鄂托克旗综合地质博物馆	内蒙古自治区	其他行业国有博物馆	未定级	综合地志
204	鄂托克旗查布恐龙博物馆	内蒙古自治区	文物系统国有博物馆	未定级	其他

续表

序号	博物馆名称	区域	性质	质量等级	题材类型
205	鄂尔多斯市蒙古历史文化博物馆	内蒙古自治区	非国有博物馆	未定级	历史文化
206	成吉思汗博物馆	内蒙古自治区	其他行业国有博物馆	未定级	历史文化
207	伊金霍洛旗郡王府博物馆	内蒙古自治区	文物系统国有博物馆	未定级	历史文化
208	鄂尔多斯衣耕游牧文化博物馆	内蒙古自治区	非国有博物馆	未定级	历史文化
209	内蒙古佛教文化博物馆	内蒙古自治区	文物系统国有博物馆	三级	其他
210	莫力达瓦达斡尔族自治旗达斡尔民族博物馆	内蒙古自治区	文物系统国有博物馆	未定级	其他
211	莫旗腾克达斡尔民俗陈列馆	内蒙古自治区	文物系统国有博物馆	未定级	历史文化
212	陈巴尔虎旗民族博物馆	内蒙古自治区	文物系统国有博物馆	未定级	历史文化
213	新巴尔虎右旗巴尔虎博物馆	内蒙古自治区	文物系统国有博物馆	未定级	艺术
214	满洲里市俄罗斯艺术博物馆	内蒙古自治区	非国有博物馆	三级	综合地志
215	满洲里博物馆（市文物保护中心）	内蒙古自治区	文物系统国有博物馆	未定级	历史文化
216	满洲里市阿拉坦玫瑰王博物馆	内蒙古自治区	非国有博物馆	未定级	其他
217	扎兰屯市乌兰夫同志纪念馆	内蒙古自治区	文物系统国有博物馆	未定级	综合地志
218	内蒙古中东铁路博物馆	内蒙古自治区	文物系统国有博物馆	未定级	历史文化
219	扎兰屯市伪兴安东省历史陈列馆	内蒙古自治区	文物系统国有博物馆	未定级	综合地志
220	扎兰屯市楠木鄂伦春民俗博物馆	内蒙古自治区	文物系统国有博物馆	未定级	综合地志
221	扎兰屯市历史博物馆	内蒙古自治区	文物系统国有博物馆	三级	历史文化

续表

序号	博物馆名称	区域	性质	质量等级	题材类型
222	扎兰屯市成吉思汗东德胜村史陈列馆	内蒙古自治区	文物系统国有博物馆	未定级	历史文化
223	扎兰屯市达斡尔民俗博物馆	内蒙古自治区	文物系统国有博物馆	未定级	历史文化
224	恩和俄罗斯民族博物馆	内蒙古自治区	文物系统国有博物馆	未定级	历史文化
225	额尔古纳民族博物馆（内蒙古俄罗斯民族博物馆）	内蒙古自治区	文物系统国有博物馆	三级	历史文化
226	乌拉特前旗公田村博物馆	内蒙古自治区	文物系统国有博物馆	未定级	综合地志
227	乌拉特前旗博物馆	内蒙古自治区	文物系统国有博物馆	未定级	综合地志
228	内蒙古兵团博物馆	内蒙古自治区	文物系统国有博物馆	未定级	历史文化
229	黄河三盛公水文化博物馆	内蒙古自治区	其他行业国有博物馆	未定级	其他
230	磴口汉代郡塞博物馆	内蒙古自治区	文物系统国有博物馆	未定级	历史文化
231	乌拉特中旗博物馆	内蒙古自治区	文物系统国有博物馆	未定级	综合地志
232	乌拉特博物馆	内蒙古自治区	文物系统国有博物馆	未定级	综合地志
233	乌兰察布市博物馆（乌兰察布市文物保护中心）	内蒙古自治区	文物系统国有博物馆	三级	历史文化
234	集宁区察哈尔民俗博物馆	内蒙古自治区	文物系统国有博物馆	未定级	其他
235	集宁战役纪念馆	内蒙古自治区	其他行业国有博物馆	未定级	革命纪念
236	商都县博物馆	内蒙古自治区	文物系统国有博物馆	未定级	历史文化
237	凉城县贺龙革命活动纪念馆	内蒙古自治区	文物系统国有博物馆	未定级	革命纪念
238	察右中旗博物馆	内蒙古自治区	文物系统国有博物馆	未定级	历史文化

续表

序号	博物馆名称	区域	性质	质量等级	题材类型
239	察右后旗民族博物馆	内蒙古自治区	文物系统国有博物馆	未定级	历史文化
240	察右后旗察哈尔文化博物馆	内蒙古自治区	文物系统国有博物馆	未定级	历史文化
241	四子王旗博物馆	内蒙古自治区	文物系统国有博物馆	未定级	历史文化
242	内蒙古兴安盟科右前旗满族屯博物馆	内蒙古自治区	文物系统国有博物馆	未定级	其他
243	科尔沁右翼前旗博物馆	内蒙古自治区	文物系统国有博物馆	三级	综合地志
244	兴安农村第一党支部纪念馆	内蒙古自治区	文物系统国有博物馆	未定级	革命纪念
245	科尔沁右翼前旗扎萨克图民俗馆	内蒙古自治区	文物系统国有博物馆	未定级	历史文化
246	科尔沁右翼中旗博物馆	内蒙古自治区	文物系统国有博物馆	三级	历史文化
247	扎赉特旗绰尔河农耕博物馆	内蒙古自治区	文物系统国有博物馆	未定级	历史文化
248	阿巴嘎旗博物馆	内蒙古自治区	文物系统国有博物馆	未定级	历史文化
249	苏尼特左旗博物馆	内蒙古自治区	文物系统国有博物馆	未定级	历史文化
250	锡林郭勒盟宝德尔肉石艺术博物馆	内蒙古自治区	非国有博物馆	未定级	自然科技
251	锡林郭勒博物馆（锡林郭勒盟文物考古保护研究中心）	内蒙古自治区	文物系统国有博物馆	未定级	历史文化
252	锡林郭勒盟红色旅游纪念馆	内蒙古自治区	文物系统国有博物馆	未定级	革命纪念
253	鄂吉蒙古族游牧民俗博物馆	内蒙古自治区	非国有博物馆	未定级	其他
254	东乌珠穆沁旗穆沁博物馆	内蒙古自治区	文物系统国有博物馆	未定级	其他
255	大仆寺旗博物馆	内蒙古自治区	文物系统国有博物馆	未定级	历史文化

续表

序号	博物馆名称	区域	性质	质量等级	题材类型
256	镶黄旗蒙古马文化博物馆	内蒙古自治区	文物系统国有博物馆	未定级	其他
257	正镶白旗博物馆（正镶白旗文物保护中心）	内蒙古自治区	文物系统国有博物馆	未定级	历史文化
258	锡林郭勒盟文化遗产博物馆	内蒙古自治区	文物系统国有博物馆	未定级	考古遗址
259	多伦县马具博物馆	内蒙古自治区	非国有博物馆	未定级	历史文化
260	额济纳旗文物保护中心（额济纳博物馆）	内蒙古自治区	文物系统国有博物馆	未定级	历史文化
261	阿拉善王府博物馆	内蒙古自治区	文物系统国有博物馆	未定级	历史文化
262	阿拉善民间艺术收藏博物馆	内蒙古自治区	非国有博物馆	未定级	其他
263	阿拉善右旗博物馆	内蒙古自治区	文物系统国有博物馆	未定级	历史文化
264	阿拉善博物馆	内蒙古自治区	文物系统国有博物馆	二级	综合地志
265	大连紫檀艺术博物馆	辽宁省	非国有博物馆	未定级	艺术
266	辽宁天巳历史博物馆	辽宁省	非国有博物馆	未定级	其他
267	大连汉墓博物馆	辽宁省	文物系统国有博物馆	未定级	历史文化
268	大连体育博物馆	辽宁省	非国有博物馆	未定级	其他
269	台安县博物馆	辽宁省	文物系统国有博物馆	未定级	历史文化
270	岫岩满族自治县南王祠王文化博物馆	辽宁省	非国有博物馆	未定级	历史文化
271	鞍山市岫岩满族博物馆	辽宁省	文物系统国有博物馆	未定级	历史文化
272	海城市博物馆	辽宁省	文物系统国有博物馆	未定级	综合地志

续表

序号	博物馆名称	区域	性质	质量等级	题材类型
273	抚顺市博物馆	辽宁省	文物系统国有博物馆	未定级	历史文化
274	抚顺平顶山惨案纪念馆	辽宁省	文物系统国有博物馆	未定级	革命纪念
275	抚顺市雷锋纪念馆	辽宁省	其他行业国有博物馆	二级	革命纪念
276	新宾满族自治县满族博物馆	辽宁省	文物系统国有博物馆	未定级	历史文化
277	辽宁省华玉辽砚博物馆	辽宁省	非国有博物馆	未定级	历史文化
278	本溪市博物馆	辽宁省	文物系统国有博物馆	三级	其他
279	本溪满族自治县洞穴博物馆	辽宁省	文物系统国有博物馆	未定级	历史文化
280	本溪满族自治县杨靖宇纪念馆	辽宁省	文物系统国有博物馆	未定级	革命纪念
281	东北抗联史实陈列馆	辽宁省	文物系统国有博物馆	未定级	革命纪念
282	宽甸满族自治县博物馆	辽宁省	文物系统国有博物馆	未定级	历史文化
283	虎山长城历史博物馆	辽宁省	非国有博物馆	未定级	历史文化
284	锦州市博物馆	辽宁省	文物系统国有博物馆	二级	综合地志
285	辽沈战役纪念馆	辽宁省	文物系统国有博物馆	二级	革命纪念
286	锦州道光廿五文化博物馆	辽宁省	非国有博物馆	未定级	历史文化
287	黑山阻击战纪念馆（黑山县文物保护管理所）	辽宁省	文物系统国有博物馆	未定级	革命纪念
288	义县宜州化石馆	辽宁省	其他行业国有博物馆	未定级	其他
289	凌海市萧军纪念馆	辽宁省	文物系统国有博物馆	三级	革命纪念

续表

序号	博物馆名称	区域	性质	质量等级	题材类型
290	凌海市凌河流域历史文化博物馆	辽宁省	非国有博物馆	未定级	历史文化
291	北镇市大朝阳博物馆	辽宁省	非国有博物馆	未定级	历史文化
292	阜新查海遗址博物馆	辽宁省	文物系统国有博物馆	未定级	考古遗址
293	阜蒙县民族博物馆	辽宁省	文物系统国有博物馆	未定级	综合地志
294	彰武县博物馆	辽宁省	文物系统国有博物馆	未定级	历史文化
295	盘锦辽河房地契博物馆	辽宁省	非国有博物馆	未定级	其他
296	铁岭雷锋纪念馆	辽宁省	其他行业国有博物馆	未定级	革命纪念
297	辽河博物馆	辽宁省	文物系统国有博物馆	未定级	历史文化
298	建平县博物馆	辽宁省	文物系统国有博物馆	未定级	综合地志
299	朝阳牛河梁遗址博物馆	辽宁省	文物系统国有博物馆	未定级	考古遗址
300	北票博物馆	辽宁省	文物系统国有博物馆	未定级	历史文化
301	北票鸵水博物馆	辽宁省	非国有博物馆	未定级	其他
302	绥中县博物馆	辽宁省	文物系统国有博物馆	未定级	历史文化
303	辽宁古生物博物馆	辽宁省	其他行业国有博物馆	二级	自然科技
304	辽宁中医药大学博物馆（辽宁省中医药博物馆）	辽宁省	其他行业国有博物馆	未定级	其他
305	沈阳新乐遗址博物馆	辽宁省	文物系统国有博物馆	二级	考古遗址
306	辽阳博物馆	辽宁省	文物系统国有博物馆	三级	历史文化

续表

序号	博物馆名称	区域	性质	质量等级	题材类型
307	辽阳市弓长岭区博物馆（辽阳市弓长岭区雷锋纪念馆）	辽宁省	文物系统国有博物馆	未定级	其他
308	辽阳市宏伟区博物馆	辽宁省	文物系统国有博物馆	未定级	革命纪念
309	辽阳市江管博物馆	辽宁省	非国有博物馆	未定级	历史文化
310	农安县博物馆	吉林省	文物系统国有博物馆	未定级	综合地志
311	职业教育博物馆	吉林省	其他行业国有博物馆	未定级	历史文化
312	德惠市博物馆	吉林省	文物系统国有博物馆	未定级	历史文化
313	四平市博物馆	吉林省	文物系统国有博物馆	未定级	历史文化
314	四平战役纪念馆	吉林省	文物系统国有博物馆	二级	革命纪念
315	梨树县博物馆	吉林省	文物系统国有博物馆	未定级	革命纪念
316	公主岭市博物馆	吉林省	文物系统国有博物馆	未定级	其他
317	通化县大泉源酒业历史文化博物馆	吉林省	非国有博物馆	未定级	考古遗址
318	延吉市博物馆	吉林省	文物系统国有博物馆	未定级	综合地志
319	延边博物馆	吉林省	文物系统国有博物馆	二级	综合地志
320	延边大学博物馆	吉林省	其他行业国有博物馆	未定级	历史文化
321	图们市博物馆	吉林省	文物系统国有博物馆	未定级	历史文化
322	珲春市博物馆	吉林省	文物系统国有博物馆	未定级	历史文化
323	龙井市朝鲜民族民俗博物馆	吉林省	文物系统国有博物馆	未定级	综合地志

续表

序号	博物馆名称	区域	性质	质量等级	题材类型
324	和龙市博物馆	吉林省	文物系统国有博物馆	未定级	综合地志
325	龙江县博物馆	黑龙江省	文物系统国有博物馆	未定级	历史文化
326	黑龙江省甘南县金代长城博物馆	黑龙江省	文物系统国有博物馆	未定级	历史文化
327	黑龙江省爱民青铜器博物馆	黑龙江省	非国有博物馆	未定级	历史文化
328	黑龙江省渤海上京遗址博物馆	黑龙江省	文物系统国有博物馆	未定级	考古遗址
329	张闻天工作室旧址纪念馆	黑龙江省	文物系统国有博物馆	未定级	革命纪念
330	宁安市宁古塔历史文化博物馆	黑龙江省	文物系统国有博物馆	未定级	历史文化
331	宁安市马骏纪念馆	黑龙江省	文物系统国有博物馆	未定级	革命纪念
332	山东宏济堂博物馆	山东省	非国有博物馆	未定级	其他
333	济南高新区辛弃疾纪念馆	山东省	文物系统国有博物馆	未定级	其他
334	济南市历城区博物馆	山东省	文物系统国有博物馆	二级	历史文化
335	济南市智邦粮食文化博物馆	山东省	非国有博物馆	未定级	历史文化
336	山东大学博物馆	山东省	其他行业国有博物馆	一级	历史文化
337	山东建筑大学博物馆	山东省	其他行业国有博物馆	未定级	历史文化
338	齐鲁体育文化博物馆	山东省	其他行业国有博物馆	未定级	历史文化
339	济南市石敢当摩崖艺术博物馆	山东省	非国有博物馆	未定级	艺术
340	山东自生堂年画雕版博物馆	山东省	非国有博物馆	三级	艺术

387

续表

序号	博物馆名称	区域	性质	质量等级	题材类型
341	山东省中医药博物馆	山东省	其他行业国有博物馆	未定级	其他
342	济南市长清区博物馆	山东省	文物系统国有博物馆	三级	综合地志
343	山东灵岩石文化创意博物馆	山东省	非国有博物馆	未定级	自然科技
344	山东省万中国民艺博物馆	山东省	非国有博物馆	未定级	艺术
345	山东省老石头泰山玉石文化博物馆	山东省	非国有博物馆	未定级	其他
346	青岛贝壳博物馆	山东省	非国有博物馆	二级	自然科技
347	青岛市黄岛区青岛滨海学院世界动物自然生态博物馆	山东省	非国有博物馆	未定级	自然科技
348	青岛灵珠山衣耕文化博物馆	山东省	非国有博物馆	未定级	其他
349	黄岛区民俗博物馆	山东省	文物系统国有博物馆	未定级	历史文化
350	青岛西海岸新区灵珠乡村记忆博物馆	山东省	非国有博物馆	未定级	其他
351	青岛·海底隧道博物馆	山东省	其他行业国有博物馆	未定级	自然科技
352	青岛黄海学院博物馆	山东省	非国有博物馆	三级	综合地志
353	青岛技术博物馆	山东省	其他行业国有博物馆	未定级	自然科技
354	青岛市黄岛区博物馆	山东省	文物系统国有博物馆	三级	综合地志
355	双星博物馆	山东省	其他行业国有博物馆	未定级	其他
356	青岛市黄岛区烟台东民俗博物馆	山东省	非国有博物馆	未定级	其他
357	青岛黄岛区辛安民俗博物馆	山东省	非国有博物馆	未定级	历史文化

388

续表

序号	博物馆名称	区域	性质	质量等级	题材类型
358	青岛东方王文化博物馆	山东省	非国有博物馆	未定级	历史文化
359	青岛琅琊台博物馆	山东省	其他行业国有博物馆	未定级	历史文化
360	淄博煤矿博物馆	山东省	其他行业国有博物馆	未定级	历史文化
361	淄博市淄川区渭头河大缸博物馆	山东省	非国有博物馆	未定级	其他
362	淄博市淄川区东盛乡情博物馆	山东省	非国有博物馆	未定级	其他
363	淄博市菁岭内画鼻烟壶博物馆	山东省	非国有博物馆	未定级	艺术
364	蒲松龄纪念馆	山东省	文物系统国有博物馆	二级	历史文化
365	淄川博物馆	山东省	文物系统国有博物馆	三级	综合地志
366	淄博市淄川区西关乡村记忆博物馆	山东省	非国有博物馆	未定级	其他
367	淄博市源一刻瓷艺术博物馆	山东省	非国有博物馆	未定级	艺术
368	淄博锦川淄砚博物馆	山东省	非国有博物馆	未定级	艺术
369	淄博市淄川区三顺民俗陶瓷博物馆	山东省	非国有博物馆	二级	历史文化
370	淄博市淄川区黄萱乡愁博物馆	山东省	非国有博物馆	三级	其他
371	淄博市淄川绪岳民俗博物馆	山东省	非国有博物馆	未定级	其他
372	博山区颜山艺术博物馆	山东省	非国有博物馆	未定级	其他
373	淄博市博山区赵执信纪念馆	山东省	文物系统国有博物馆	未定级	历史文化
374	淄博金祥琉璃博物馆	山东省	非国有博物馆	未定级	艺术

389

续表

序号	博物馆名称	区域	性质	质量等级	题材类型
375	博山陈仕红木博物馆	山东省	非国有博物馆	未定级	其他
376	博山聚乐村饮食文化博物馆	山东省	非国有博物馆	未定级	历史文化
377	淄博市在堂鱼盘艺术博物馆	山东省	非国有博物馆	三级	艺术
378	淄博人立琉璃艺术博物馆	山东省	非国有博物馆	未定级	艺术
379	博山锦隐民俗博物馆	山东省	非国有博物馆	未定级	历史文化
380	淄博博山雨点湘博物馆	山东省	非国有博物馆	未定级	艺术
381	山东省淄博市博山焦裕禄纪念馆	山东省	其他行业国有博物馆	未定级	革命纪念
382	淄博康乾琉璃艺术博物馆	山东省	非国有博物馆	未定级	历史文化
383	博山陶瓷琉璃艺术博物馆	山东省	文物系统国有博物馆	未定级	艺术
384	沂源博物馆	山东省	文物系统国有博物馆	三级	综合地志
385	临朐县中医药博物馆	山东省	其他行业国有博物馆	未定级	其他
386	临朐宸恩王石博物馆	山东省	非国有博物馆	未定级	其他
387	山东临朐山旺古生物化石博物馆	山东省	文物系统国有博物馆	二级	综合地志
388	临朐大唐红丝砚博物馆	山东省	非国有博物馆	三级	历史文化
389	诸城东武博物馆	山东省	非国有博物馆	未定级	其他
390	诸城市恐龙博物馆	山东省	其他行业国有博物馆	未定级	其他
391	诸城密州博物馆	山东省	非国有博物馆	未定级	历史文化

续表

序号	博物馆名称	区域	性质	质量等级	题材类型
392	诸城市王尽美烈士纪念馆	山东省	其他行业国有博物馆	未定级	革命纪念
393	诸城市尚德民俗博物馆	山东省	非国有博物馆	未定级	历史文化
394	诸城绿馨衣耕文化博物馆	山东省	非国有博物馆	未定级	其他
395	诸城市博物馆	山东省	文物系统国有博物馆	二级	综合地志
396	潍坊清逸文房用品艺术博物馆	山东省	非国有博物馆	未定级	其他
397	潍坊市鞶渠民俗博物馆	山东省	非国有博物馆	未定级	其他
398	潍坊齐鲁酒地酒文化博物馆	山东省	非国有博物馆	未定级	历史文化
399	安丘市博物馆	山东省	文物系统国有博物馆	未定级	综合地志
400	安丘世德古籍博物馆	山东省	非国有博物馆	未定级	历史文化
401	安丘印台博物馆	山东省	非国有博物馆	未定级	历史文化
402	肥城市马家埠民俗博物馆	山东省	非国有博物馆	未定级	历史文化
403	泰安市万隆书画博物馆	山东省	非国有博物馆	未定级	艺术
404	泰安毛公山红色文化博物馆	山东省	非国有博物馆	未定级	革命纪念
405	肥城桃文化博物馆	山东省	非国有博物馆	未定级	艺术
406	泰安市泰西历史博物馆	山东省	非国有博物馆	未定级	其他
407	肥城市博物馆	山东省	文物系统国有博物馆	未定级	历史文化
408	肥城市乡村民俗博物馆	山东省	非国有博物馆	未定级	历史文化

续表

序号	博物馆名称	区域	性质	质量等级	题材类型
409	陆房突围胜利纪念馆	山东省	其他行业国有博物馆	未定级	革命纪念
410	五莲县博物馆	山东省	文物系统国有博物馆	三级	历史文化
411	莒县招贤镇张安祝博物馆	山东省	非国有博物馆	未定级	历史文化
412	莒县刘勰故里民俗生态博物馆	山东省	非国有博物馆	未定级	其他
413	莒州博物馆	山东省	文物系统国有博物馆	二级	历史文化
414	莒县东莞镇刘勰故里乡村记忆馆	山东省	非国有博物馆	未定级	历史文化
415	沂水县博物馆	山东省	文物系统国有博物馆	二级	历史文化
416	临沂市海迎相机博物馆	山东省	非国有博物馆	未定级	自然科技
417	济南市莱芜区莱东民俗文化博物馆	山东省	非国有博物馆	未定级	其他
418	莱芜战役纪念馆	山东省	其他行业国有博物馆	未定级	革命纪念
419	济南市莱芜区博物馆	山东省	文物系统国有博物馆	三级	综合地志
420	山东黄石关孟姜女文化民俗博物馆	山东省	非国有博物馆	未定级	其他
421	济南市莱芜区莱东抗日战争纪念馆	山东省	非国有博物馆	未定级	其他
422	山东亓氏酱香源民俗博物馆	山东省	非国有博物馆	未定级	其他
423	济南市莱芜区幸福童年摄影艺术博物馆	山东省	非国有博物馆	未定级	历史文化
424	莱芜雪野旅游区房干乡村记忆博物馆	山东省	非国有博物馆	未定级	其他
425	山东泰顺斋南肠博物馆	山东省	非国有博物馆	未定级	其他

续表

序号	博物馆名称	区域	性质	质量等级	题材类型
426	济南市莱芜区华山民俗博物馆	山东省	非国有博物馆	未定级	其他
427	济南市莱芜区多福砚博物馆	山东省	非国有博物馆	未定级	其他
428	济南市莱芜高新区万福山民俗博物馆	山东省	非国有博物馆	未定级	其他
429	山歌榨油博物馆	山东省	非国有博物馆	未定级	其他
430	济南市章丘区博物馆	山东省	文物系统国有博物馆	一级	综合地志
431	济南市章丘区城子崖遗址博物馆	山东省	文物系统国有博物馆	三级	考古遗址
432	山东道可道传统礼乐博物馆	山东省	非国有博物馆	未定级	其他
433	新密市博物馆	河南省	文物系统国有博物馆	未定级	综合地志
434	新密市国辰艺术博物馆	河南省	非国有博物馆	未定级	艺术
435	叶县县衙博物馆	河南省	文物系统国有博物馆	未定级	历史文化
436	叶县文庙博物馆	河南省	文物系统国有博物馆	未定级	历史文化
437	鲁山豫西革命纪念馆	河南省	其他行业国有博物馆	未定级	革命纪念
438	舞钢市博物馆	河南省	文物系统国有博物馆	未定级	历史文化
439	红旗渠纪念馆	河南省	其他行业国有博物馆	未定级	历史文化
440	林州市博物馆	河南省	文物系统国有博物馆	三级	历史文化
441	鹤壁市博物馆	河南省	文物系统国有博物馆	二级	综合地志
442	辉县市博物馆	河南省	文物系统国有博物馆	未定级	综合地志

续表

序号	博物馆名称	区域	性质	质量等级	题材类型
443	方城县博物馆	河南省	文物系统国有博物馆	三级	综合地志
444	桐柏革命纪念馆	河南省	文物系统国有博物馆	未定级	革命纪念
445	淮河源文化陈列馆	河南省	其他行业国有博物馆	未定级	历史文化
446	南召县猿人博物馆	河南省	文物系统国有博物馆	未定级	历史文化
447	鄂豫边省委革命纪念馆	河南省	文物系统国有博物馆	未定级	革命纪念
448	宜君县博物馆	陕西省	文物系统国有博物馆	未定级	历史文化
449	宜君旱作梯田农业生态博物馆	陕西省	其他行业国有博物馆	未定级	自然科技
450	大荔县民俗博物馆	陕西省	非国有博物馆	未定级	历史文化
451	合阳县博物馆	陕西省	文物系统国有博物馆	未定级	综合地志
452	澄城县博物馆	陕西省	文物系统国有博物馆	未定级	其他
453	韩城市普照寺博物馆	陕西省	文物系统国有博物馆	未定级	历史文化
454	陕西司马迁史记博物馆	陕西省	非国有博物馆	未定级	历史文化
455	韩城市博物馆	陕西省	文物系统国有博物馆	三级	历史文化
456	韩城市司马迁墓祠博物馆	陕西省	文物系统国有博物馆	未定级	历史文化
457	韩城市梁带村芮国遗址博物馆	陕西省	文物系统国有博物馆	未定级	考古遗址
458	韩城市大禹庙博物馆	陕西省	文物系统国有博物馆	未定级	历史文化
459	西岳庙博物馆	陕西省	文物系统国有博物馆	未定级	历史文化

续表

序号	博物馆名称	区域	性质	质量等级	题材类型
460	保安革命旧址纪念馆	陕西省	文物系统国有博物馆	未定级	革命纪念
461	中央红军长征胜利纪念馆	陕西省	文物系统国有博物馆	未定级	革命纪念
462	吴起革命纪念馆	陕西省	文物系统国有博物馆	未定级	革命纪念
463	富县鄜州博物馆	陕西省	文物系统国有博物馆	未定级	历史文化
464	黄龙县文物管理所	陕西省	文物系统国有博物馆	未定级	历史文化
465	陕西榆林尚古博物馆	陕西省	非国有博物馆	未定级	历史文化
466	陕北民歌博物馆	陕西省	文物系统国有博物馆	未定级	历史文化
467	榆林市公共文化服务中心（余子俊纪念馆）	陕西省	文物系统国有博物馆	未定级	历史文化
468	榆林市榆阳区龙文化博物馆	陕西省	非国有博物馆	未定级	历史文化
469	榆林市公共文化服务中心（榆林民俗博物馆）	陕西省	文物系统国有博物馆	未定级	历史文化
470	榆林朔方博物馆	陕西省	非国有博物馆	未定级	历史文化
471	陕西观止文化艺术博物馆	陕西省	非国有博物馆	未定级	综合地志
472	榆林市公共文化服务中心（榆林汉画像石博物馆）	陕西省	文物系统国有博物馆	未定级	历史文化
473	榆林学院陕北历史文化博物馆	陕西省	其他行业国有博物馆	未定级	历史文化
474	张季鸾纪念馆	陕西省	文物系统国有博物馆	未定级	革命纪念
475	榆林市榆阳区衣拼文化博物馆	陕西省	非国有博物馆	未定级	历史文化
476	邓宝珊将军纪念馆	陕西省	文物系统国有博物馆	未定级	革命纪念

续表

序号	博物馆名称	区域	性质	质量等级	题材类型
477	榆林上郡博物馆	陕西省	非国有博物馆	未定级	历史文化
478	榆林市长城保护中心镇北台长城博物馆	陕西省	文物系统国有博物馆	未定级	考古遗址
479	府谷县红色文化博物馆	陕西省	非国有博物馆	未定级	历史文化
480	府谷县古生物化石博物馆	陕西省	文物系统国有博物馆	未定级	历史文化
481	府谷县富昌博物馆	陕西省	非国有博物馆	未定级	其他
482	府谷县荣河博物馆	陕西省	非国有博物馆	未定级	历史文化
483	黄河流域民俗艺术博物馆	陕西省	非国有博物馆	未定级	其他
484	靖边红色收藏博物馆	陕西省	非国有博物馆	未定级	革命纪念
485	靖边县博物馆	陕西省	文物系统国有博物馆	未定级	历史文化
486	定边三边古陶瓷博物馆	陕西省	非国有博物馆	未定级	历史文化
487	定边县博物馆	陕西省	文物系统国有博物馆	未定级	历史文化
488	榆林市横山区古银州博物馆	陕西省	非国有博物馆	未定级	历史文化
489	神木市神府革命纪念馆	陕西省	其他行业国有博物馆	未定级	革命纪念
490	神木古麟州博物馆	陕西省	非国有博物馆	未定级	历史文化
491	神木市公共文化活动中心（神木市博物馆、神木展览馆）	陕西省	文物系统国有博物馆	未定级	历史文化
492	甘肃永登鲁土司衙门博物馆	甘肃省	文物系统国有博物馆	未定级	历史文化
493	永登县博物馆	甘肃省	文物系统国有博物馆	未定级	历史文化

续表

序号	博物馆名称	区域	性质	质量等级	题材类型
494	中共皋榆工委纪念馆	甘肃省	其他行业国有博物馆	未定级	革命纪念
495	甘肃九源红色文化博物馆	甘肃省	非国有博物馆	未定级	历史文化
496	皋兰县博物馆	甘肃省	文物系统国有博物馆	未定级	历史文化
497	兰州大学博物馆	甘肃省	其他行业国有博物馆	未定级	其他
498	榆中县博物馆	甘肃省	文物系统国有博物馆	三级	历史文化
499	兰州永顺成博物馆	甘肃省	非国有博物馆	未定级	历史文化
500	榆中县张一悟纪念馆	甘肃省	其他行业国有博物馆	未定级	革命纪念
501	金昌市博物馆	甘肃省	文物系统国有博物馆	三级	综合地志
502	金川区镍都开拓者纪念馆	甘肃省	其他行业国有博物馆	未定级	革命纪念
503	金昌市金川区博物馆（美术馆）	甘肃省	文物系统国有博物馆	未定级	历史文化
504	永昌保卫战纪念馆	甘肃省	其他行业国有博物馆	未定级	革命纪念
505	永昌县博物馆	甘肃省	文物系统国有博物馆	未定级	历史文化
506	白银市白银区十方博物馆	甘肃省	非国有博物馆	未定级	其他
507	白银市博物馆	甘肃省	文物系统国有博物馆	二级	综合地志
508	白银市西翼博物馆	甘肃省	非国有博物馆	未定级	历史文化
509	白银国家矿山精神纪念馆	甘肃省	其他行业国有博物馆	未定级	革命纪念
510	红军西征胜利纪念馆	甘肃省	文物系统国有博物馆	未定级	革命纪念

续表

序号	博物馆名称	区域	性质	质量等级	题材类型
511	白银尚文坊博物馆	甘肃省	非国有博物馆	未定级	历史文化
512	白银市平川区博物馆	甘肃省	文物系统国有博物馆	未定级	历史文化
513	靖远县博物馆	甘肃省	文物系统国有博物馆	三级	历史文化
514	靖远县红军渡河战役纪念馆	甘肃省	其他行业国有博物馆	未定级	革命纪念
515	景泰县博物馆	甘肃省	文物系统国有博物馆	未定级	历史文化
516	一条山战役纪念馆	甘肃省	其他行业国有博物馆	未定级	革命纪念
517	武威市博物馆	甘肃省	文物系统国有博物馆	三级	历史文化
518	武威市雷台汉文化博物馆	甘肃省	文物系统国有博物馆	未定级	历史文化
519	武威市凉州会盟纪念馆	甘肃省	文物系统国有博物馆	未定级	历史文化
520	凉州战役纪念馆	甘肃省	文物系统国有博物馆	未定级	革命纪念
521	武威市西夏博物馆	甘肃省	文物系统国有博物馆	未定级	历史文化
522	民勤防沙治沙纪念馆	甘肃省	文物系统国有博物馆	未定级	革命纪念
523	民勤县博物馆	甘肃省	文物系统国有博物馆	未定级	历史文化
524	古浪县博物馆	甘肃省	文物系统国有博物馆	未定级	综合地志
525	古浪战役纪念馆	甘肃省	文物系统国有博物馆	未定级	革命纪念
526	天祝藏族自治县博物馆	甘肃省	文物系统国有博物馆	未定级	历史文化
527	张掖市博物馆	甘肃省	文物系统国有博物馆	未定级	综合地志

续表

序号	博物馆名称	区域	性质	质量等级	题材类型
528	甘州区博物馆	甘肃省	文物系统国有博物馆	二级	综合地志
529	张掖湿地博物馆	甘肃省	其他行业国有博物馆	未定级	自然科技
530	张掖市三缘博物馆	甘肃省	非国有博物馆	未定级	艺术
531	张掖市金阳丝路文化博物馆	甘肃省	非国有博物馆	未定级	历史文化
532	张掖市甘州区西路军烈士纪念馆	甘肃省	文物系统国有博物馆	未定级	革命纪念
533	张掖市边塞文化博物馆	甘肃省	非国有博物馆	未定级	历史文化
534	石窝会议纪念馆	甘肃省	其他行业国有博物馆	未定级	革命纪念
535	肃南裕固族自治县民族博物馆	甘肃省	文物系统国有博物馆	未定级	历史文化
536	民乐县博物馆	甘肃省	文物系统国有博物馆	未定级	历史文化
537	临泽县博物馆	甘肃省	文物系统国有博物馆	未定级	历史文化
538	梨园口战役纪念馆	甘肃省	其他行业国有博物馆	未定级	革命纪念
539	高台县博物馆	甘肃省	文物系统国有博物馆	三级	综合地志
540	高台县西部七连环国博物馆	甘肃省	非国有博物馆	未定级	其他
541	中国工农红军西路军纪念馆	甘肃省	其他行业国有博物馆	未定级	革命纪念
542	高台民俗博物馆	甘肃省	非国有博物馆	未定级	历史文化
543	山丹县博物馆（艾黎捐赠文物陈列馆）	甘肃省	文物系统国有博物馆	三级	历史文化
544	山丹艾黎纪念馆	甘肃省	其他行业国有博物馆	未定级	革命纪念

续表

序号	博物馆名称	区域	性质	质量等级	题材类型
545	静宁县界石铺红军长征毛泽东旧居纪念馆	甘肃省	其他行业国有博物馆	未定级	革命纪念
546	静宁县博物馆	甘肃省	文物系统国有博物馆	三级	历史文化
547	酒泉市裕固族民俗博物馆	甘肃省	其他行业国有博物馆	未定级	历史文化
548	酒泉市肃州区博物馆	甘肃省	文物系统国有博物馆	未定级	历史文化
549	酒泉市博物馆	甘肃省	文物系统国有博物馆	二级	历史文化
550	酒泉市钰盛缘玉石博物馆	甘肃省	非国有博物馆	未定级	历史文化
551	酒泉酒文化博物馆	甘肃省	非国有博物馆	未定级	其他
552	左宗棠陈列馆	甘肃省	其他行业国有博物馆	未定级	历史文化
553	甘肃公路博物馆	甘肃省	其他行业国有博物馆	未定级	革命纪念
554	中国酒泉卫星发射中心历史展览馆	甘肃省	其他行业国有博物馆	未定级	革命纪念
555	酒泉起义纪念馆	甘肃省	文物系统国有博物馆	未定级	革命纪念
556	酒泉市天宝石文化博物馆	甘肃省	非国有博物馆	未定级	其他
557	酒泉民俗博物馆	甘肃省	非国有博物馆	未定级	历史文化
558	金塔县博物馆	甘肃省	文物系统国有博物馆	未定级	历史文化
559	瓜州县博物馆	甘肃省	文物系统国有博物馆	未定级	综合地志
560	瓜州县丝绸之路艺术博物馆	甘肃省	非国有博物馆	未定级	历史文化
561	红西路军安西战役纪念馆	甘肃省	文物系统国有博物馆	未定级	革命纪念

续表

序号	博物馆名称	区域	性质	质量等级	题材类型
562	瓜州县桥湾博物馆	甘肃省	非国有博物馆	未定级	历史文化
563	玉门市博物馆	甘肃省	文物系统国有博物馆	二级	历史文化
564	玉门红色文化博物馆	甘肃省	非国有博物馆	未定级	革命纪念
565	玉门铁人王进喜纪念馆	甘肃省	文物系统国有博物馆	未定级	革命纪念
566	玉门龙鼎酒文化博物馆	甘肃省	非国有博物馆	未定级	其他
567	敦煌研究院	甘肃省	文物系统国有博物馆	一级	考古遗址
568	敦煌市皇宝地矿博物馆	甘肃省	非国有博物馆	未定级	其他
569	玉门关遗址陈列展览馆	甘肃省	文物系统国有博物馆	未定级	历史文化
570	甘肃敦煌阳关国家级自然保护区动植物标本展览馆	甘肃省	其他行业国有博物馆	未定级	自然科技
571	敦煌雅丹国家地质公园地学博物馆	甘肃省	其他行业国有博物馆	未定级	其他
572	敦煌自然博物馆	甘肃省	其他行业国有博物馆	未定级	自然科技
573	敦煌市阳关博物馆	甘肃省	非国有博物馆	未定级	历史文化
574	敦煌市博物馆	甘肃省	文物系统国有博物馆	二级	历史文化
575	环县博物馆	甘肃省	文物系统国有博物馆	三级	综合地志
576	山城堡战役纪念馆	甘肃省	其他行业国有博物馆	未定级	革命纪念
577	南梁革命纪念馆	甘肃省	其他行业国有博物馆	二级	革命纪念
578	华池县博物馆	甘肃省	文物系统国有博物馆	未定级	历史文化

续表

序号	博物馆名称	区域	性质	质量等级	题材类型
579	屯字镇战役纪念馆	甘肃省	其他行业国有博物馆	未定级	革命纪念
580	镇原县博物馆	甘肃省	文物系统国有博物馆	三级	历史文化
581	通渭县博物馆	甘肃省	文物系统国有博物馆	未定级	历史文化
582	中共中央政治局榜罗会议纪念馆	甘肃省	文物系统国有博物馆	未定级	革命纪念
583	定西陇中皮影博物馆	甘肃省	非国有博物馆	未定级	历史文化
584	陇西县耕读博物馆	甘肃省	非国有博物馆	未定级	历史文化
585	甘肃省陇西县博物馆	甘肃省	文物系统国有博物馆	未定级	综合地志
586	渭源县博物馆	甘肃省	文物系统国有博物馆	未定级	历史文化
587	渭源县苏维埃政府纪念馆	甘肃省	其他行业国有博物馆	未定级	革命纪念
588	甘肃马家窑彩陶文化博物馆	甘肃省	非国有博物馆	未定级	历史文化
589	临洮洮河石文化博物馆	甘肃省	非国有博物馆	未定级	艺术
590	临洮县博物馆	甘肃省	文物系统国有博物馆	未定级	历史文化
591	临洮县陇右革命纪念馆	甘肃省	其他行业国有博物馆	未定级	革命纪念
592	永靖县博物馆	甘肃省	文物系统国有博物馆	未定级	历史文化
593	刘家峡恐龙馆	甘肃省	其他行业国有博物馆	未定级	自然科技
594	西北师范大学博物馆	甘肃省	其他行业国有博物馆	未定级	综合地志
595	兰州市地震博物馆	甘肃省	其他行业国有博物馆	未定级	自然科技

续表

序号	博物馆名称	区域	性质	质量等级	题材类型
596	甘肃中医药大学博物馆	甘肃省	其他行业国有博物馆	未定级	其他
597	甘肃三木自行车博物馆	甘肃省	非国有博物馆	三级	其他
598	八路军兰州办事处纪念馆	甘肃省	文物系统国有博物馆	未定级	革命纪念
599	兰州市博物馆	甘肃省	文物系统国有博物馆	二级	综合地志
600	甘肃龙源博物馆	甘肃省	非国有博物馆	未定级	综合地志
601	甘肃地质博物馆	甘肃省	其他行业国有博物馆	未定级	自然科技
602	兰州市城关区中共甘肃工委纪念馆	甘肃省	其他行业国有博物馆	未定级	革命纪念
603	西北民族大学西北民族博物馆	甘肃省	文物系统国有博物馆	未定级	历史文化
604	兰州非物质文化遗产陈列馆	甘肃省	非国有博物馆	未定级	历史文化
605	甘肃四方博物馆	甘肃省	非国有博物馆	未定级	历史文化
606	秦陵博物馆	甘肃省	文物系统国有博物馆	未定级	艺术
607	甘肃天庆博物馆	甘肃省	非国有博物馆	未定级	历史文化
608	甘肃钱币博物馆	甘肃省	其他行业国有博物馆	未定级	历史文化
609	甘肃简牍博物馆	甘肃省	文物系统国有博物馆	未定级	历史文化
610	兰州彩陶艺术博物馆	甘肃省	非国有博物馆	未定级	其他
611	甘肃省博物馆	甘肃省	文物系统国有博物馆	一级	综合地志
612	兰州战役纪念馆	甘肃省	其他行业国有博物馆	未定级	革命纪念

续表

序号	博物馆名称	区域	性质	质量等级	题材类型
613	兰州瑞宝园博物馆	甘肃省	非国有博物馆	未定级	其他
614	兰州市西固区博物馆	甘肃省	文物系统国有博物馆	未定级	历史文化
615	嘉峪关博古轩博物馆	甘肃省	非国有博物馆	未定级	艺术
616	嘉峪关新城魏晋壁画墓博物馆	甘肃省	文物系统国有博物馆	未定级	历史文化
617	嘉峪关史前文化博物馆	甘肃省	非国有博物馆	未定级	历史文化
618	嘉峪关城市博物馆	甘肃省	文物系统国有博物馆	未定级	其他
619	嘉峪关观复丝路博物馆	甘肃省	非国有博物馆	三级	历史文化
620	嘉峪关长城博物馆	甘肃省	文物系统国有博物馆	未定级	历史文化
621	嘉峪关雄关博物馆	甘肃省	非国有博物馆	未定级	历史文化
622	青海省国安艺术博物馆	青海省	非国有博物馆	未定级	艺术
623	青海新丝路丝绸文化博物馆	青海省	非国有博物馆	未定级	历史文化
624	中国工农红军西路军纪念馆	青海省	其他行业国有博物馆	未定级	革命纪念
625	青海雪域民俗博物馆	青海省	非国有博物馆	未定级	历史文化
626	青海省马生祥民族文化博物馆	青海省	非国有博物馆	未定级	历史文化
627	湟源县博物馆	青海省	文物系统国有博物馆	未定级	综合地志
628	青海省互助县古道博物馆	青海省	非国有博物馆	未定级	历史文化
629	喇家遗址博物馆	青海省	文物系统国有博物馆	未定级	考古遗址

续表

序号	博物馆名称	区域	性质	质量等级	题材类型
630	民和县博物馆	青海省	文物系统国有博物馆	未定级	历史文化
631	互助土族自治县博物馆	青海省	文物系统国有博物馆	三级	综合地志
632	贵德县博物馆	青海省	文物系统国有博物馆	未定级	历史文化
633	西宁市博物馆	青海省	文物系统国有博物馆	未定级	综合地志
634	青海青藏高原自然博物馆有限公司	青海省	其他行业国有博物馆	未定级	自然科技
635	青海藏医药文化博物馆	青海省	其他行业国有博物馆	一级	其他
636	青海藏文化馆	青海省	非国有博物馆	未定级	其他
637	西宁市湟中区博物馆	青海省	文物系统国有博物馆	二级	历史文化
638	青海柳湾彩陶博物馆	青海省	文物系统国有博物馆	二级	考古遗址
639	海东市乐都区博物馆	青海省	文物系统国有博物馆	未定级	其他
640	海东市平安区博物馆	青海省	文物系统国有博物馆	未定级	历史文化
641	银川市复朴博物馆	宁夏回族自治区	非国有博物馆	未定级	艺术
642	宁夏中医药博物馆	宁夏回族自治区	其他行业国有博物馆	未定级	其他
643	银川市兴庆区民俗文化博物馆	宁夏回族自治区	非国有博物馆	未定级	其他
644	银川市兴庆区黄河古渡博物馆	宁夏回族自治区	非国有博物馆	未定级	历史文化
645	宁夏奇石馆	宁夏回族自治区	非国有博物馆	未定级	自然科技
646	宁夏邮政博物馆	宁夏回族自治区	其他行业国有博物馆	未定级	其他

续表

序号	博物馆名称	区域	性质	质量等级	题材类型
647	宁夏万宝博物馆	宁夏回族自治区	非国有博物馆	未定级	综合地志
648	西夏博物馆	宁夏回族自治区	文物系统国有博物馆	二级	考古遗址
649	银川王敬平美术馆	宁夏回族自治区	非国有博物馆	未定级	艺术
650	宁夏工委纪念馆暨永宁县党史党性廉政教育基地	宁夏回族自治区	其他行业国有博物馆	未定级	革命纪念
651	宁夏回族博物馆	宁夏回族自治区	非国有博物馆	未定级	其他
652	银川韦美林艺术馆	宁夏回族自治区	其他行业国有博物馆	未定级	艺术
653	银川市雷锋纪念馆	宁夏回族自治区	非国有博物馆	未定级	革命纪念
654	贺兰山自然博物馆	宁夏回族自治区	其他行业国有博物馆	三级	自然科技
655	银川世界岩画馆	宁夏回族自治区	文物系统国有博物馆	二级	历史文化
656	宁夏百瑞源枸杞博物馆	宁夏回族自治区	非国有博物馆	未定级	其他
657	宁夏质量文化博物馆	宁夏回族自治区	其他行业国有博物馆	未定级	自然科技
658	水洞沟遗址博物馆	宁夏回族自治区	非国有博物馆	未定级	考古遗址
659	灵武市博物馆	宁夏回族自治区	文物系统国有博物馆	未定级	综合地志
660	全国防沙治沙展览馆	宁夏回族自治区	其他行业国有博物馆	未定级	自然科技
661	国务院直属干部学校历史陈列馆	宁夏回族自治区	其他行业国有博物馆	未定级	历史文化
662	贺兰山生态博物馆	宁夏回族自治区	文物系统国有博物馆	未定级	自然科技
663	石嘴山市博物馆	宁夏回族自治区	文物系统国有博物馆	三级	综合地志

续表

序号	博物馆名称	区域	性质	质量等级	题材类型
664	大武口区民俗文化博物馆	宁夏回族自治区	非国有博物馆	未定级	历史文化
665	宁夏煤炭地质博物馆	宁夏回族自治区	文物系统国有博物馆	未定级	综合地志
666	宁夏农垦博物馆	宁夏回族自治区	其他行业国有博物馆	未定级	自然科技
667	宁夏湿地博物馆	宁夏回族自治区	其他行业国有博物馆	未定级	自然科技
668	塞上江南博物馆	宁夏回族自治区	文物系统国有博物馆	未定级	其他
669	吴忠市博物馆	宁夏回族自治区	文物系统国有博物馆	三级	历史文化
670	吴忠市利通区牛家坊农耕民俗文化博物馆	宁夏回族自治区	非国有博物馆	未定级	其他
671	大水坑镇石油博物馆	宁夏回族自治区	其他行业国有博物馆	未定级	自然科技
672	盐池县张家场博物馆	宁夏回族自治区	文物系统国有博物馆	未定级	历史文化
673	盐池县革命历史纪念馆	宁夏回族自治区	文物系统国有博物馆	未定级	革命纪念
674	盐池县博物馆	宁夏回族自治区	文物系统国有博物馆	三级	历史文化
675	宁夏长城博物馆	宁夏回族自治区	文物系统国有博物馆	未定级	历史文化
676	同心县红军西征纪念馆	宁夏回族自治区	文物系统国有博物馆	未定级	革命纪念
677	同心县革命烈士纪念馆	宁夏回族自治区	其他行业国有博物馆	未定级	革命纪念
678	陕甘宁省豫海县回民自治政府办公旧址	宁夏回族自治区	文物系统国有博物馆	未定级	革命纪念
679	同心县博物馆	宁夏回族自治区	文物系统国有博物馆	未定级	综合地志
680	宁夏水利博物馆	宁夏回族自治区	其他行业国有博物馆	未定级	综合地志

续表

序号	博物馆名称	区域	性质	质量等级	题材类型
681	黄河楼	宁夏回族自治区	其他行业国有博物馆	未定级	其他
682	须弥山博物馆	宁夏回族自治区	其他行业国有博物馆	未定级	历史文化
683	西北农耕博物馆	宁夏回族自治区	文物系统国有博物馆	二级	历史文化
684	宁夏回族自治区固原博物馆	宁夏回族自治区	文物系统国有博物馆	一级	历史文化
685	西吉县将台堡红军长征会师纪念园	宁夏回族自治区	文物系统国有博物馆	未定级	革命纪念
686	西吉博物馆	宁夏回族自治区	文物系统国有博物馆	未定级	综合地志
687	火石寨地质博物馆	宁夏回族自治区	其他行业国有博物馆	未定级	自然科技
688	彭阳县博物馆	宁夏回族自治区	文物系统国有博物馆	未定级	综合地志
689	中卫市博物馆	宁夏回族自治区	文物系统国有博物馆	未定级	历史文化
690	中卫市黄河奇石博物馆	宁夏回族自治区	非国有博物馆	未定级	艺术
691	沙漠博物馆	宁夏回族自治区	其他行业国有博物馆	未定级	自然科技
692	双龙山石窟文物陈列馆	宁夏回族自治区	文物系统国有博物馆	未定级	历史文化
693	海原县博物馆	宁夏回族自治区	文物系统国有博物馆	未定级	综合地志
694	海原县金福博物馆	宁夏回族自治区	非国有博物馆	未定级	其他
695	海原县地震博物馆	宁夏回族自治区	文物系统国有博物馆	未定级	自然科技
696	宁夏移民博物馆	宁夏回族自治区	文物系统国有博物馆	未定级	历史文化
697	鄯善县博物馆	新疆维吾尔自治区	文物系统国有博物馆	未定级	其他

续表

序号	博物馆名称	区域	性质	质量等级	题材类型
698	吐鲁番博物馆	新疆维吾尔自治区	文物系统国有博物馆	一级	综合地志
699	哈密市博物馆	新疆维吾尔自治区	文物系统国有博物馆	二级	综合地志
700	哈密市伊州区博物馆	新疆维吾尔自治区	文物系统国有博物馆	未定级	其他
701	杨忠贤纪念馆	新疆维吾尔自治区	文物系统国有博物馆	未定级	革命纪念
702	清代粮仓展陈馆	新疆维吾尔自治区	文物系统国有博物馆	未定级	历史文化
703	松峰书院展陈馆	新疆维吾尔自治区	文物系统国有博物馆	未定级	历史文化
704	巴里坤哈萨克自治县博物馆	新疆维吾尔自治区	文物系统国有博物馆	未定级	历史文化
705	巴里坤印象馆	新疆维吾尔自治区	文物系统国有博物馆	未定级	历史文化
706	哈密市伊吾县博物馆	新疆维吾尔自治区	文物系统国有博物馆	未定级	综合地志
707	阜康市博物馆	新疆维吾尔自治区	文物系统国有博物馆	未定级	综合地志
708	呼图壁县博物馆	新疆维吾尔自治区	文物系统国有博物馆	未定级	综合地志
709	乐土驿·驿站博物馆	新疆维吾尔自治区	其他行业国有博物馆	未定级	历史文化
710	玛纳斯县博物馆	新疆维吾尔自治区	文物系统国有博物馆	三级	综合地志
711	玛纳斯县广东地乡遐凯红色记忆藏品展览馆	新疆维吾尔自治区	非国有博物馆	未定级	其他
712	奇台县博物馆	新疆维吾尔自治区	文物系统国有博物馆	未定级	历史文化
713	吉木萨尔县博物馆	新疆维吾尔自治区	文物系统国有博物馆	未定级	综合地志
714	北庭西寺遗址博物馆	新疆维吾尔自治区	文物系统国有博物馆	未定级	考古遗址

续表

序号	博物馆名称	区域	性质	质量等级	题材类型
715	和硕县文博馆	新疆维吾尔自治区	文物系统国有博物馆	未定级	综合地志
716	轮台县博物馆	新疆维吾尔自治区	文物系统国有博物馆	未定级	历史文化
717	焉耆回族自治县博物馆	新疆维吾尔自治区	文物系统国有博物馆	未定级	历史文化
718	且末县文博馆	新疆维吾尔自治区	文物系统国有博物馆	未定级	历史文化
719	和静县东归博物馆	新疆维吾尔自治区	文物系统国有博物馆	未定级	历史文化
720	若羌县楼兰博物馆	新疆维吾尔自治区	文物系统国有博物馆	未定级	历史文化
721	尉犁县罗布淖尔博物馆	新疆维吾尔自治区	文物系统国有博物馆	未定级	综合地志
722	柯柯牙纪念馆	新疆维吾尔自治区	其他行业国有博物馆	未定级	自然科技
723	库车市龟兹博物馆	新疆维吾尔自治区	文物系统国有博物馆	未定级	历史文化
724	库车市林基路烈士纪念馆	新疆维吾尔自治区	文物系统国有博物馆	未定级	革命纪念
725	沙雅县博物馆	新疆维吾尔自治区	文物系统国有博物馆	未定级	历史文化
726	新和县龟兹文化博物馆	新疆维吾尔自治区	文物系统国有博物馆	未定级	历史文化
727	拜城县博物馆	新疆维吾尔自治区	文物系统国有博物馆	未定级	历史文化
728	乌什县博物馆	新疆维吾尔自治区	文物系统国有博物馆	未定级	综合地志
729	阿瓦提县博物馆	新疆维吾尔自治区	文物系统国有博物馆	未定级	其他
730	柯坪县博物馆	新疆维吾尔自治区	文物系统国有博物馆	未定级	历史文化
731	克州博物馆	新疆维吾尔自治区	文物系统国有博物馆	未定级	综合地志

续表

序号	博物馆名称	区域	性质	质量等级	题材类型
732	丝绸之路·莎车博物馆	新疆维吾尔自治区	文物系统国有博物馆	未定级	综合地志
733	巴楚县博物馆	新疆维吾尔自治区	文物系统国有博物馆	未定级	历史文化
734	疏附县麻赫穆德·喀什噶里博物馆	新疆维吾尔自治区	文物系统国有博物馆	未定级	历史文化
735	叶城博物馆	新疆维吾尔自治区	文物系统国有博物馆	未定级	历史文化
736	英吉沙县博物馆	新疆维吾尔自治区	文物系统国有博物馆	未定级	历史文化
737	塔什库尔干县博物馆	新疆维吾尔自治区	文物系统国有博物馆	未定级	历史文化
738	和田地区博物馆	新疆维吾尔自治区	文物系统国有博物馆	三级	历史文化
739	新疆屯垦历史博物馆	新疆生产建设兵团	文物系统国有博物馆	未定级	历史文化

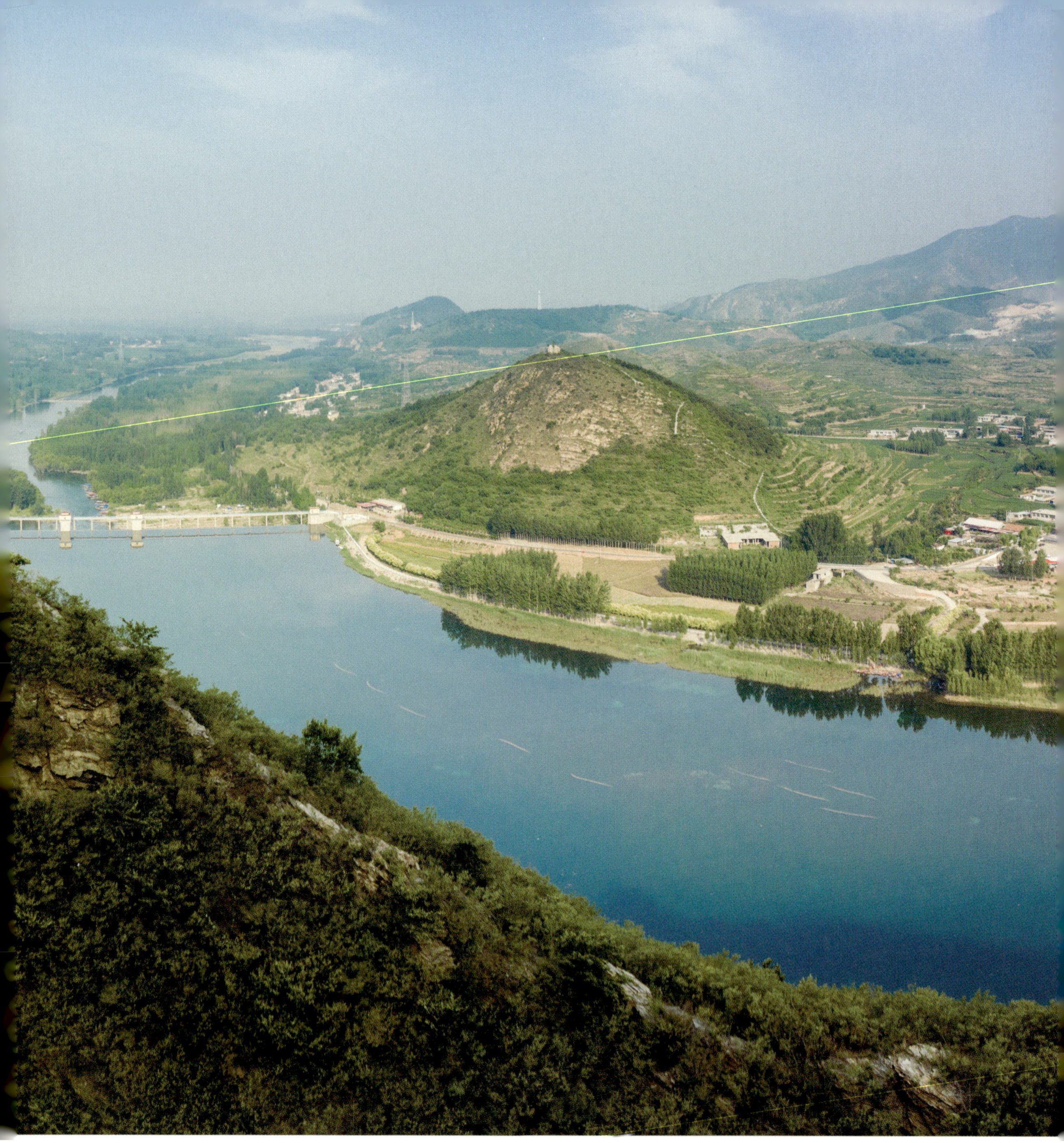

桃林口长城（于文江拍摄）

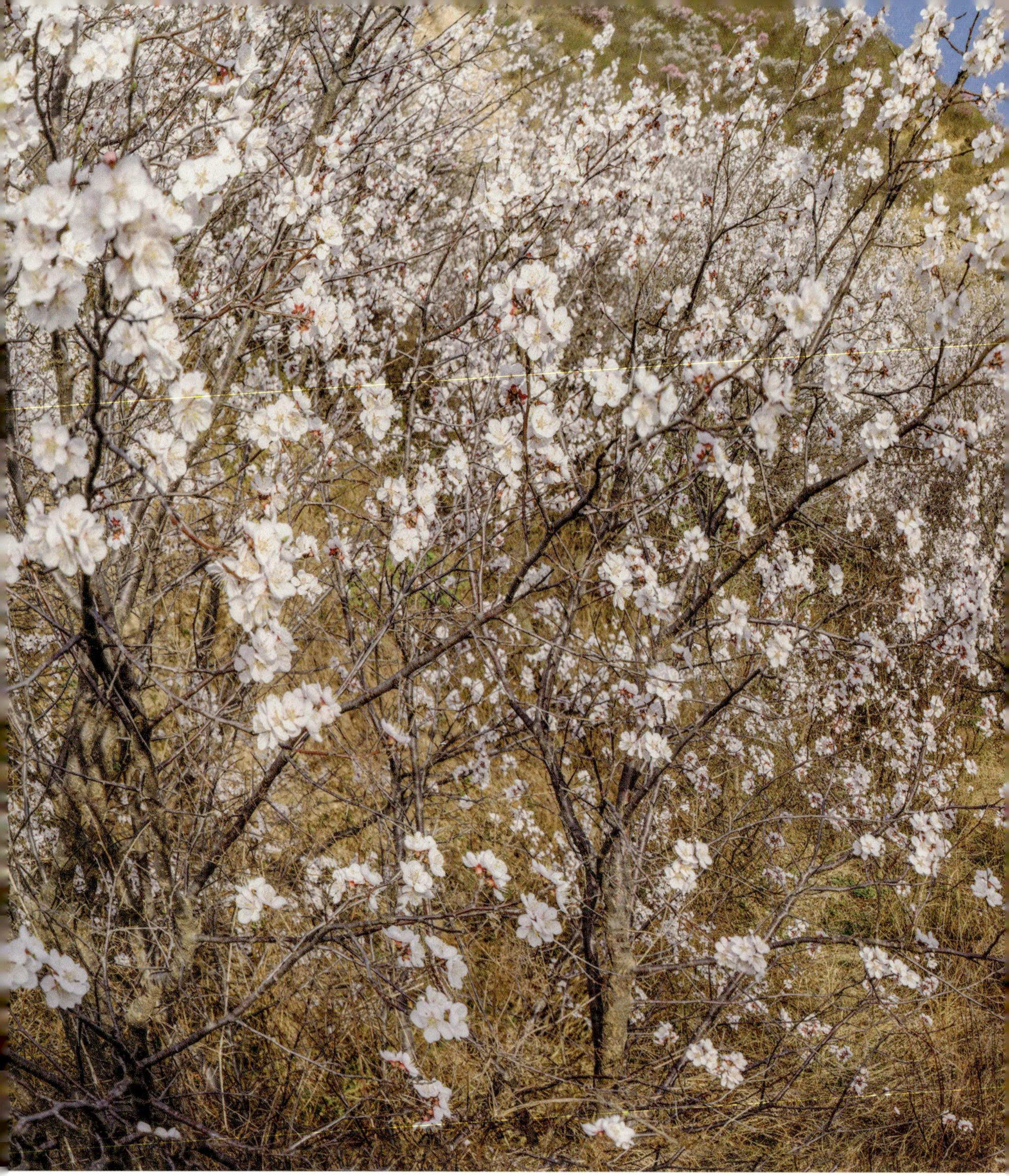

宁夏平罗县崇港镇明长城（张骅拍摄）

附录

附录1 调研团队核心成员一览表

姓名	单位与职务（职称）	调研职责
刘曙光	中国博物馆协会理事长	中国博物馆协会项目负责人：统筹调研工作方向与专家团队人员、协调研究资源、指导与把关成果撰写、对外发布成果。
张朝枝	2024年前：中山大学旅游学院教授 2024年后：复旦大学旅游学系教授 联合国教科文组织名录遗产地可持续旅游教席主持人	中山大学旅游学院项目负责人：课题总体设计、人员统筹、质量把控、提出关键问题、组织执行调研工作、协调研究资源、指导与把关成果撰写、对外发布成果。
卫忠	宁夏回族自治区文史研究馆馆长	指导专家：参与2022年宁夏长城沿线博物馆实地调研数据采集，组织"长城沿线博物馆、纪念馆、乡村博物馆建设与展览数字化传播项目启动暨宁夏段座谈会"，为项目调研执行方案、成果撰写提供考古文博方面专业指导。
周魁英	陕西省文物局一级巡视员	指导专家：参与2023年甘肃长城沿线博物馆实地调研数据采集，为项目调研执行方案、成果撰写提供考古文博方面专业指导。
张依萌	中国文化遗产研究院副研究员	指导专家：参与2022年宁夏长城沿线博物馆实地调研数据采集，为项目调研执行方案、成果撰写提供考古文博方面专业指导。
毛若寒	浙江大学艺术与考古学院"百人计划"研究员	指导专家：参与2022年宁夏长城沿线博物馆实地调研数据采集，为项目调研执行方案、成果撰写提供考古文博方面专业指导。
周鼎凯	二里头夏都遗址博物馆馆员，借调中国博物馆协会秘书处工作	参与甘肃长城沿线博物馆实地调研数据采集，策划组织"大同长城沿线博物馆、纪念馆、乡村博物馆研讨班"活动。
顾婷	时任中国博物馆协会腾博基金项目部主任	负责项目对接联系、协调长城沿线文物、博物馆行政部门提供实地调研支持，参与组织"大同长城沿线博物馆、纪念馆、乡村博物馆研讨班"活动。

续表

姓名	单位与职务（职称）	调研职责
林丫丫	中国博物馆协会腾博基金项目部主任	对接联系、跟进腾博基金项目执行进度、调研成果宣传推广。
周小凤	中山大学旅游学院助理研究员	中山大学旅游学院项目组组长；参与课题总体设计、对接联系、统筹组织人员执行调研工作、数据采集与分析、成果撰写与宣传推广。
徐鼎	中山大学旅游学院助理研究员	参与2022年长城沿线博物馆数据采集、长城沿线博物馆数字化传播调研数据整理与分析。
祖拜代·木依布拉	新疆大学旅游学院副教授	参与2023年新疆长城沿线博物馆数据采集。
张茜	中山大学旅游学院博士研究生	参与2022年长城沿线博物馆数据采集与整理分析
王楚涵	中山大学旅游学院博士研究生	参与2022年长城沿线博物馆数据采集与整理分析及长城文化数字化传播主题报告成果撰写。
张文鼎	中山大学旅游学院博士研究生	参与2022年长城沿线博物馆数据采集与整理分析。
杨继荣	中山大学旅游学院博士研究生	参与2023年甘肃长城沿线博物馆实地调研数据采集与整理。
崔璨	中山大学旅游学院博士研究生	参与2023年甘肃长城沿线博物馆实地调研数据采集与整理。
蒋钦宇	中山大学旅游学院硕士研究生	参与2022年长城沿线博物馆数据采集与整理，及长城主题博物馆与京津冀长城沿线博物馆相关数据整理与分析。
曾晓茵	中山大学旅游学院硕士研究生	参与2023年甘肃长城沿线博物馆实地调研数据采集与整理，及长城沿线备案博物馆与京津冀长城沿线博物馆相关数据整理与分析。
杨晓鹏	中山大学旅游学院硕士研究生	参与2023年甘宁新长城沿线博物馆相关数据整理与分析。

续表

姓名	单位与职务（职称）	调研职责
李渊萌	中山大学旅游学院本科生	参与2022年长城沿线博物馆数据采集与整理，剪辑长城沿线博物馆调研纪录片与宣传片。
许云鹏	中山大学旅游学院科研助理	参与2023年甘肃长城沿线博物馆实地调研数据采集与整理，及陕晋蒙长城沿线博物馆相关数据整理与分析。
周紫晴	中山大学旅游学院本科生	参与2022年长城沿线博物馆数据采集与整理，及长城主题博物馆与甘宁新长城沿线博物馆相关数据整理与分析。
焦青青	中山大学旅游学院本科生	参与2022年长城沿线博物馆数据采集与整理，及2023年山西、内蒙古、北京长城沿线博物馆数据采集；参与长城沿线备案博物馆、长城主题博物馆与陕晋蒙相关数据整理与分析。
王志琦	中山大学旅游学院本科生	参与2023年甘肃长城沿线博物馆实地调研数据采集，剪辑长城沿线博物馆调研成果宣传片。

附录2 长城资源调研一览表

序号	长城资源	省（自治区、直辖市）	市（区、州）	县（市、区、旗）	调研日期
1	镇北堡	宁夏回族自治区	银川市	西夏区	
2	明长城灵武段	宁夏回族自治区	银川市	灵武市	
3	明长城永宁段	宁夏回族自治区	银川市	永宁县	
4	下马关古城	宁夏回族自治区	吴忠市	同心县	
5	战国秦长城彭阳段	宁夏回族自治区	固原市	彭阳县	
6	战国秦长城原州区段	宁夏回族自治区	固原市	原州区	2022 0722—0729
7	兴武营遗址	宁夏回族自治区	吴忠市	盐池县	
8	高平堡遗址	宁夏回族自治区	吴忠市	盐池县	
9	明长城盐池段	宁夏回族自治区	吴忠市	盐池县	
10	隋长城盐池段	宁夏回族自治区	吴忠市	盐池县	
11	花马池古城	宁夏回族自治区	吴忠市	盐池县	
12	明长城盐场堡镇段	陕西省	榆林市	定边县	
13	明长城遗址定边段	陕西省	榆林市	定边县	
14	安边堡遗址	陕西省	榆林市	定边县	
15	明长城镇北台段	陕西省	榆林市	榆阳区	2022 0730—0802
16	易马城遗址	陕西省	榆林市	榆阳区	
17	榆林卫城	陕西省	榆林市	榆阳区	
18	高家堡	陕西省	榆林市	神木市	
19	朱家寨村寨则山烽火台	陕西省	榆林市	神木市	

续表

序号	长城资源	省（自治区、直辖市）	市（区、州）	县（市、区、旗）	调研日期
20	大同古城城墙遗址	山西省	大同市	平城区	
21	残虎堡遗址	山西省	朔州市	右玉县	
22	杀虎堡遗址	山西省	朔州市	右玉县	2022 0803—0807
23	山西长城一号旅游公路	山西省	朔州市	右玉县	
24	助马堡	山西省	大同市	新荣区	
25	明长城大境门段	河北省	张家口市	桥西区	
26	来远堡遗址	河北省	张家口市	桥西区	
27	万全卫城	河北省	张家口市	万全区	2022 0807—0812
28	土木堡遗址	河北省	张家口市	怀来县	
29	羊儿岭营城遗址	河北省	张家口市	怀来县	
30	岔道古城	北京市	北京市	延庆区	
31	柳沟古城	北京市	北京市	延庆区	
32	九眼楼长城	北京市	北京市	延庆区	
33	火焰山营盘遗址	北京市	北京市	延庆区	
34	明长城古北镇段	北京市	北京市	密云区	
35	古北口营城	北京市	北京市	密云区	2022 0812—0820
36	长城抗战纪念设施：长城抗战古北口战役阵亡将士公墓、古北口长城抗战七勇士纪念碑、古北侵华日军投降旧址	北京市	北京市	密云区	

续表

序号	长城资源	省（自治区、直辖市）	市（区、州）	县（市、区、旗）	调研日期
37	明长城新河驿段	甘肃省	张掖市	山丹县	
38	金山子烽燧	甘肃省	张掖市	山丹县	
39	峡口古堡	甘肃省	张掖市	山丹县	
40	锁控金川遗址	甘肃省	张掖市	山丹县	2023
41	明长城古浪段	甘肃省	武威市	古浪县	0605—0610
42	嘉峪关关城	甘肃省	嘉峪关市	—	
43	明长城天祝县乌鞘岭—松山段	甘肃省	武威市	天祝藏族自治县	
44	战国秦长城临洮段	甘肃省	定西市	临洮县	
45	上营城堡	北京市	北京市	平谷区	2023
46	将军关	北京市	北京市	平谷区	0611—0616
47	明长城箭扣段	北京市	北京市	怀柔区	
48	得胜堡	山西省	大同市	新荣区	2023
49	明长城李二口段	山西省	大同市	天镇县	0724—0728
50	明长城隆盛庄段	内蒙古自治区	乌兰察布市	丰镇市	
51	九十九泉长城遗址五道沟障城	内蒙古自治区	乌兰察布市	察哈尔右翼中旗	2023 0728—0731
52	明长城二边—凉城段	内蒙古自治区	乌兰察布市	凉城县	
53	明长城八达岭段	北京市	北京市	延庆区	
54	明长城居庸关段	北京市	北京市	昌平区	2023
55	长峪城	北京市	北京市	昌平区	0922—0926
56	司马台长城	北京市	北京市	密云区	
57	司马台城堡	北京市	北京市	密云区	

续表

序号	长城资源	省（自治区、直辖市）	市（区、州）	县（市、区、旗）	调研日期
58	克黑墩烽火台	新疆维吾尔自治区	阿克苏地区	库车市	2023 1026—1112
59	克孜尔尕哈烽燧	新疆维吾尔自治区	阿克苏地区	库车市	
60	连木沁大墩烽火台	新疆维吾尔自治区	吐鲁番市	鄯善县	2023 1128—1202
61	木尔吐克萨依烽燧	新疆维吾尔自治区	吐鲁番市	高昌区	
62	七泉湖萨依烽火台	新疆维吾尔自治区	吐鲁番市	高昌区	
63	拉依苏东烽火台——汉	新疆维吾尔自治区	巴音郭楞蒙古自治州	轮台县	
64	拉依苏东烽火台——唐	新疆维吾尔自治区	巴音郭楞蒙古自治州	轮台县	
65	卡里塔烽火台	新疆维吾尔自治区	巴音郭楞蒙古自治州	尉犁县	
66	克亚克库都克烽燧	新疆维吾尔自治区	巴音郭楞蒙古自治州	尉犁县	2023 1207—1219
67	米兰东北烽火台	新疆维吾尔自治区	巴音郭楞蒙古自治州	若羌县	
68	米兰古城戍堡遗址	新疆维吾尔自治区	巴音郭楞蒙古自治州	若羌县	
69	吾塔木乡烽火台	新疆维吾尔自治区	巴音郭楞蒙古自治州	若羌县	
70	边关墩烽燧	新疆维吾尔自治区	哈密市	伊州区	
71	拉甫却克古城遗址	新疆维吾尔自治区	哈密市	伊州区	

附录3　长城沿线博物馆调研一览表

编码	长城沿线博物馆	省（自治区、直辖市）	市（区、州）	县（市、区、旗）	调研日期
M01	宁夏回族自治区博物馆	宁夏回族自治区	银川市	金凤区	
M02	西夏博物馆	宁夏回族自治区	银川市	西夏区	
M03	镇北堡古代家具展厅	宁夏回族自治区	银川市	西夏区	
M04	张贤亮纪念馆	宁夏回族自治区	银川市	西夏区	
M05	宁夏长城非物质文化遗产展览馆（规划）	宁夏回族自治区	银川市	灵武市	
M06	水洞沟遗址博物馆	宁夏回族自治区	银川市	灵武市	
M07	水洞沟宁夏长城博物馆	宁夏回族自治区	银川市	灵武市	
M08	宁夏自族自治区固原博物馆	宁夏回族自治区	固原市	原州区	
M09	彭阳县博物馆	宁夏回族自治区	固原市	彭阳县	2022 0722—0729
M10	乔家渠红色廉政展厅（在建）	宁夏回族自治区	固原市	彭阳县	
M11	战国秦长城博物馆（在建）	宁夏回族自治区	固原市	原州区	
M12	西北农耕博物馆	宁夏回族自治区	固原市	原州区	
M13	县池县张家场博物馆	宁夏回族自治区	吴忠市	盐池县	
M14	盐池长城民俗博物馆	宁夏回族自治区	吴忠市	盐池县	
M15	盐池县博物馆	宁夏回族自治区	吴忠市	盐池县	
M16	盐池县革命历史纪念馆	宁夏回族自治区	吴忠市	盐池县	
M17	毛泽民纪念馆	宁夏回族自治区	吴忠市	盐池县	
M18	宁夏长城博物馆	宁夏回族自治区	吴忠市	盐池县	

续表

编码	长城沿线博物馆	省（自治区、直辖市）	市（区、州）	县（市、区、旗）	调研日期
M19	陕北长城博物馆	陕西省	榆林市	定边县	
M20	榆林市长城保护中心镇北台长城博物馆	陕西省	榆林市	榆阳区	
M21	红石峡长城博物馆（在建）	陕西省	榆林市	榆阳区	
M22	榆林长城主题展馆	陕西省	榆林市	榆阳区	
M23	余子俊纪念馆	陕西省	榆林市	榆阳区	2022 0722—0729
M24	陕北民歌博物馆	陕西省	榆林市	榆阳区	
M25	陕北民俗博物馆	陕西省	榆林市	榆阳区	
M26	陕北红色藏品陈列馆	陕西省	榆林市	榆阳区	
M27	石峁遗址博物馆（在建）	陕西省	榆林市	神木市	
M28	高家堡长城主题展馆	陕西省	榆林市	神木市	
M29	朱家寨村村史馆	陕西省	榆林市	神木市	
M30	大同市博物馆	山西省	大同市	平城区	
M31	灵丘县博物馆	山西省	大同市	灵丘县	
M32	平型关大捷纪念馆	山西省	大同市	灵丘县	
M33	明堂遗址博物馆	山西省	大同市	平城区	
M34	北朝博物馆	山西省	大同市	平城区	
M35	古代铜造艺术博物馆	山西省	大同市	平城区	
M36	辽金元民族融合博物馆	山西省	大同市	平城区	2022 0803—0807
M37	梁思成纪念馆	山西省	大同市	平城区	
M38	大同红色记忆馆	山西省	大同市	平城区	
M39	周恩来纪念室	山西省	大同市	云冈区	
M40	大同长城文化展馆	山西省	大同市	平城区	
M41	右玉县博物馆	山西省	朔州市	右玉县	
M42	助马堡民俗馆	山西省	大同市	新荣区	

续表

编码	长城沿线博物馆	省（自治区、直辖市）	市（区、州）	县（市、区、旗）	调研日期
M43	张家口市博物馆	河北省	张家口市	桥东区	
M44	中国地质博物馆张家口分馆	河北省	张家口市	桥东区	
M45	张家口市宣化博物馆	河北省	张家口市	宣化区	
M46	赤城县博物馆	河北省	张家口市	赤城县	
M47	张家口长城博物馆	河北省	张家口市	桥西区	
M48	张家口张库大道历史博物馆	河北省	张家口市	桥西区	2022 0807—0812
M49	万全长城卫所博物馆	河北省	张家口市	万全区	
M50	董存瑞纪念馆	河北省	张家口市	怀来县	
M51	太平沟民俗馆	河北省	张家口市	怀来县	
M52	羊儿岭长城乡村活态博物馆	河北省	张家口市	怀来县	
M53	中国怀来湿地博物馆	河北省	张家口市	怀来县	
M54	延庆博物馆	北京市	北京市	延庆区	
M55	中国长城博物馆（改造）	北京市	北京市	延庆区	
M56	古北口长城文化博物馆（规划）	北京市	北京市	密云区	
M57	古北口长城抗战纪念馆	北京市	北京市	密云区	
M58	古北口村历史文化馆	北京市	北京市	密云区	
M59	河西村乡情村史陈列室	北京市	北京市	密云区	2022 0812—0820
M60	平北抗日战争纪念馆	北京市	北京市	延庆区	
M61	柳沟村艾草堂	北京市	北京市	延庆区	
M62	柳沟乡情村史陈列馆	北京市	北京市	延庆区	
M63	柳沟村旱船文化博物馆	北京市	北京市	延庆区	
M64	九眼楼长城文化展厅	北京市	北京市	延庆区	
M65	平北红色第一村纪念馆	北京市	北京市	延庆区	

续表

编码	长城沿线博物馆	省（自治区、直辖市）	市（区、州）	县（市、区、旗）	调研日期
M66	山丹汉明长城博物馆	甘肃省	张掖市	山丹县	
M67	武威市博物馆	甘肃省	武威市	凉州区	
M68	武威市雷台汉文化博物馆	甘肃省	武威市	凉州区	
M69	古浪县博物馆	甘肃省	武威市	古浪县	
M70	天祝藏族自治县博物馆	甘肃省	武威市	天祝藏族自治县	2023 0605—0610
M71	嘉峪关长城博物馆	甘肃省	嘉峪关市	—	
M72	定西市博物馆	甘肃省	定西市	安定区	
M73	安定区博物馆	甘肃省	定西市	安定区	
M74	甘肃省陇西县博物馆	甘肃省	定西市	陇西县	
M75	临洮县博物馆	甘肃省	定西市	临洮县	
M76	甘肃省博物馆	甘肃省	兰州市	七里河区	
M77	北京市平谷区博物馆	北京市	北京市	平谷区	
M78	"山水镇罗营·故事汇"红色山河记忆主题展厅	北京市	北京市	平谷区	2023 0611—0616
M79	镇罗营革命历史纪念展馆	北京市	北京市	平谷区	
M80	大同长城博物馆	山西省	大同市	天镇县	2023 0724—0728
M81	隆盛文化展厅	内蒙古自治区	乌兰察布市	丰镇市	
M82	乌兰察布市博物馆	内蒙古自治区	乌兰察布市	集宁区	
M83	察右中旗博物馆	内蒙古自治区	乌兰察布市	察哈尔右翼中旗	
M84	集宁战役纪念馆	内蒙古自治区	乌兰察布市	集宁区	2023 0728-0731
M85	凉城博物馆	内蒙古自治区	乌兰察布市	凉城县	
M86	绥蒙革命纪念馆	内蒙古自治区	乌兰察布市	凉城县	
M87	凉城县贺龙革命活动纪念馆	内蒙古自治区	乌兰察布市	凉城县	

续表

编码	长城沿线博物馆	省（自治区、直辖市）	市（区、州）	县（市、区、旗）	调研日期
M88	居庸关长城博物馆	北京市	北京市	昌平区	2023 0922—0926
M89	居庸关云台历史文化专题展厅	北京市	北京市	昌平区	
M90	昌平区博物馆	北京市	北京市	昌平区	
M91	狼儿峪村乡情村史陈列室	北京市	北京市	昌平区	
M92	花塔村史博物馆	北京市	北京市	昌平区	
M93	司马台村村史馆	北京市	北京市	密云区	
M94	司马台中国长城自然博物馆	北京市	北京市	密云区	
M95	新疆维吾尔自治区博物馆	新疆维吾尔自治区	乌鲁木齐市	沙依巴克区	2023 1026—1112
M96	新疆美术馆	新疆维吾尔自治区	乌鲁木齐市	沙依巴克区	
M97	喀什博物馆	新疆维吾尔自治区	喀什地区	喀什市	
M98	英吉沙县博物馆	新疆维吾尔自治区	喀什地区	英吉沙县	
M99	英吉沙小刀博物馆	新疆维吾尔自治区	喀什地区	英吉沙县	
M100	叶城县昆仑山河文化展览馆	新疆维吾尔自治区	喀什地区	叶城县	
M101	丝绸之路·莎车博物馆	新疆维吾尔自治区	喀什地区	莎车县	
M102	莎车记忆博物馆	新疆维吾尔自治区	喀什地区	莎车县	
M103	莎车非遗展览馆	新疆维吾尔自治区	喀什地区	莎车县	
M104	疏勒博物馆	新疆维吾尔自治区	喀什地区	疏勒县	
M105	张骞纪念馆	新疆维吾尔自治区	喀什地区	疏勒县	
M106	阿克苏地区文博院（博物馆）	新疆维吾尔自治区	阿克苏地区	阿克苏市	
M107	柯柯牙纪念馆	新疆维吾尔自治区	阿克苏地区	温宿县	
M108	乌什别迭里烽燧长城国家文化馆	新疆维吾尔自治区	阿克苏地区	乌什县	
M109	库车市龟兹博物馆	新疆维吾尔自治区	阿克苏地区	库车市	

续表

编码	长城沿线博物馆	省（自治区、直辖市）	市（区、州）	县（市、区、旗）	调研日期
M110	阿瓦提县刀郎历史文化馆	新疆维吾尔自治区	阿克苏地区	阿瓦提县	
M111	阿瓦提县胡杨文化馆	新疆维吾尔自治区	阿克苏地区	阿瓦提县	
M112	阿瓦提县刀郎民俗文化馆	新疆维吾尔自治区	阿克苏地区	阿瓦提县	2023 1026—1112
M113	克孜尔尕哈烽燧文化展厅	新疆维吾尔自治区	阿克苏地区	库车市	
M114	新和县博物馆	新疆维吾尔自治区	阿克苏地区	新和县	
M115	它乾城印章博物馆	新疆维吾尔自治区	阿克苏地区	沙雅县	
M116	沙雅县博物馆	新疆维吾尔自治区	阿克苏地区	沙雅县	
M117	吐鲁番博物馆	新疆维吾尔自治区	吐鲁番市	高昌区	
M118	坎儿井博物馆	新疆维吾尔自治区	吐鲁番市	高昌区	
M119	铸牢中华民族共同体意识苏公塔陈列馆	新疆维吾尔自治区	吐鲁番市	高昌区	2023 1128—1202
M120	阿斯塔那古墓探秘出土文物陈列厅	新疆维吾尔自治区	吐鲁番市	高昌区	
M121	鄯善县侏罗纪博物馆	新疆维吾尔自治区	吐鲁番市	鄯善县	
M122	巴音郭楞蒙古自治州博物馆	新疆维吾尔自治区	巴音郭楞蒙古自治州	库尔勒市	
M123	库尔勒民俗文化博物馆	新疆维吾尔自治区	巴音郭楞蒙古自治州	库尔勒市	
M124	轮台县博物馆	新疆维吾尔自治区	巴音郭楞蒙古自治州	轮台县	
M125	拉依苏烽燧长城博物馆（在建）	新疆维吾尔自治区	巴音郭楞蒙古自治州	轮台县	2023 1207—1219
M126	七个星佛寺遗址博物馆	新疆维吾尔自治区	巴音郭楞蒙古自治州	焉耆县	
M127	尉犁县罗布淖尔博物馆	新疆维吾尔自治区	巴音郭楞蒙古自治州	尉犁县	
M128	达西展览馆	新疆维吾尔自治区	巴音郭楞蒙古自治州	尉犁县	

续表

编码	长城沿线博物馆	省（自治区、直辖市）	市（区、州）	县（市、区、旗）	调研日期
M129	罗布人民俗展厅	新疆维吾尔自治区	巴音郭楞蒙古自治州	尉犁县	
M130	丝绸之路·长城文化博物馆	新疆维吾尔自治区	巴音郭楞蒙古自治州	尉犁县	
M131	若羌县楼兰博物馆	新疆维吾尔自治区	巴音郭楞蒙古自治州	若羌县	
M132	丝路明珠·米兰古城陈列馆	新疆维吾尔自治区	巴音郭楞蒙古自治州	若羌县	2023 1207—1219
M133	米兰长城遗址博物馆（在建）	新疆维吾尔自治区	巴音郭楞蒙古自治州	若羌县	
M134	哈密市博物馆	新疆维吾尔自治区	哈密市	伊州区	
M135	哈密市非物质文化遗产保护中心	新疆维吾尔自治区	哈密市	伊州区	
M136	中国工农红军西路军进疆纪念馆	新疆维吾尔自治区	哈密市	伊州区	

附录 4　长城沿线博物馆访谈对象一览表

访谈文本编码	受访时间	受访对象	性别
FT1-NXM08	20220726	宁夏回族自治区固原博物馆工作人员	男
FT2-NXM11/12	20220726	战国秦长城博物馆、西北农耕博物馆工作人员	男
FT3-NXM15	20220728	盐池县博物馆工作人员	男
FT4-NXM15	20220728	盐池县博物馆工作人员	男
FT5-NXM18	20220729	宁夏长城博物馆工作人员	女
FT6-NXM14	20220729	盐池长城民俗博物馆工作人员	男
FT7-SAXN1	20220730	盐池县旅游租车公司司机	男
FT8-SAXM19	20220730	陕北长城博物馆工作人员	男
FT9-SAXM20	20220731	榆林市长城保护中心镇北台长城博物馆工作人员	男
FT10-SAXM24	20220731	陕北民歌博物馆工作人员	男
FT11-SAXM24	20220731	陕北民歌博物馆工作人员	女
FT12-SAXM25	20220802	陕北民俗博物馆工作人员	女
FT13-SAXM24	20220802	陕北民歌博物馆工作人员	女
FT14-SXM30	20220804	大同市博物馆工作人员	女
FT15-SXM33/34	20220804	明堂遗址博物馆、北朝博物馆工作人员	女
FT16-SXM35/38	20220804	古代铜造艺术博物馆、大同红色记忆馆工作人员	女
FT17-SXM32	20220805	平型关大捷纪念馆工作人员	男
FT18-SXM32	20220805	平型关大捷纪念馆工作人员	女
FT19-SXM31	20220805	灵丘县博物馆工作人员	男
FT20-SXM31	20220805	灵丘县博物馆工作人员	男
FT21-SXM37	20220806	梁思成纪念馆工作人员	男
FT22-SXN2	20220806	云冈石窟旅游景区工作人员	女

续表

访谈文本编码	受访时间	受访对象	性别
FT23-SXN3	20220806	云冈石窟研究院数字化保护中心工作人员	女
FT24-SXN4	20220806	云冈石窟研究院数字化保护中心工作人员	男
FT25-SXM41	20220807	右玉县博物馆工作人员	男
FT26-SXN5	20220807	右玉县文旅局工作人员	男
FT27-SXM40/42	20220807	大同长城文化展馆、助马堡民俗馆工作人员	男
FT28-SXM40/42	20220807	大同长城文化展馆、助马堡民俗馆工作人员	女
FT29-HBM48	20220809	张家口张库大道历史博物馆工作人员	男
FT30-HBM47	20220810	张家口长城博物馆工作人员	女
FT31-HBM49	20220810	万全长城卫所博物馆工作人员	男
FT32-HBM50	20220811	董存瑞纪念馆工作人员	男
FT33-HBM53	20220811	中国怀来湿地博物馆工作人员	女
FT34-HBM51	20220811	太平沟民俗馆工作人员	男
FT35-HBM52	20220812	羊儿岭长城乡村活态博物馆工作人员	女
FT36-BJM54	20220813	延庆博物馆工作人员	男
FT37-BJM62	20220813	柳沟乡情村史陈列馆工作人员	女
FT38-BJM61/63	20220813	柳沟村艾草堂、柳沟村旱船文化博物馆工作人员	女
FT39-BJM57	20220815	古北口长城抗战纪念馆工作人员	女
FT40-BJM58	20220815	古北口村历史文化馆工作人员	女
FT41-BJM59	20220815	河西村乡情村史陈列室工作人员	男
FT42-BJN6	20220815	古北口镇人民政府办公室工作人员	女
FT43-BJM64	20220819	九眼楼长城文化展厅工作人员	男
FT44-GSM66	20220606	山丹汉明长城博物馆工作人员	女
FT45-GSN7	20220606	山丹县文物局工作人员	男

续表

访谈文本编码	受访时间	受访对象	性别
FT46-GSN8	20220606	山丹县文体广电和旅游局工作人员	男
FT47-GSM67	20220606	武威市博物馆工作人员	女
FT48-GSM68	20220607	武威市雷台汉文化博物馆工作人员	女
FT49-GSM69	20220607	古浪县博物馆工作人员	男
FT50-GSM72	20220608	定西市博物馆工作人员	男
FT51-GSM73	20220608	安定区博物馆工作人员	男
FT52-GSM74	20220608	甘肃省陇西县博物馆工作人员	男
FT53-GSM74	20220608	甘肃省陇西县博物馆工作人员	男
FT54-GSM75	20220609	临洮县博物馆工作人员	男
FT55--BJM79	20230611	镇罗营革命历史纪念展馆工作人员	男
FT56-BJN9	20230611	平谷区居民	男
FT57-BJN10	20230614	平谷区将军关村社区居民	女
FT58-BJN11	20230614	怀柔区西栅子村社区居民	女
FT59-BJN12	20230614	怀柔区西栅子村社区居民	男
FT60-NMM82	20230728/20230729	乌兰察布市博物馆工作人员	男
FT61-NMN13	20230728	丰镇市文物保护中心工作人员	男
FT62-NMN14	20230728	丰镇市文物保护中心工作人员	男
FT63-NMM83	20230729	察右中旗博物馆工作人员	男
FT64-NMN15	20230730	凉城县文物保护中心工作人员	男
FT65-NMM87	20230730	凉城县贺龙革命活动纪念馆工作人员	女
FT66-BJM91	20230924	狼儿峪村乡情村史陈列室工作人员	女
FT67-BJM92	20230925	花塔村史博物馆工作人员	女
FT68-BJN16	20230926	司马台长城保护员	男

续表

访谈文本编码	受访时间	受访对象	性别
FT69-XJM100	20231029	叶城县昆仑山河文化展览馆工作人员	女
FT70-XJN17	20231030	叶城县委宣传部工作人员	女
FT71-XJN18	20231108	库车文化宣传志愿者	男
FT72-XJM114	20231110	新和县博物馆工作人员	女
FT73-XJM124	20231209	轮台县博物馆工作人员	女
FT74-XJM124	20231209	轮台县博物馆工作人员	女
FT75-XJN19	20231209	轮台县文化体育广播电视和旅游局工作人员	男
FT76-XJN20	20231210	尉犁县文化体育广播电视和旅游局工作人员	女
FT77-XJM127	20231210	尉犁县罗布淖尔博物馆工作人员	女
FT78-XJM129	20231211	罗布人民俗展厅工作人员	男
FT79-XJM130	20231211	丝绸之路·长城文化博物馆工作人员	女
FT80-XJM131	20231213	若羌县楼兰博物馆工作人员	男
FT81-XJN21	20231213	若羌县文化体育广播电视和旅游局工作人员	男
FT82-XJM133	20231214	米兰长城遗址博物馆工作人员	女

附录 5　长城沿线博物馆座谈会一览表

编码	时间	地点	座谈会名称	与会者
ZT1-NXM01	20220723	宁夏回族自治区博物馆	长城沿线博物馆、纪念馆、乡村博物馆建设与展览数字化传播项目启动暨宁夏段座谈会	中国博物馆协会（2人） 中国文化遗产研究院（1人） 中山大学旅游学院（9人） 浙江大学艺术与考古学院（1人） 银川市文旅局（2人） 灵武市文管所（1人） 宁夏回族自治区文旅厅（4人） 宁夏回族自治区相关博物馆（8人） 宁夏文物保护中心（1人）
ZT2-SXM22	20220731	榆林长城主题展馆	榆林长城主题展馆座谈会	榆林长城主题展馆/榆林名人风采策划有限公司（8人） 中山大学旅游学院（9人）
ZT3-SXM40	20220806	大同长城文化展馆	大同长城文化展馆座谈会	大同长城文化旅游协会（5人） 中山大学旅游学院（5人）
ZT4-HBM43	20220809	张家口市博物馆	张家口市博物馆座谈会	张家口市博物馆（3人） 中山大学旅游学院（9人）
ZT5-HBM45	20220809	张家口市宣化博物馆	宣化博物馆座谈会	张家口市宣化博物馆（3人） 中山大学旅游学院（5人）
ZT6-HBM52	20220812	羊儿岭长城乡村活态博物馆	羊儿岭长城乡村活态博物馆座谈会	中山大学旅游学院（9人） 中国人类学民族学研究会博物馆文化专业委员会（3人） 东花园镇党委（1人） 羊儿岭村村委（3人）

续表

编码	时间	地点	座谈会名称	与会者
ZT7-BJN	20220815	古北口镇人民政府	北京段长城沿线博物馆、纪念馆、乡村博物馆建设与展览数字化传播座谈会	中山大学旅游学院（9人） 中国博物馆协会（1人） 北京市文物局（4人） 北京市密云区文化和旅游局（1人） 北京市密云区古北口镇（2人） 北京建筑大学建筑遗产研究院／北京长城文化研究院（1人） 中国人类学民族学研究会博物馆文化专业委员会（1人）
ZT8-GDN	20230309	中山大学珠海校区	"长城沿线博物馆、纪念馆、乡村博物馆建设与展览数字化传播项目"专家咨询会	中国博物馆协会（1人） 中山大学旅游学院（12人） 陕西省文物局（1人） 浙江大学艺术与考古学院（1人） 宁夏回族自治区文史研究馆（1人）
ZT9-GSM72	20230608	定西市博物馆	定西段长城国家文化公园建设暨定西市博物馆数字化建设与运营座谈会	定西市博物馆（2人） 中国博物馆协会（1人） 中山大学旅游学院（5人） 陕西省文物局（1人）
ZT10-GSM76	20230610	甘肃省博物馆	甘肃段长城国家文化公园建设暨甘肃省博物馆数字化建设与运营座谈会	甘肃省文物局（1人） 甘肃省博物馆（2人） 中国博物馆协会（1人） 中山大学旅游学院（6人） 陕西省文物局（1人）
ZT11-SXM30	20230725-0727	大同市博物馆	大同长城沿线博物馆、纪念馆、乡村博物馆研讨班	来自北京、河北、山西、内蒙古、辽宁、陕西、甘肃、宁夏等8个长城沿线省（自治区、直辖市）文物行政部门和相关博物馆、纪念馆、乡村博物馆代表，以及中国博物馆协会、中国文化遗产研究院、中山大学旅游学院的专家学者50余人参加

俯瞰九门口（于文江拍摄）